De la même auteure, aux éditions Leduc.s

Ces femmes qui pensent trop, 2018.

Édition originale :
Times Books, New York

Titre original : *The Power of Women*

Présente édition :
Traduction : Marion McGuinness
Correction : Marie-Laure Deveau
Maquette : Patrick Leleux PAO
Design de couverture : Antartik

10, place des Cinq-Martyrs-du-Lycée-Buffon
75015 Paris – France

ISBN : 979-10-285-1368-9

Susan Nolen-Hoeksema
Auteure du best-seller *Ces femmes qui pensent trop*

LE POUVOIR DES femmes

LEDUC.S
PRATIQUE

Sommaire

INTRODUCTION
La révolution du développement personnel : ce que les femmes font bien **9**

PARTIE I
LES FORCES UNIQUES DES FEMMES **27**

Chapitre 1
Le génie redéfini : comprendre les forces mentales des femmes 29

Chapitre 2
Des êtres résilients : comprendre les forces identitaires des femmes 63

Chapitre 3
Les émotions comme outils : comprendre les forces émotionnelles des femmes 91

Chapitre 4
Des liens précieux : comprendre les forces relationnelles des femmes 129

PARTIE II
DÉCOUVREZ ET DÉVELOPPER VOS FORCES **155**

Chapitre 5
Mettre en place votre programme de remise en forme personnel 157

Chapitre 6
Cultiver le génie : développez vos forces mentales 169

Chapitre 7
Multiplier l'adaptabilité :
développez vos forces identitaires 201

Chapitre 8
Affûter la syntonie émotionnelle :
développez vos forces émotionnelles 223

Chapitre 9
Mieux se lier aux autres :
développez vos forces relationnelles 257

PARTIE III
LIBÉREZ VOTRE POUVOIR 281

Chapitre 10
Diriger 283

Chapitre 11
Élever des enfants 311

Chapitre 12
Aimer 341

Chapitre 13
Vieillir 371

Remerciements 407

Références 409

Tables des matières 425

À toutes les femmes fortes et puissantes
que j'ai croisées dans ma vie

INTRODUCTION
La révolution du développement personnel : ce que les femmes font bien

Si vous pouviez jouer à être dieu pour créer la personne parfaite pour nous guider à notre époque, à quoi ressemblerait-elle ? Vous feriez en sorte que cette personne soit sage, capable de prendre en considération les différents aspects de problèmes complexes, et de trouver des solutions inédites et innovantes pour les résoudre. Que ce meneur parfait travaille pour l'intérêt général du groupe, et pas juste pour sa gloire ou son pouvoir personnel. Le meneur parfait inspirerait les autres en comprenant leurs points de vue, en valorisant leurs forces et en surmontant leurs faiblesses. Et le meneur parfait persévérerait jusqu'à ce qu'une tâche soit accomplie, même si cela implique un sacrifice personnel.

Vous venez juste de décrire une femme. Les femmes mènent avec sagesse, intégrité et un pouvoir inspirant chaque jour, au sein de leur famille, au travail, dans leurs groupes sociaux. Souvent, elles ne sont pas reconnues dans ce rôle de meneur, car elles ne remuent pas dans tous les sens pour réclamer une reconnaissance. Au lieu de cela, elles se contentent d'exploiter leurs forces pour faire ce qui doit être fait, résoudre les problèmes à mesure qu'ils surgissent, et aider les gens qui en ont besoin.

Je crois que les forces utilisées par les femmes dans tous les domaines de leur vie se divisent en quatre groupes, et que chaque femme peut les exploiter :

- Les femmes ont des *forces mentales,* c'est-à-dire une forme particulière de flexibilité mentale qui leur permet de faire preuve de créativité et de dextérité pour trouver des solutions aux problèmes auxquels elles font face. Ce qui les intéresse, c'est le résultat — accomplir la tâche — et non imposer leur manière de faire.
- Les femmes ont des *forces identitaires* qui leur permettent d'entretenir une forte perception d'elles-mêmes et de leur valeur, quelle que soit la situation. Elles peuvent gérer le changement et l'incertitude, car leur perception d'elles-mêmes ne dépend pas de ce qu'elles font ou ont, mais de qui elles sont.
- Les femmes ont des *forces émotionnelles* — la capacité de comprendre leurs propres émotions et celles des autres, et d'utiliser cette compréhension pour affronter des situations éprouvantes. Ces forces émotionnelles permettent aussi aux femmes d'anticiper les conséquences affectives de diverses situations de vie, ce qui les rend particulièrement compétentes pour prendre des décisions importantes.

- Les femmes ont des *forces relationnelles* — comprendre le point de vue des autres —, ce qui les aide ensuite à créer des réseaux sociaux forts, qui les soutiennent en période stressante. Elles ne se laissent que rarement aller à la rage ou à l'arrogance, même si elles en auraient tous les droits, et cherchent des moyens de résoudre les conflits de manière satisfaisante pour tout le monde.

Chaque jour, les femmes utilisent leurs forces pour mener les autres vers une vie meilleure, qu'il s'agisse de leurs enfants ou conjoint, leurs voisins et amis, leurs collègues ou employés. De façon discrète ou ostentatoire, elles prennent les autres par la main et les tirent vers le haut, construisent et entretiennent des vies, créent et inspirent des organisations, et laissent une empreinte éclatante sur le monde.

Transformer le monde

Les femmes transforment le monde et le visage du pouvoir. Les entreprises détenues par des femmes constituent 40 % de toutes les entreprises privées des États-Unis, emploient 7,3 millions de personnes et génèrent 1,1 billion de dollars par an. En 1972, les femmes ne détenaient que 18 % des postes d'encadrement et d'administration au sein du gouvernement américain, mais en 2002, ce chiffre avait grimpé à 46 %. En 1979, seulement 3 % des membres du Congrès américain étaient des femmes, et 17 % après l'élection de 2008. Des femmes ont été élues à des postes au sein de l'exécutif dans 49 États sur 50.

En dehors des États-Unis, les femmes connaissent aussi de grandes réussites politiques. Angela Merkel, physicienne de

52 ans puis femme politique, est devenue en 2005 la première femme chancelière d'Allemagne, évinçant du poste Gerhard Schröder. En 2006, Michelle Bachelet, socialiste modérée, fut la première femme élue présidente du Chili. La réformatrice Ellen Johnson Sirleaf fut la première femme présidente d'un pays africain (le Libéria). Et Han Myung-sook, ancienne dissidente et prisonnière politique, devint la première femme Première ministre de Corée du Sud en avril 2006.

Ces tendances à l'accession des femmes à des postes de direction importants sont une source d'inspiration. Mais les femmes transforment le monde depuis des millénaires en usant de leurs forces pour répondre aux besoins qu'elles observent. Chaque jour, de manière simple, imperceptible et puissante, les femmes enrichissent leur propre vie et la vie des autres. Permettez-moi d'illustrer ce point avec l'histoire de Terri, une mère au foyer de 42 ans habitant la petite ville de Stonington, dans l'Illinois. Terri est la dernière personne au monde à s'estimer puissante et forte, mais elle a une immense influence sur les gens qui l'entourent et la vie de centaines de personnes. Un jour, au début de décembre, il y a quelques années, Terri a croisé la route d'une femme qu'elle connaissait de vue, Annette, à l'épicerie. La conversation s'est naturellement tournée vers les festivités de Noël. Terri a commencé à nommer les jouets qu'elle avait achetés pour ses deux enfants, et a remarqué qu'Annette avait une pointe de tristesse dans le regard et que ses épaules s'étaient avachies. Elle apprit que le mari d'Annette avait été renvoyé de son travail quelques semaines plus tôt, et que la famille n'avait plus un sou. Il n'y aurait pas de jouets pour les enfants d'Annette à Noël. Terri a réconforté Annette autant que possible, puis les femmes se sont dit au revoir.

Pourtant, la conversation a tracassé Terri toute la journée. Elle savait que beaucoup d'autres familles du quartier étaient dans la même situation que celle d'Annette — les agriculteurs étaient en difficulté et les usines réduisaient leurs effectifs ou se délocalisaient ces dernières années. Terri a imaginé ses propres enfants se réveiller le matin de Noël sans aucun jouet sous le sapin, et son cœur se serra. Terri appela sa meilleure amie, Rosanna, et les deux femmes ont élaboré un plan pour lever de l'argent pour une collecte de jouets. Terri et Rosanna ont lancé des appels aux dons dans leurs paroisses respectives le dimanche suivant. Elles ont placé des boîtes à dons à chaque sortie. Elles ont convaincu l'association de parents d'élèves d'organiser une vente de gâteaux pour acheter des jouets neufs. Le 18 décembre, Terri et Rosanna avaient récolté près de 2 000 dollars. Avec cette somme, Terri s'est rendue dans les magasins bon marché de la ville et a persuadé les directeurs de lui vendre des jouets à prix coûtant.

Le 22 décembre, Terri et Rosanna ont étalé des douzaines de jouets sur les tables de la salle d'une association caritative locale. À 18 heures, les portes ont été ouvertes, et des familles dans le besoin, qui avaient été repérées par les paroisses, enseignants et proviseurs, et travailleurs de l'épicerie sociale, ont déferlé. La salle se remplit d'excitation à mesure que les enfants choisissaient leurs jouets. Les parents étaient rayonnants devant la joie sur le visage de leurs enfants, et quelque peu soulagés du fardeau de leur situation économique.

Dans les années qui suivirent cette première collecte de jouets, l'implication de la communauté a grandi, avec près de 10 000 dollars récoltés et des centaines de jouets distribués aux familles dans le besoin.

Le succès de Terri pour organiser cette collecte est le résultat de la mise en pratique de nombreuses forces. Terri a compris la détresse d'Annette en se mettant à l'écoute de son comportement, et en comprenant ce qu'Annette ne lui disait *pas* au sujet de ses projets pour Noël. Elle s'est mise à la place d'Annette et a compris ce que ça lui ferait de ne pas offrir de jouets à ses enfants pour Noël. Confrontée à la tâche intimidante d'organiser une collecte de jouets en quelques semaines seulement, Terri a gardé confiance en elle et a persévéré malgré le découragement des autres. Elle a fait appel à sa meilleure amie et à cet immense réseau social qu'elle avait créé dans sa ville, puis a trouvé plusieurs chemins pour atteindre son but — lever suffisamment d'argent pour acheter des jouets pour les enfants pauvres.

On trouve des femmes comme Terri dans toutes les petites villes, dans toutes les banlieues, dans toutes les métropoles du monde. Elles décident de faire des choses en lien avec des intérêts et valeurs personnels, et rien ne peut les arrêter avant l'atteinte de leur objectif. Elles s'associent aux autres de manière à générer de la coopération et du soutien. Elles trouvent des moyens créatifs de contourner les obstacles. Et par leurs actions quotidiennes de meneuses, elles participent à faire de leurs communautés et univers des endroits plus sains et plus dynamiques.

Transformer l'adversité

Depuis des milliers d'années, les femmes utilisent leurs forces pour s'élever au-delà de l'adversité, même la plus extrême. On pense à des exemples connus, comme Mukhtaran Bibi, survivante d'un viol collectif, qui a transformé son traumatisme en un mouvement pour changer les lois traditionnelles misogynes au Pakistan. Le magazine *Time* l'a nommée parmi les 100 personnes les plus influentes du monde. Partout sur la planète, les femmes se sont organisées pour protéger leurs familles et elles-mêmes des injustices forgées par les gouvernements puissants, les terroristes et les forces économiques. Pendant la « guerre sale » en Argentine, entre 1976 et 1983, des milliers de personnes ont été envoyées dans des camps de détention et ont « disparu », très probablement tuées par les militaires. Les mères et épouses de ces « disparus » se sont alliées pour devenir les Las Madres del Plaza de Mayo (Les Mères de la Plaza de Mayo) à Buenos Aires, manifestant en silence sur la place devant le palais présidentiel, pour exiger le retour des membres de leurs familles. Elles risquaient la torture et la mort, mais ont continué à réclamer des informations sur leurs proches. Une fois la démocratie restaurée en 1983, Las Madres ont demandé que les meurtriers soient poursuivis en justice, malgré les menaces de mort dont elles étaient victimes. Ces femmes, pour la plupart pauvres et illettrées, ont contribué à apporter des bouleversements politiques majeurs et à instaurer la justice, en usant de leurs propres forces et de celles des autres femmes, au nom de leurs familles.

Pour autant, les forces des femmes ne surgissent pas seulement en réaction à des tragédies. Elles se manifestent également dans la vie de centaines de milliers de femmes qui refusent les obstacles dressés devant elles, pour poursuivre leurs rêves avec une détermination et une intégrité inébranlables. Quand Claudia Kennedy s'est enrôlée dans l'armée américaine en 1968, les femmes n'étaient pas autorisées à commander des hommes, et il n'y avait aucune femme au rang de général.

Quand le lieutenant général Kennedy a pris sa retraite en 2000, elle était la femme officière la plus décorée — un général avec trois étoiles. La première mission de commandement de Kennedy fut celle d'une compagnie chaotique, rongée par les drogues, où un soldat en colère menaça sa vie. Elle réussit à rétablir la discipline et le respect en rappelant sans relâche aux soldats les valeurs essentielles de l'armée : la loyauté, l'honneur et l'intégrité. De 1997 à 2000, elle est devenue chef d'état-major adjoint du renseignement de l'armée, supervisant les décisions et les opérations affectant 45 000 soldats stationnés dans le monde entier, avec un budget de près d'1 milliard de dollars.

Tout au long de sa carrière militaire, Kennedy a risqué la désapprobation et la sanction pure et simple de la part de ses supérieurs, pour avoir défendu des questions qu'elle ne pouvait ignorer, parmi lesquelles les conditions de vie indignes de certaines familles de militaires. En 1996, alors qu'elle avait le rang de général deux étoiles, elle a été victime de harcèlement sexuel à son bureau du Pentagone par un autre général de même rang, le major général Larry Smith. Elle a exposé ce problème en interne, après l'annonce que M. Smith allait devenir l'inspecteur général adjoint de l'armée, ce qui l'aurait amené à superviser les enquêtes sur les cas de harcèlement sexuel. Une fois ses accusations rendues publiques en mars 2000, et corroborées par une enquête ultérieure, l'armée a discrètement annulé la nomination de Smith. Depuis qu'elle est à la retraite, Kennedy, même si elle reste toujours farouchement loyale envers l'armée, continue de faire valoir son intégrité en s'exprimant sur les questions importantes à ses yeux, parmi lesquelles la décision de l'administration Bush de déclarer et d'intensifier la guerre en Irak. L'intégrité dont Claudia Kennedy a fait preuve tout au long de sa carrière militaire et au-delà lui a valu le respect et la confiance de ses pairs. Elle a aussi poussé ses subordonnés à travailler dur, à prendre des risques et à se comporter eux-mêmes avec intégrité.

Quand on considère tout ce que les femmes, y compris le lieutenant général Kennedy, doivent affronter partout dans le monde, il est incroyable de voir tout ce qu'elles ont accompli. Bien qu'ignorées, rejetées, voire écrasées, les femmes ont perfectionné leurs nombreuses forces psychologiques, brisant les chaînes sociales qui les avaient retenues depuis des générations, se dressant pour devenir des leaders, entrepreneuses, innovatrices et actrices fantastiques du monde.

Revendiquer leurs forces

Au fil de ces dernières décennies, la détermination des femmes les a poussées à saisir toutes les opportunités pour devenir plus fortes, souvent en suivant des études supérieures. Il en résulte un changement de dynamique dans la géographie de l'éducation. Depuis plusieurs années, les filles et les femmes font mieux que les garçons et les hommes pour la plupart des indicateurs de réussite académique. Il y a cinquante ans, les femmes n'étaient pas admises dans la majorité des universités américaines, y compris la mienne, et ne représentaient qu'un tiers des étudiants du pays. Aujourd'hui, elles représentent 58 % des étudiants inscrits dans des cursus de deux ou quatre ans aux États-Unis. Dans certaines universités, la disparité homme-femme est immense : à l'American University de Washington (D.C.), 74 % des étudiants de première année à la rentrée 2005 étaient des femmes !

Les femmes ne sont pas seulement plus nombreuses que les hommes à entrer à l'université, mais elles y obtiennent aussi de meilleurs résultats à bien des égards. L'enquête nationale sur la participation étudiante de 2005, menée sur 90 000 étudiants dans 530 établissements, a montré que les femmes passaient considérablement plus de temps que les hommes à se préparer pour les cours, alors que ces derniers passaient considérablement plus de temps que les femmes à discuter ou à se détendre. D'autres études ont établi que les femmes ont moins tendance à rater des cours, et sont plus susceptibles de faire leurs devoirs et de les rendre dans les temps. En conséquence, les femmes ont de meilleures notes que les hommes, ont plus de chances de terminer leur cursus et obtiennent un nombre disproportionné de diplômes supérieurs avec mention.

Pour autant, les femmes en âge d'aller à l'université ne sont pas les seules à se considérer comme puissantes. Les recherches menées par les psychologues Abigail Stewart et Carol Ryff montrent que la plupart des femmes d'âge moyen et mûr ont une confiance profonde et permanente en leur identité, leurs valeurs et le sens de leur vie. Elles s'acceptent et rejettent les injonctions sociales qui veulent les faire penser ou agir d'une certaine manière, au lieu de poursuivre leurs propres intérêts et de mobiliser leurs talents avec créativité.

Le stéréotype selon lequel les femmes n'auraient pas confiance en elles-mêmes ou en leurs contributions, seraient réticentes à mener les autres et vulnérables face au stress, est simplement complètement faux, au moins pour la très grande majorité des femmes. La plupart des femmes sont solides dans leurs convictions et objectifs. Une femme dirige de mille façons chaque jour, et leurs façons de diriger sont les plus efficaces dans l'économie mondiale actuelle. Les femmes sont incroyablement résilientes, même dans les situations les plus terribles, s'élevant au-dessus de l'adversité pour créer des réseaux de changement puissants, et donner un sens à leur vie et à celle des autres.

L'évolution d'une révolution

Ironiquement, les forces des femmes se sont développées non seulement en dépit des épreuves et défis auxquels elles ont dû faire face au fil des millénaires, mais aussi, d'une certaine manière, grâce à ceux-ci. Parce que les femmes n'ont pas la force physique ou le statut social dans l'histoire de notre évolution pour exiger que leur voix soit entendue ou leurs besoins respectés, elles ont été contraintes de trouver des moyens de survivre et de s'épanouir qui ne nécessitent pas l'usage d'une force brute ou d'un pouvoir social. Aujourd'hui, les femmes et les enfants constituent la majorité des personnes pauvres dans le monde, et tout au long de l'histoire, les femmes n'ont jamais été en position d'exiger des ressources de base. Elles n'ont donc eu d'autre choix que de devenir extrêmement douées pour faire avec ce qu'elles avaient. En conséquence, elles ont développé des forces qui leur permettent d'envisager différentes manières d'atteindre leurs objectifs, de se concentrer sur l'accomplissement d'une tâche et non sur l'accumulation du pouvoir, et de rester persévérantes et optimistes même quand le contexte est sombre.

Parce que les femmes n'ont jamais eu la force physique nécessaire pour repousser les agresseurs, elles ont appris à faire appel à leurs amis et famille pour les protéger. Parce que, depuis des milliers d'années, ce sont les femmes qui s'occupent principalement des enfants, elles ont développé des compétences émotionnelles relationnelles uniques qui participent à la survie de leur progéniture. L'incroyable capacité des femmes à lire et à comprendre les émotions d'autrui est peut-être née de leur besoin d'anticiper toute violence de la part des mâles, et de se protéger, elles-mêmes et leurs enfants.

Si les forces psychologiques des femmes ont des racines évolutionnistes, cela signifie qu'elles sont présentes depuis des milliers d'années. Dans ce cas, pourquoi a-t-il fallu attendre si longtemps pour que ces forces soient enfin visibles, et plus encore pour qu'elles deviennent des instruments puissants du changement social ? Bien sûr, de nombreux combats ont été menés, en particulier au cours du siècle dernier, pour donner aux femmes la chance d'exercer leurs forces. La psychologue Wendy Wood de la Duke University estime que les nouvelles technologies ont également joué un rôle crucial dans l'émergence de la force féminine. Les machines à laver, les réfrigérateurs ou les micro-ondes ont remarquablement réduit les corvées d'entretien et de cuisine d'une famille depuis l'époque de nos grands-mères. La contraception a permis aux femmes d'éviter des grossesses non désirées. La liberté et les opportunités nées de ces évolutions technologiques ont en retour permis aux femmes d'approfondir leurs nombreux talents. En effet, la technologie leur a permis de s'affirmer davantage ces cinquante dernières années, en rejoignant le marché du travail, en poursuivant des études supérieures plus poussées et en retardant leur mariage et leur premier enfant au profit de leur carrière, selon les recherches menées par la psychologue Jean Twenge de la San Diego State University. En d'autres termes, les bouleversements sociaux semblent inciter les femmes à oser davantage revendiquer pleinement tous leurs droits au statut et au pouvoir, et à se considérer comme des êtres compétents. En outre, comme il est devenu de plus en plus courant pour les petites filles de grandir auprès de mères actives, diplômées et plus affirmées, elles sont devenues elles aussi bien plus affirmées, jusqu'à exiger l'égalité entre les sexes.

Dans son livre *No Turning Back*, l'historienne de Stanford Estelle Freedman soutient que les libertés politiques et personnelles que les femmes ont acquises au cours du siècle dernier ont changé pour toujours les attentes qu'elles peuvent avoir pour elles-mêmes et les autres femmes. Freedman cite Gertrude Mongella, secrétaire générale de la quatrième Conférence mondiale sur les femmes, qui s'est tenue à Beijing en 1995 : « Une révolution a commencé et il n'y aura pas de retour en arrière. Il n'y aura pas de détricotage des engagements, ni ceux d'aujourd'hui, ni ceux de l'année passée, ni ceux de la décennie passée. Cette révolution est trop juste, trop importante, et attendue depuis trop longtemps. »

Je ne veux pas du tout insinuer que les femmes sont supérieures aux hommes. Pour citer la regrettée Première ministre israélienne Golda Meir : « Que les femmes sont meilleures que les hommes, je ne peux l'affirmer — mais je peux affirmer qu'elles ne sont certainement pas pire. » Au lieu de cela, je souhaite mettre en lumière les nombreux dons des femmes, afin que la société et les femmes puissent les accepter et en profiter, plutôt que de tourner en dérision ces talents et qualités, exprimés « comme une fille ». Il est grand temps d'inverser le sens de l'expression « comme une fille », et d'en faire un compliment au lieu d'une insulte. Il est grand temps de renverser les stéréotypes culturels qui voient les femmes comme inférieures aux hommes. Il est grand temps que la société reconnaisse et tire le meilleur parti possible des forces extraordinaires des femmes, pour le bien de tous. Et il est grand temps pour les femmes d'embrasser et de mobiliser leurs talents pour réaliser pleinement leur propre potentiel.

Bien sûr, certaines femmes sont plus fortes que d'autres. Au fil de votre lecture sur les forces féminines, des exceptions pourraient vous venir à l'esprit : « Oh, ma sœur/mère/fille/amie n'est pas aussi forte que cela ! » Vous pourriez aussi réfuter avoir une force particulière, ou plusieurs des forces évoquées. Historiquement, les femmes ont toujours été dures envers elles-mêmes, ne voyant que leurs faiblesses, ressassant chaque défaut dans leur personnalité, leurs talents et leur apparence. Les médias perpétuent cette obsession pour les défauts en publiant sans cesse des articles et des livres sur ce qui ne va pas chez les femmes, et comment y remédier.

Même quand une femme mobilise ses forces, elle peut s'interroger sur son droit à le faire, et sur ce que penseront les gens si elle est forte. L'autrice et cheffe de publicité Lois Wyse a dit : « On apprend aux hommes à s'excuser de leurs faiblesses, et aux femmes de leurs forces. »

Quand vous entendez parler des forces incroyables des femmes, vous auriez peut-être tendance à dire : « Oh, je ne pourrai jamais être aussi forte. » Ou vous pourriez penser que même si vous aviez la force de combattre l'adversité, ou que vous aviez appris à surmonter vos peurs et à vous affirmer et à être reconnue, vous n'auriez pas grand-chose à offrir — peu de talents, compétences ou opinions qui pourraient intéresser qui que ce soit. Vous avez tort.

Je vous mets au défi, à mesure que vous lisez ce livre, de vous concentrer sur vos forces, sur les forces des femmes que vous connaissez, plutôt que sur les faiblesses. Remarquez comment ces forces s'expriment à petite ou grande échelle, et comment elles touchent les autres. *Devenez* une femme forte, construisez vos forces afin de *pouvoir* faire tout ce que vous voulez de votre vie, et soyez brillante dans tout ce que vous entreprenez.

Chaque femme naît avec quelque chose à donner, à sa famille, à sa communauté, et son univers. Que ce soit subtilement ou remarquablement, toutes les femmes donnent chaque jour — elles donnent de leur amour et de leur attention, de leur sagesse et de leurs compétences. Comme Audre Lorde le disait : « Quand j'ose être puissante, et mettre ma force au profit de ma vision, alors avoir peur ou non devient de plus en plus insignifiant. »

Être aussi puissante que possible

Quand les femmes relèvent le défi d'Audre Lorde et osent être puissantes, elles déclenchent une révolution à l'intérieur même du concept de ce que signifie être une femme. Finie l'époque où les femmes étaient définies par ce qu'elles n'étaient *pas* : pas physiquement fortes, pas mentalement endurcies, pas ambitieuses — pas des hommes. Au contraire, aujourd'hui, les femmes se définissent elles-mêmes en fonction de ce qu'elles sont : mentalement capables, solides et assurées, émotionnellement adroites, et douées pour les relations interpersonnelles. Elles mettent ces forces au service de leur famille, du marché du travail, de l'engagement social et de la vie politique. Et, grâce à cela, le monde s'en porte mieux.

Chaque jour, les femmes s'élèvent au-delà des façons de faire éculées pour résoudre les problèmes et se lier aux autres, pour créer des solutions et des relations entièrement inédites qui améliorent leur vie et celle de ceux qui les entourent. Les entreprises font plus de profit, car les femmes offrent à l'économie mondiale leurs capacités à travailler avec des populations diverses et à trouver bien des manières d'atteindre leurs objectifs. Les communautés et les nations reconnaissent l'intégrité et le leadership transformationnel des femmes, et font appel à elles pour montrer le chemin d'un changement progressiste.

Les femmes exercent le plus souvent leurs forces au sein de leurs familles et de leurs relations proches. Elles trouvent des solutions créatives aux problèmes familiaux. Elles apportent énormément de patience et d'empathie à leurs relations. Elles tiennent la barre et traversent les tempêtes émotionnelles liées à l'éducation des enfants et à la réussite du mariage, généralement avec dextérité et succès. Les relations proches s'épanouissent, car les femmes usent de leurs forces mentales, identitaires, émotionnelles et relationelles dans chaque interaction, construisant, alimentant et prenant plaisir à un tel amour et développement.

Cette révolution met en avant les forces des femmes, pas leurs faiblesses. Plutôt que de se concentrer sur les obstacles à leur progrès, les femmes de la révolution passent habilement au-dessus, au-dessous, ou les contournent. Elles n'ont que faire de *ce que* les femmes devraient ou ne devraient pas faire. (Avoir des enfants ou non ? S'engager dans l'armée ? Devenir femme politique ?) Au lieu de cela, les femmes de la révolution s'inquiètent de savoir *comment* les femmes peuvent faire tout ce qu'elles veulent ou ont besoin de faire.

Ce que vous tenez entre les mains, c'est le « guide pratique » de cette révolution. Je mettrai en lumière les forces extraordinaires que les femmes ont à offrir pour changer le monde de diverses manières, toujours plus puissantes. Les femmes ont toujours eu ces forces. Mais grâce à la libération que nos aïeules ont obtenue pour nous toutes au siècle dernier, et aux libertés créées par la technologie, les femmes franchissent aujourd'hui les portes de l'opportunité, et prennent place dans les conseils d'administration, parlements et congrès, entreprises tertiaires, et milieux éducatifs. À mesure que les femmes exercent leurs forces au sein de ces lieux, les yeux du monde s'ajustent à leur nouvelle vision des femmes : fortes, intelligentes, perspicaces et inspirantes. Cela demande un peu de temps au monde pour avoir une image nette des femmes de la révolution. Mais j'ai pour objectif d'y participer en approfondissant les manières dont les femmes se redéfinissent elles-mêmes et transforment le monde avec leurs forces. D'ici là, j'ai l'intention de donner aux femmes les outils pour revendiquer leurs forces et les utiliser pour vivre pleinement leur vie, dans quelque domaine que ce soit.

Chaque femme est née avec la capacité à être forte — vous y compris. Peu importe à quel point vous vous sentez abattue ou faible, je peux vous aider à construire vos forces mentales, personnelles, émotionnelles et relationnelles afin que vous ayez le pouvoir de mobiliser vos talents, de poursuivre vos intérêts et d'exprimer vos opinions — que ce soit à la maison, dans votre communauté ou au travail. Ce livre est rempli d'outils pour développer vos forces et d'exercices que chaque femme peut faire seule ou avec des amies. Certains vous paraîtront peut-être difficiles, beaucoup seront amusants. Et tous vous permettront de vous sentir vivante, animée et puissante.

Chaque femme mérite de reconnaître et de revendiquer ses nombreuses forces pour compter sur le pouvoir qu'elle détient en elle. Nous avons besoin de toutes les femmes autour de la table du leadership et du changement, y compris vous. Il y a bien trop à faire, trop de problèmes à régler, trop de merveilleuses nouvelles choses à accomplir. Vous n'avez pas besoin d'avoir des envies de pouvoir ou d'influence, mais nous ne pouvons pas nous permettre de perdre ce que vous avez à apporter.

Alors, rejoignez-moi à la table de la force — une force qui vous libérera pour donner tout ce que vous avez et profiter à fond de la vie. Une place vous est réservée. Vous êtes la bienvenue, on a besoin de vous, et vous allez aimer prendre place ici.

PARTIE I

Les forces uniques des femmes

Chapitre 1

Le génie redéfini : comprendre les forces mentales des femmes

Ma grand-mère Geneva a élevé treize enfants pendant la grande dépression. Le travail de mon grand-père dans une ferme de l'Illinois rural rapportait un peu d'argent, mais pas assez pour nourrir et habiller leur grande famille. Quand ils avaient de la chance et un poulet maigrelet à tuer, Grand-Mère Geneva réussissait je ne sais comment à en tirer trois repas pour quinze personnes. Elle mélangeait un peu de viande avec des légumes de son jardin pour préparer des cocottes ou des soupes. Elle faisait bouillir les os de poulet pendant des heures pour en extraire toutes leurs saveurs et tous leurs nutriments. En plus de son potager, Grand-Mère Geneva partait à la cueillette le long des voies de chemin de fer près de la maison pour trouver des asperges et des mûres sauvages. Elle emmenait certains enfants à la chasse aux champignons dans la forêt d'à côté. Elle réussissait à confectionner des repas entiers à partir de feuilles de pissenlit, d'oignons sauvages et de restes de graisse de porc. Elle était une meilleure survivaliste que Bear Grylls (de *Man vs Wild : Seul face à la nature)* — et elle faisait le travail pour quinze personnes.

Parmi les treize enfants de Grand-Mère Geneva, il y avait neuf filles. Pensez-y un instant : cela voulait dire des mariages à payer. Comment elle et mon grand-père pourraient-ils financer neuf mariages ? Grand-Mère Geneva était une femme fière, mais pas stupide. Elle savait qu'il y avait de nombreuses choses dans cette vie qu'on ne pouvait réussir seul, et qu'il fallait savoir quand demander de l'aide. Elle a appris à ses enfants que les familles sont liées les unes aux autres, et que les membres des familles doivent être là les uns pour les autres, par tous les moyens nécessaires.

Les frères et sœurs qui travaillaient participaient aux frais des autres mariages. Les filles ont aussi choisi le type d'hommes qui non seulement aideraient à payer leur propre mariage, mais se porteraient volontaires et donneraient un coup de main, et feraient tout ce qui devait être fait pour la famille. Au fil des années, alors que Grand-Mère et Grand-Père devenaient plus fragiles, mes oncles et tantes ont pris la relève, s'occupant des réparations de la vieille maison de leurs parents, aidant à payer les factures quand les pensions de retraite ne suffisaient pas, et prenant soin de Grand-Mère et Grand-Père quand ils ont tous deux développé un cancer. Dans les années qui ont suivi la mort de Grand-Mère Geneva, ces oncles et tantes, ainsi que les dizaines de cousins nés de leurs unions, ont continué à prendre soin les uns des autres dans un réseau d'interdépendance qui se poursuivra encore bien des générations. Parce que ma grand-mère a tout donné d'elle-même et de ses talents à ses enfants, tout en instillant en eux le principe fondamental selon lequel « il faut s'aider les uns les autres autant que possible », elle a créé un immense réseau de soutien, d'abord pour elle-même et mon grand-père, puis pour les centaines de descendants et les centaines de proches qui ont croisé leurs vies.

La première fois que j'ai emmené mon mari à une fête de famille du côté de ma Grand-Mère Geneva, il m'a prise de côté et m'a dit : « Il y a tellement de monde ici, et il se passe tant de choses et, pourtant, c'est si calme ! » À la réunion, il y avait 40 oncles et tantes, 53 cousins, 45 conjoints de cousins, et quelques dizaines de cousins issus de germains. Les gens préparaient à manger, jouaient avec les enfants, réparaient les jouets cassés, racontaient des histoires. La descendance de Grand-Mère Geneva est généralement très occupée et productive, mais n'attire jamais l'attention. Ils font ce qui doit être fait, mais ne se préoccupent pas d'être remerciés pour cela, à la manière de Grand-Mère.

Souvent, quand on regarde des photos de famille de l'époque de la Grande Dépression, on voit des enfants tristes et mal nourris. Quand je feuillette les albums de la famille de ma Grand-Mère Geneva, je vois des enfants heureux et pleins de vie qui grandissent en ayant confiance en eux, entourés de l'amour intense de leurs parents. Ma grand-mère trouvait les moyens non seulement de nourrir et d'habiller ses enfants malgré une pauvreté abjecte, mais de s'assurer qu'ils soient éduqués et développent chacun une identité empreinte de respect de soi, d'attention pour les autres, et d'intégrité. Ma mère et ses frères et sœurs vénéraient leur mère pour son ingéniosité à triompher des immenses difficultés de la Grande Dépression, grâce à son intelligence, sa créativité et sa détermination à toute épreuve.

Je dirais que Grand-Mère Geneva était très intelligente. Pas le genre d'intelligence mesurée par des tests ou des examens. En fait, elle avait très peu d'éducation académique, et je ne suis même pas sûre qu'elle aurait été capable de lire les questions de ces tests, sans parler d'y répondre. Mais Grand-Mère Geneva a fait avec ce que la vie lui a donné, et a utilisé toutes ses forces mentales pour surmonter les obstacles et répondre aux besoins de sa famille. Elle a continué même quand les circonstances semblaient désespérées, parce qu'elle le voulait — elle *devait* s'assurer que ses enfants étaient en bonne santé et grandissaient pour devenir les meilleurs possible. Elle a demandé de l'aide quand elle en a eu besoin, et a créé une culture de la bienveillance qui lui a permis, à elle et à sa famille, de réussir bien plus que ce qu'elle aurait pu réussir seule. Elle n'a jamais demandé de remerciements ou de louanges pour tous ses efforts, et elle a élevé des enfants qui se préoccupaient également de faire ce qui devait être fait, les uns pour les autres, plutôt que d'être reconnus pour leur bon travail.

Les femmes sont intelligentes de la même manière que Grand-Mère Geneva était intelligente. Elles mobilisent de gigantesques forces mentales pour leurs actions quotidiennes, résolvant efficacement les problèmes, répondant aux besoins des autres, et construisant leur propre vie. Comme Geneva, les femmes trouvent des moyens originaux et créatifs d'atteindre leurs objectifs, quelles que soient les situations. Elles ne se laissent pas distraire par la question de savoir à qui va revenir le mérite du règlement d'un problème — elles se contentent de régler le problème et de s'attaquer à une autre tâche. Elles avancent avec une détermination farouche pour que ce qui doit être fait soit fait, quoi qu'il arrive. Elles mobilisent les talents et compétences des autres dans une synergie qui fait surgir les meilleures solutions possibles aux problèmes.

Force mentale vs statut social

L'ingéniosité et la robustesse des femmes n'ont traditionnellement jamais été reconnues. Si on demande à des gens, en particulier à des adultes d'âge moyen ou mûr, qui, de l'homme ou la femme, a le plus de force mentale, il est probable qu'ils réfléchissent à quel sexe est le plus prédominant à des postes de pouvoir et d'influence, qu'il s'agisse de rôles de chefs de gouvernement ou de directeurs d'entreprise (les hommes), de « meneurs de pensée » universitaires prestigieux (les hommes) ; ou des « personnalités » médiatiques fortes, intelligentes et intrépides (les hommes). Et ils en concluront probablement que les hommes sont plus forts mentalement. Bien sûr, il y a beaucoup de raisons autres que la question de la capacité mentale pour expliquer que les hommes ont plus de chances que les femmes de se trouver à des rôles clés au sein de gouvernements, d'entreprises ou d'universités, notamment les immenses différences historiques d'accès à l'éducation entre les hommes et les femmes, et les préjugés à l'égard des femmes dirigeantes.

Mais partout dans le monde, même si ce n'est pas toujours dans le monde des médias puissants, des bureaux cloîtrés des entreprises ou des tours d'ivoire isolées, les femmes résolvent des problèmes avec adresse et ténacité, et tirent les autres vers une vie meilleure chaque jour. Si elles ne peuvent accéder à des postes de pouvoir officiel, elles passent par la fenêtre pour obtenir ce qu'elles veulent. Comme l'historienne Estelle

Freedman l'explique, les femmes qui pendant des siècles ont été témoins du besoin de changement social, mais à qui l'accès à des postes d'élues ou d'autres postes de pouvoir était refusé, ont fait en sorte que d'autres femmes créent ce changement. Les femmes ont fondé des centaines d'organisations non gouvernementales et de groupes d'action sociale, se battant pour obtenir des ressources fondamentales, la justice et la paix. Laissez-moi vous citer quelques exemples.

Women for Women International est une organisation humanitaire dirigée par des femmes, et qui aide les femmes du monde entier qui ont tout perdu à cause de la guerre et des conflits armés. Une fois que les femmes intégrées dans leurs programmes ont reçu une aide financière pour accéder à de la nourriture, de l'eau, des médicaments et un toit, elles reçoivent une formation en leadership, qui vise à leur apprendre des compétences professionnelles techniques. Le but est d'aider les femmes à accéder à une vie indépendante et durable, et de porter les voix des femmes à des postes de leadership dans leurs communautés et pays. Au Rwanda, dévasté, plus de 15 000 femmes ont été diplômées du programme de formation de Women for Women International, et aujourd'hui 41 % des entreprises rwandaises sont tenues par des femmes.

De petits groupes de femmes peuvent souvent naître au cœur d'une tragédie personnelle pour obtenir un changement, et quand leur sagesse et leur courage retiennent l'attention des médias et du public, un mouvement social plus large émerge. Quand les veuves des attaques du 11 septembre ont estimé que le gouvernement ne leur disait pas toute la vérité sur les lacunes des services de renseignements qui ont mené à la mort de leurs maris, elles se sont organisées pour se battre et obtenir qu'une commission indépendante enquête sur les événements — la Commission du 11 septembre est le résultat de leurs efforts.

Code Pink est un groupe de femmes basé aux États-Unis, et qui s'est créé en 2002 pour s'opposer à l'invasion de l'Irak. Depuis, elles organisent des rassemblements annuels le jour de la fête des mères en face de la Maison Blanche ; elles ont envoyé des délégations de paix en Irak, au Pakistan, en Turquie et d'autres pays ; elles travaillent à faire élire des représentants officiels qui s'engageront à soutenir le processus de paix et une législation basée sur la justice sociale.

Dans les années 1990, quatre femmes israéliennes dont les fils servaient au Liban se sont unies pour protester contre cette « guerre silencieuse » menée par Israël depuis plus de dix ans. La fondatrice Rachel Ben Dor a demandé : « Pourquoi devrions-nous envoyer nos enfants à la mort parce que nos dirigeants ne réussissent pas à régler nos problèmes en discutant ? » Sous le simple nom du mouvement des Quatre Mères, elles ont manifesté devant le ministère israélien de la Défense et organisé une campagne d'écriture de lettres qui a au bout du compte recueilli plus de 25 000 signatures. Le mouvement a grandi et inclus plusieurs centaines de citoyens de tous les milieux israéliens, y compris d'anciens soldats, et se réunissait chaque semaine avec un membre de la Knesset ainsi que d'autres responsables officiels. Les Quatre Mères ont mené des conversations intensives avec le Premier ministre israélien et son ministre de la Défense, et leur persévérance a participé à faire évoluer l'opinion publique au sujet de l'occupation du Liban. Pendant la campagne suivante pour le poste de

Premier ministre, le candidat du parti travailliste, Ehud Barak, a annoncé que s'il était élu, il retirerait toutes les troupes du Liban. Sa victoire a été écrasante, et les troupes israéliennes étaient entièrement retirées en mai 2000. Dans chacun de ces cas, les femmes ont ignoré les arguments selon lesquels il n'y aurait rien qu'elles puissent faire pour changer le comportement de leur gouvernement ou de leurs communautés. Elles se sont unies et ont reconnu les talents de chacune, ont pris ensemble des décisions sur les changements qu'elles voulaient faire, et ont inventé des moyens inédits et intelligents pour réaliser ces changements.

Au cours de la dernière génération, le monde a commencé à comprendre l'habileté mentale des femmes, et les femmes sont littéralement en train de bouleverser le visage du pouvoir dans le milieu des affaires et les universités, mobilisant leurs immenses forces mentales pour faire les choses différemment, et mieux. Les femmes occupent aujourd'hui environ 46 % des postes de management et d'administration aux États-Unis, et même si ce chiffre est encore inférieur au pourcentage de femmes dans le pays, l'écart se resserre ! Les femmes représentent plus de 40 % des près d'1 million de professeurs d'université aux États-Unis. Entre 1986 et 2006, le pourcentage de femmes qui ont obtenu des postes de présidence d'établissement universitaire a bondi de 10 à 23 %, et avec la nomination de Drew Gilpin Faust au poste de présidente de Harvard, c'est aujourd'hui la moitié des universités de premier rang (la Ivy League) qui sont dirigées par des femmes.

Néanmoins, nous avons encore des frontières à franchir et des plafonds à percer. Le visage du pouvoir au sommet des entreprises et du gouvernement américain reste, en majorité, masculin. Et même si la présence des femmes augmente aux postes politiques et d'affaires au niveau local, ou même dans chaque État, leurs contributions ne sont pas encore suffisamment appréciées par les autres, ou même par elles-mêmes.

Nous avons besoin de plus de femmes à des postes de pouvoir et d'influence, car les femmes apportent un ensemble différent de forces mentales pour résoudre les problèmes, un ensemble de forces qui redéfinit ce que les mots « pouvoir mental » et « intelligence » signifient pour nous. De plus, nous avons besoin que plus de femmes reconnaissent et acceptent leurs propres forces mentales afin d'avancer vers leurs objectifs, de grandir et s'épanouir en tant qu'individus, et de donner le meilleur d'elles-mêmes à ceux qu'elles aiment.

Le nouveau sens de l'intelligence

Pendant trop longtemps, nous avons confondu intelligence et affirmation de soi. Les garçons prennent davantage la parole en classe, ce qui amène les garçons et les filles (et leurs enseignants !) à penser que les garçons sont plus intelligents. Les hommes sont plus prompts que les femmes à présenter des propositions pour résoudre des problèmes, et montrent plus d'assurance, ce qui donne l'impression qu'ils sont plus compétents pour trouver des solutions. Mais ce n'est pas parce qu'une personne sait mettre en avant ses idées, et elle-même, qu'elle est intelligente — cela signifie uniquement qu'elle a suffisamment confiance en elle pour se mettre en avant, qu'elle ait ou non raison. En 1992, Jane Campbell a défini le « syndrome de la réponse masculine » : cette tendance qu'ont les hommes à se sentir en confiance pour répondre à n'importe quelle question, quel que soit leur niveau de connaissance sur le sujet. Une de mes amies appelle cela « avoir tort avec autorité ». Confondre affirmation de soi et confiance en soi avec intelligence, c'est ignorer ce qu'est le véritable pouvoir mental.

Nous confondons également l'intelligence avec ce que les tests d'intelligence mesurent. Ces tests ont été conçus pour évaluer des compétences qui contribuent à la réussite scolaire, comme la capacité à analyser et à résoudre des problèmes abstraits (tels que les mathématiques ou les problèmes logiques), à avoir un vocabulaire étendu, et à lire et à comprendre des passages complexes de littérature. Ce sont bien sûr des compétences importantes, et les hommes et les femmes obtiennent généralement des résultats équivalents sur l'ensemble de ces tests. Le souci principal, néanmoins, réside dans la *définition* de l'intelligence représentée par les tests de QI. Aussi utiles que soient le raisonnement abstrait et le vocabulaire dans certains contextes, ces compétences ne sont pas les seules manières, ou même les meilleures, d'être intelligent.

Ces dernières années, les psychologues ont dépoussiéré les notions démodées d'intelligence. Le psychologue Robert Sternberg est l'un des promoteurs d'une nouvelle vision de l'intelligence. Il estime que l'intelligence ne se limite pas à ce que les tests d'intelligence peuvent mesurer, et que ce n'est pas une chose avec laquelle on naît, ou non. Au lieu de cela, il écrit :

> L'intelligence est la capacité à réussir dans la vie, selon les normes personnelles d'un individu, et dans son contexte socioculturel. La réussite de chacun dépend de sa capacité à capitaliser sur ses propres forces, et à corriger et compenser ses faiblesses par un équilibre de capacités

analytiques, créatives et pratiques pour s'adapter, modeler et sélectionner ses environnements.

Cela veut dire que la réussite en tant que personne (réussir à gagner sa vie, à s'entendre avec les autres, à faire des choses importantes dans sa communauté) dépend de l'utilisation de tout élément nécessaire pour gérer des situations dans laquelle on se trouve, tout en vivant en harmonie avec ses valeurs personnelles. Selon la définition de Sternberg, il est évident que Grand-Mère Geneva était un génie, douée pour gérer les problèmes de sa vie, même si elle était à peine capable de lire.

Sternberg et ses collègues ont mené des études partout dans le monde, suivant des personnes qui ont réussi dans la vie au sein d'autres cultures (et qui n'obtiennent pas de bons résultats aux tests d'intelligence américains), et étudiant les stratégies ingénieuses qu'elles ont développées pour s'épanouir dans leur environnement naturel. Par exemple, des villageois au Kenya échouent lamentablement aux tests de QI américains, mais ont une connaissance pointue des herbes médicinales, ce qui est vital à leur survie. De même, les enfants des rues au Brésil ne savent pas résoudre des problèmes de maths comme n'importe quel écolier, mais ils ont été observés en train de diriger des entreprises prospères, de vendre des babioles et de payer des pots-de-vin aux responsables locaux. Ces entreprises exigent d'eux d'effectuer des calculs rapides tout en négociant des transactions en espèces, une compétence que de nombreux Américains semblent perdre à mesure qu'ils prennent l'habitude de payer par des moyens électroniques.

Les exemples cités par Sternberg montrent à quel point des contextes culturels différents nécessitent et créent des forces mentales et une intelligence différentes. Les femmes ont développé des forces mentales en réponse à leur propre vie culturelle aussi. Dans ce chapitre, nous allons explorer les forces mentales spécifiques aux femmes.

La recherche a identifié au moins quatre de ces forces :

- Les femmes sont capables de considérer de nombreuses façons d'utiliser les ressources existantes pour atteindre leurs objectifs. Elles acceptent qu'il n'y ait pas uniquement une manière de faire les choses, et elles apprécient des approches inédites et innovantes pour résoudre des problèmes.
- Les femmes restent concentrées sur la tâche à accomplir plutôt que d'être obsédées par l'idée de faire quelque chose à leur manière. Ainsi, leur esprit reste ouvert aux avis et idées d'autrui, et elles sont prêtes à accepter les solutions des autres même si cela implique que tout le mérite soit attribué aux autres, et non à elles.
- Les femmes savent quand demander de l'aide et n'ont pas peur de le faire. En conséquence, elles ne restent pas coincées très longtemps à tenter de prouver qu'elles « peuvent se débrouiller seules », et s'appuient plutôt sur l'association des forces de chacun autour.
- Les femmes restent optimistes même quand les situations sont difficiles. Elles ne cessent de chercher des solutions quand les autres abandonnent, et mettent en place ces solutions avec confiance et espoir.

Gymnastique de résolution des problèmes

Au cœur de la définition de l'intelligence de la réussite de Robert Sternberg, on trouve la capacité à utiliser tout élément à disposition pour accomplir ce qui doit être accompli — nourrir ses enfants et soi-même, gagner sa vie, poursuivre ses intérêts, et littéralement construire une vie. L'intelligence implique d'être capable de voir les problèmes autrement que les autres, et d'être prêt à faire appel à son propre jugement plutôt que de faire comme les autres. Les gourous des affaires ont appelé cela « sortir des sentiers battus » ou « changer de paradigme ». Le fait est que les femmes mobilisaient cette force mentale bien avant que les gourous des affaires ne collent dessus une nouvelle étiquette fringante.

Les femmes ont dû faire face à des murs apparemment impossibles à déplacer et à des obstacles complexes pour atteindre leurs objectifs personnels. Que font-elles ? Elles font un salto mental par-dessus ces murs. Elles les contournent en faisant la roue. Elles trouvent une perche et s'élèvent au-dessus avec grâce. La plupart des femmes sont capables de coordonner et de gérer leurs objectifs, intérêts et besoins en fonction des situations dans lesquelles elles se trouvent, même si celles-ci sont loin d'être optimales.

Les femmes sont devenues mentalement souples en partie parce que au fil de l'histoire, elles n'ont souvent pas possédé de ressources propres en termes d'argent, d'accès à l'éducation, au pouvoir, ou même à la liberté. Au lieu de cela, elles ont été contraintes de s'appuyer sur toute ressource qui leur était donnée, principalement par les hommes qui les entouraient, pour accomplir ce qu'elles voulaient. Certaines femmes ont acquis d'immenses pouvoirs et ressources grâce aux hommes. Cependant, beaucoup ont dû se débrouiller avec bien moins que ce dont elles avaient besoin, soit parce que les hommes de leur vie n'avaient eux-mêmes pas de ressources, soit parce qu'elles étaient abandonnées par leur mari, partenaire ou famille. Elles ont alors été contraintes de survivre et d'aider leurs enfants à survivre avec bien moins que le nécessaire — comme ma grand-mère Geneva. Elles ont dû trouver des moyens de construire des vies épanouissantes même si on leur refusait l'accès à l'éducation ou à l'emploi.

Faire avec ce qu'on a et ce que la vie nous donne, c'est quelque chose que les femmes font toujours aujourd'hui. Par exemple, c'est le cas de celles qui deviennent mères célibataires après un divorce.

La flexibilité mentale explique en grande partie pourquoi les femmes obtiennent des postes de dirigeantes à l'époque où l'économie se mondialise. Selon une étude récente sur les leaders dans le monde politique et des affaires, les femmes sont plus douées pour ignorer les règles et manières de faire traditionnelles. Elles sont plus enclines à prendre des risques et à essayer des façons innovantes de traiter les problèmes. Comme Connie Jackson, directrice générale de la Fondation caritative des hôpitaux St. Bartholomew et Royal London, l'a dit : « En tant que leader, il faut parfois prendre le risque de suivre un chemin que personne n'a jamais emprunté encore. Il faut oser sortir des sentiers battus et suivre le chemin qui vous semble le bon. »

Les femmes chefs d'entreprise n'ont pas tendance à se limiter aux pratiques commerciales classiques, et sont capables de prendre en compte les points de vue de différentes cultures dans le processus de création et de commercialisation des produits. Et parce que les femmes ne sont pas à ces postes de pouvoir depuis longtemps, peu d'entre elles ont développé une idée stricte de la manière dont les gens sont *censés* faire les choses. Cela donne aux femmes la liberté de trouver des solutions créatives aux problèmes, de faire fi des « règles » et de « comment tout le monde fait ».

Prenez, par exemple, Indra Nooyi, ancienne consultante en stratégie promue au poste de présidente-directrice générale du groupe multimilliardaire PepsiCo. Nooyi, cinquantenaire dynamique née en Inde, positionne PepsiCo pour permettre son développement en Chine, au Moyen-Orient et en Inde. La plupart des P-DG abordent la mondialisation en se posant la question suivante : « Comment vendre mon produit à ces gens ? » Mais Nooyi, elle, se pose une question inédite : « Comment créer ce que d'autres cultures veulent acheter ? » Plutôt que de trouver des slogans et des prix qui permettraient de vendre des produits typiquement américains comme Pepsi ou les chips Lay's à des gens issus de cultures très différentes, Nooyi en apprend davantage sur les goûts régionaux en termes d'encas, et crée de nouveaux produits qui plaisent et attirent ceux qui ont ces goûts-là : des encas aux lentilles en Inde, une version saveur champignon de Paris des chips Lay's en Russie. Elle a aussi racheté de petites entreprises qui comprennent les goûts locaux et produisent des aliments qui correspondent à ces goûts, comme les jus en Europe de l'Est ou les barres de céréales en Nouvelle-Zélande. Grâce aux approches innovantes des marchés mondialisés de Nooyi, d'abord en tant que stratégiste de marché puis P-DG, les ventes de PepsiCo ont augmenté de 8,4 % en moyenne ces dernières années, contre 6,5 % pour Coca-Cola.

Force mentale n° 1

Les femmes trouvent de nombreux moyens d'accomplir leurs objectifs ; elles ne sont ni conformistes ni inflexibles. Elles prennent toutes les ressources à leur disposition, et les utilisent pour résoudre les problèmes et créer une vie épanouissante.

Faire en sorte que ce soit fait, et pas juste faire les choses à ma façon

Puisque la plupart des femmes ne sont pas encore habituées à occuper des postes d'autorité, elles n'envisagent pas les situations en termes de gain ou de maintien de pouvoir. Comme elles ne sont pas préoccupées par la prise d'influence, les femmes sont capables d'imaginer un spectre plus large de solutions aux problèmes, certaines d'entre elles pouvant même exiger un renoncement à une certaine dose de contrôle. Elles ne considèrent pas qu'accepter les solutions des autres aux problèmes soit une menace ou une défaite. Elles reconnaissent la valeur des opinions et idées d'autrui, et sont prêtes à les suivre si c'est le choix le plus logique. Par conséquent, les solutions peuvent refléter la meilleure option parmi plusieurs, ou la sagesse collective du groupe, plutôt que l'opinion d'une seule personne.

Au sein de nombreuses institutions éducatives, entreprises et organismes bénévoles ou non lucratifs, les études ont montré que les femmes ont plus tendance que les hommes à adopter un style de direction démocratique, à travailler en coopération avec les autres pour mener à bien des projets et objectifs. Elles sont plus enclines à reconnaître la valeur des opinions des autres, à solliciter activement ces opinions, et à faire des compromis pour atteindre un résultat optimal et satisfaisant pour toutes les parties. Elles ne sont pas obsédées par l'idée d'avoir raison ou d'être reconnues. Au lieu de cela, elles s'attachent à trouver la meilleure manière possible de résoudre les problèmes.

Les hommes, en revanche, ont plus tendance que les femmes à adopter un style de direction autocratique, se concentrant sur l'accumulation du pouvoir et son exercice — la traditionnelle manière de mener, en « commandant et en contrôlant ». Les gens qui dirigent de manière autocratique insistent sur le fait qu'ils savent ce qui est mieux, et que tous les autres doivent obéir. Les dissidents ne sont pas simplement ignorés, ils peuvent même être punis. Si le chef autocratique est un génie, les choses pourraient très bien se passer, mais dans la plupart des cas le narcissisme des chefs autocratiques entraîne la défaite, et même la tragédie, pour eux-mêmes et ceux qui les entourent.

Le gouvernement est peut-être le lieu où la manière de mener des femmes est le plus indispensable. Pour réussir, un gouvernement a besoin d'individus avec différents talents et domaines de connaissances et qui, tout en représentant des groupes d'intérêt différents, travaillent ensemble pour trouver des solutions dans l'intérêt du peuple. Pourtant, l'intérêt général est bien souvent sacrifié au profit de la prise de pouvoir et du trafic d'influence. De plus, même les chefs de gouvernement qui ont l'intention de servir le peuple ne sont pas aussi efficaces s'ils préfèrent une approche autocratique de la gouvernance, préjugeant toujours que leur manière de faire est la bonne, et que tout le monde doit s'aligner, parce qu'ils ne font pas usage du talent qui les entoure pour trouver les meilleures solutions.

De nombreuses femmes accèdent à des postes gouvernementaux parce qu'elles en ont assez des manières narcissiques et avides de pouvoir des chefs de gouvernement actuels. Traci Wells a décidé de se présenter aux élections municipales de sa petite ville de l'Iowa après qu'une grosse tempête de neige eut fermé toutes les routes. Son voisin, Gus, 76 ans, souffrait d'un problème cardiaque, mais il a insisté pour sortir et déblayer son allée. À sa grande horreur, Traci le vit par la fenêtre de sa cuisine s'effondrer dans sa cour arrière. Après avoir rapidement appelé les secours, Traci s'est précipitée à côté pour lui prodiguer les gestes d'urgence en attendant l'arrivée de l'ambulance. Mais l'ambulance n'arrivait toujours pas. Finalement, après presque quarante-cinq minutes, elle apparut. Vingt minutes plus tôt, Gus était mort dans les bras de Traci. « Qu'est-ce qui vous a pris si longtemps ? » a demandé Traci d'une voix tremblante, les dents serrées. Aucune route ou presque n'avait été déneigée.

La tristesse de Traci après la mort de Gus s'est transformée en rage lorsqu'elle a appris plus tard dans la journée que les routes autour de la maison du maire avaient été parmi les premières à être déneigées, avant même les artères principales de la ville. Ce maire était bien connu pour s'occuper de lui-même et de ses copains d'abord, qu'il s'agisse du déneigement, de nominations à des emplois municipaux ou de contrats publics. Traci pensait depuis longtemps que quelqu'un devait s'opposer à ce maire, à son trafic d'influence et son népotisme, mais la plupart des gens avaient trop peur de représailles pour le faire.

Elle a alors eu l'audace de se présenter contre lui aux élections municipales. Elle a remporté l'élection avec 11 % d'avance.

L'une des premières initiatives de Traci en tant que maire a été de revoir le fonctionnement de la ville quant aux services d'urgence.

En réunion avec les responsables des différents services, elle s'est exprimée ainsi : « Messieurs, je sais que vous avez tous à cœur l'intérêt supérieur de notre ville et que vous avez de nombreuses idées pour améliorer les services d'urgence. Comme vous le savez, la ville n'a pas d'excédent budgétaire, et je me suis présentée sur un programme sans nouvelles taxes municipales. Par conséquent, nous devrons améliorer les services sans dépenser plus d'argent. Cela signifie que vous devez faire preuve de créativité pour trouver de nouvelles manières de travailler plus efficacement les uns avec les autres. Maintenant, j'ai quelques idées, mais vous avez tous plus d'expérience que moi à vos postes respectifs, alors je veux entendre les vôtres. »

Son travail avec ces experts a donné le ton à toutes ses autres initiatives : elle a toujours insisté pour que tout le monde travaille en vue d'objectifs communs, et récompensé la coopération entre les employés municipaux et les entrepreneurs.

Bien sûr, il existe aussi des femmes avides de pouvoir, et des hommes qui se concentrent sur l'intérêt général et pas simplement sur l'accumulation du pouvoir. Et il y a toujours des entreprises dominées par les hommes dans lesquelles une direction coopérative et axée sur les objectifs est un désavantage. Nombreuses sont les femmes qui ont fait des propositions innovantes pour faire avancer leur entreprise ou leur organisme, et qui au bout du compte ont vu un homme s'approprier tout le mérite de leurs idées. En effet, au cours de ces dernières décennies, alors même qu'elles se battaient pour obtenir des postes de direction et de pouvoir, les femmes ont dû apprendre à s'attribuer le mérite de leurs idées et de leur travail.

De plus en plus, cependant, les gourous du leadership, comme le psychologue organisationnel Bernard Bass du Center for Leadership Studies de l'université de Binghamton à New York, estiment que l'économie moderne a besoin de leaders capables de faire naître la coopération parmi les employés et collaborateurs issus de milieux différents, et qui apportent des expertises multiples. La technologie progresse trop vite, et les clients sont bien trop différents les uns des autres si bien qu'aucun leader ne possède toutes les qualités nécessaires pour réussir. Au lieu de cela, les leaders doivent unir tout leur capital humain sous leur direction, dans un esprit de coopération, et travailler ensemble pour atteindre des objectifs communs.

Les femmes apportent également leur capacité à se concentrer sur une tâche à accomplir plutôt que sur l'exercice du pouvoir dans leur approche de leur rôle parental. Élever des enfants implique une négociation incessante autour des questions de l'indépendance et de l'autonomie, des règles qui régissent le foyer, des manières de se conduire. C'est particulièrement vrai quand les enfants deviennent adolescents, et que les forces biologiques et sociales dans leur vie les poussent à défier les règles et l'autorité parentale. Les recherches menées par le psychologue Laurence Steinberg de l'université de Temple montrent que de nombreux pères font face à ce refus de leur autorité en appliquant encore plus strictement les règles, et en affirmant encore plus fermement leur autorité. Ils gèrent les conflits en coupant court aux conversations, avec des phrases telles que : « Tu vas le faire parce que je le dis ! » Ou alors, ils s'éloignent et se mettent en retrait, évitant les conflits par leur absence ou leur silence. Au contraire, les mères sont plus susceptibles de faire des concessions à leurs adolescents. Les mères vont affirmer leur autorité autant que nécessaire, mais elles sont aussi prêtes à laisser à leurs enfants l'espace dont ils ont besoin pour grandir et faire leurs propres erreurs, à l'intérieur de certaines limites. Si les mères sont capables d'agir ainsi, c'est notamment parce qu'elles veulent aider leurs enfants à traverser les pressions de l'adolescence et à développer leur capacité à faire de bons choix par eux-mêmes, plutôt que de leur faire comprendre qui est le chef.

Cela ne veut pas dire qu'il n'y a pas de conflits entre les mères et leurs adolescents, mais de nombreuses mères sont capables de résister à la tentation de définir les conflits en termes de rapport de force : qui est le chef, qui gagne, et qui perd. Cela les aide à rester plus calmes, plus persévérantes, et plus ouvertes à envisager les façons dont elles peuvent aider leurs enfants à traverser les défis de l'adolescence.

Force mentale n° 2

Les femmes se concentrent sur les objectifs. Elles s'appliquent à faire ce qui doit être fait, plutôt que d'imposer leur manière de faire.

À beaucoup d'ouvriers, la tâche est aisée

Une large partie des études menées sur la capacité des femmes à demander de l'aide s'est concentrée sur les femmes battues et posait la question suivante : « Pourquoi ne cherchent-elles pas d'aide pour se sortir de leur relation abusive ? » Il existe de nombreuses réponses : les femmes battues ont souvent peur que leur bourreau les tue, ou tue leurs enfants, si elles tentent de fuir, ou alors elles ne veulent pas plonger leurs enfants dans la pauvreté en quittant le foyer, ou ne comprennent pas que c'est leur droit de ne pas être maltraitées. Mais de nombreuses femmes battues cherchent bien de l'aide pour s'en sortir, même quand les obstacles décrits existent. Demander de l'aide, qu'il s'agisse de partager la responsabilité des tâches ou de faire appel à l'expertise d'autrui, est vital face à tout défi de la vie, même dans des situations bien moins stressantes ou dangereuses que vivre une relation violente. Les femmes n'ont généralement pas honte de demander l'aide dont elles ont besoin. C'est une des raisons pour lesquelles elles sont douées pour mener les groupes coopératifs : elles ne partent pas du principe qu'elles savent tout et permettent aux autres de contribuer à la résolution des problèmes.

La capacité des femmes à demander de l'aide a évolué au cours du dernier millénaire en fonction des réalités auxquelles elles ont dû faire face. Parce que les femmes n'ont jamais eu la force physique ou le statut social suffisant au cours de l'histoire pour exiger que leur voix soit entendue ou leurs besoins comblés, elles ont été contraintes d'imaginer d'autres moyens de survivre et de s'épanouir qui ne nécessitaient ni force brute ni pouvoir social. Parce que les femmes n'ont jamais eu la force physique pour repousser leurs agresseurs, elles ont appris à mobiliser leurs amis et famille pour les protéger, une stratégie que la psychologue Shelley Taylor, de l'université de Californie, à Los Angeles, appelle « soigne et montre-toi ami ». Cette capacité à recruter des alliés et des soutiens a évolué en une force mentale qui aide les femmes à voir chez les autres les ressources utiles et sur lesquelles elles peuvent s'appuyer, pour former des alliances mutuellement bénéfiques, et savoir comment et quand s'appuyer sur ces alliances. Ce comportement ne permet pas seulement de sauver la vie des femmes dans certaines situations, comme quand les femmes s'unissent en groupes pour changer les lois et règles publiques pour se protéger de la violence, mais aussi de faire des femmes de grandes dirigeantes dans le milieu des affaires ou de la politique.

Aucun exemple n'illustre mieux le bénéfice des forces des femmes à coopérer avec les autres pour le bien commun que celui des associations de prêts et de crédits au sein des villages, qui voient le jour dans les pays en voie de développement partout le monde. Ces associations comptent en général une trentaine de femmes vivant dans un village reculé, dans une pauvreté abjecte. Ces femmes glissent toutes une petite somme (par exemple, 2 dollars) dans un pot commun, puis se proposent mutuellement des crédits à court terme en utilisant l'argent commun, à un taux d'intérêt bas. Les femmes utilisent l'argent pour acheter des articles ménagers de base et des aliments, et pour financer de petites entreprises de créations de produits artisanaux et de plats maison sur les marchés locaux. L'association humanitaire CARE International a initié le regroupement de ces petites associations dans plusieurs pays d'Afrique, qui sont rapidement devenues indépendantes de

CARE, et prospèrent dix ans plus tard, comptant des centaines de milliers de membres. Ensemble, les associations d'épargne et de prêts mettent en commun des millions de dollars, et la quasi-totalité est prêtée à ses membres. Le taux de remboursement est de près de 100 %, et les groupes réalisent régulièrement des bénéfices, reversés dans le pot commun.

De plus, la qualité de vie des femmes membres de ces groupes et de leur famille s'est significativement améliorée. Les femmes qui auparavant luttaient pour nourrir leur famille peuvent maintenant envoyer leurs enfants à l'école, acheter des équipements pour augmenter leur production de plats pour leur famille et leur entreprise, entretenir leur maison et recruter du personnel pour les aider à faire marcher leur affaire. Le taux de violence domestique a également décliné dans ces familles, à mesure que les femmes ont gagné leur indépendance économique et du pouvoir.

Sarah Nangiro, de l'association Nawokotelei Village Savings Association en Ouganda, déclare : « Au début [mon mari et moi] nous disputions souvent parce que dès que notre enfant était malade ou qu'il n'y avait pas de sel à la maison, je le confrontais pour qu'il me donne de l'argent. Il me dit toujours qu'il n'en a pas. Mais maintenant je peux prendre soin de mes enfants et de mon mari. »

Ces groupes ne sont pas réservés aux femmes, mais elles y sont très largement majoritaires. D'un côté, les femmes sont très attirées par la nature coopérative de ces groupes, la cohésion sociale et le soutien qu'ils apportent. Elles se satisfont des petites sommes prêtées et sont capables de les utiliser avec créativité pour atteindre leurs objectifs. D'un autre côté, les hommes sont souvent frustrés par le principe de décision collégiale concernant les prêts, et estiment avoir besoin de plus grosses sommes. Les hommes quittent donc plus souvent ces groupes que les femmes, et par conséquent ne bénéficient pas autant que les femmes de l'aide financière qu'ils offrent.

Force mentale n° 3

Les femmes ont tendance à faire appel à l'aide, à l'expertise et à l'ingéniosité des autres plutôt que d'insister pour tout faire elles-mêmes.

L'optimisme plus fort que les obstacles

Si Grand-Mère Geneva avait évalué rationnellement les chances de survie de sa famille, sans parler de prospérité, en prenant en compte leurs moyens économiques pendant la Grande Dépression, elle aurait levé les bras au ciel de désespoir et tout abandonné. Mais elle ne l'a pas fait. Si elle s'était contentée de prendre les choses du bon côté, en chantonnant joyeusement et en attendant que tous ses problèmes se résolvent, elle n'aurait pas mieux réussi non plus. Au lieu de cela, elle est restée déterminée et confiante : elle trouverait toujours des moyens de nourrir ses enfants et de leur donner ce dont ils avaient besoin pour devenir des adultes épanouis. Elle n'a cessé de se rendre dans les bois et de se promener le long des fossés en bord de chemin de fer à la recherche de nourriture. Elle n'a cessé de faire bouillir ces poulets maigrelets, même quand leur carcasse semblait déjà parfaitement nettoyée.

Ce genre d'optimisme obstiné en ses propres capacités est l'un des meilleurs prédicteurs de réussite dans bien des domaines de la vie. Albert Bandura, psychologue renommé de Stanford, a démontré que l'auto-efficacité, c'est-à-dire la conviction qu'on peut faire tout ce qu'il faut pour atteindre ses objectifs, est cruciale pour réussir à l'école, au travail, et dans toute tâche en entreprise. De même, des milliers d'études ont prouvé que ceux qui croient en eux-mêmes dans des circonstances pessimistes réussissent davantage, ont une meilleure santé émotionnelle et physique, et s'entendent mieux avec les autres. L'optimisme déterminé est ancré dans la réalité : c'est la poursuite d'un résultat plus positif plutôt que la croyance aveugle que les choses vont bien finir par s'arranger d'une façon ou d'une autre.

Compte tenu du manque de liberté et de l'oppression flagrante que les femmes ont subie au fil du temps, il peut sembler étrange d'apprendre que les femmes sont très optimistes et ont un sens aigu d'auto-efficacité et de capacité à agir. L'optimisme a toujours été la clé de la survie des femmes quand elles ont fait face à des obstacles durables, comme ça a été le cas pour la survie de Grand-Mère Geneva. Au cours des dernières générations, les femmes sont devenues optimistes avec encore plus de détermination qu'à l'époque de ma grand-mère. La psychologue Jean Twenge, autrice de *Generation Me*, a compilé des données sur près de 30 000 adultes en utilisant des questionnaires qui mesuraient la « capacité d'action personnelle » : la conviction qu'on peut accomplir ses objectifs malgré les obstacles. Elle a découvert que les résultats des femmes quant à leur capacité d'action personnelle s'améliorent de manière significative depuis les années 1970, et que depuis les années 1990, les scores des hommes et des femmes sont équivalents.

Rester optimiste et plein d'espoir est particulièrement important quand on fait face à une tragédie ou à une perte immense. On peut alors avoir l'impression que c'est la fin de notre monde, et qu'il n'y a aucune raison de continuer à vivre. On peut avoir d'énormes problèmes à surmonter. Les jeunes veuves doivent par exemple trouver comment subvenir à leurs besoins et à ceux de leurs enfants d'un point de vue financier, émotionnel et pratique sans le soutien de leur mari. Et pourtant, rester optimiste est vital pour reprendre sa vie en main — cela nous motive et nous donne la force de faire des choix et de prendre des décisions difficiles.

Il y a quelques années, en Californie, mes collègues et moi avons mené une étude sur les personnes qui ont perdu un être cher (un conjoint, un parent, un frère, une sœur ou un enfant) à cause du cancer. Mes entretiens avec les participants ont révélé une immense résilience chez la plupart d'entre eux — et en particulier chez les femmes. Même si leur monde a été bouleversé par la mort d'un être aimé, la plupart de ces femmes étaient confiantes : elles croyaient pouvoir rebondir et reconstruire leur vie. Rhonda, une femme de 48 ans dont le mari est mort d'un cancer, a été le parfait exemple de toutes les femmes optimistes de notre étude :

> Je pense que lorsqu'on perd un être cher, c'est une renaissance pour soi-même. On ne peut pas rester bloqué sur la perte de sa moitié. Vous devez vous réjouir de ce que vous allez faire de votre vie désormais — de qui vous êtes en tant que célibataire, ce qui est très perturbant. Beaucoup de gens sont restés mariés beaucoup plus longtemps que

> moi, et ils doivent découvrir qui ils sont. Et c'est une toute nouvelle expérience d'apprendre qui on est en tant que personne seule.

Même si son mari lui manquait profondément, Rhonda a choisi d'affronter sa perte comme un défi et de l'utiliser pour grandir en tant que personne. Comme Rhonda, les participants à notre étude qui étaient optimistes ont surmonté leurs symptômes de deuil et ont avancé plus rapidement dans leur vie. Cet optimisme n'est pas seulement de type « afficher un visage souriant ». C'est une croyance fondamentale en vous-même et en votre capacité à surmonter les obstacles qui vous motive et qui élargit vos possibilités et vos choix. Les gens qui sont optimistes voient littéralement plus de solutions aux problèmes et plus de façons de contourner les obstacles que les gens qui ne sont pas optimistes. Cela les rend plus efficaces pour surmonter la tragédie.

En affaires ou à d'autres postes de direction, l'optimisme des femmes les rend plus créatives, et leur permet d'imaginer des projets innovants et des approches inédites que d'autres auraient pu écarter, les jugeant « impossibles ». La valeur de l'attitude capable et tournée vers l'avant des femmes est aujourd'hui en train d'être reconnue dans le monde des affaires. L'étude citée plus haut au sujet des dirigeants d'entreprise internationale et des gouvernants a également mis en avant que les femmes ont tendance à être très douées pour apprendre de leurs déceptions et des rejets qu'elles subissent, et pour aller de l'avant avec une attitude qui dit « je vais vous montrer ce que je sais faire ». Ainsi, Libby Sartain, vice-présidente des ressources humaines de Yahoo, Inc., affirme : « Si je fais une erreur, je vais peut-être être dure envers moi-même au début, mais je me débarrasse rapidement de cette pensée, et je cherche comment surmonter la situation. Je ne la laisse pas miner ma confiance en moi. En fait, parfois, être dos au mur, permet de faire ressortir le meilleur de moi-même. »

L'une des personnes les plus résolument optimistes que je connaisse est Nancy, cinquantenaire à la tête d'un département d'une grande université. Être directrice d'un département signifie que vos collègues veulent toujours plus de ressources (espace, salaire, étudiants) et que l'administration vous dit toujours qu'il n'y a pas d'argent pour cela. Même si la réaction de nombreux directeurs consiste à s'en prendre à l'administration ou à dire aux professeurs qu'ils ne sont pas raisonnables, la réponse immuable de Nancy est : « Eh bien, je pense que nous pouvons y arriver. » Lorsqu'ils ont su qu'un éminent chercheur d'une autre université souhaitait s'installer dans le département de Nancy, l'administration a dit « pas question », parce que tous les postes de professeurs étaient pris. Nancy, cependant, a trouvé un moyen de redéfinir les postes de professeurs pour qu'il y ait une ouverture. Lorsque la question s'est posée de savoir où serait situé le laboratoire de ce chercheur, tout le monde a répondu qu'il était impossible de trouver de nouveaux locaux. Nancy a incité certains des membres les plus têtus et les plus intransigeants du département à revoir l'installation de leurs laboratoires et à céder une partie de leur espace au profit de leur nouveau collègue. Bref, Nancy refuse de croire qu'il n'y a pas *un moyen* de contourner les obstacles.

L'histoire de Nancy illustre la synergie des forces mentales des femmes. Son optimisme lui permet de garder l'esprit ouvert à de nouvelles opportunités et solutions, lorsque celui des autres y serait sourd. Lorsque la manière habituelle ou typique de faire les choses ne fonctionne pas, Nancy cherche de nouvelles façons d'aborder les problèmes. En retour, sa capacité à percevoir de nombreux chemins pour atteindre ses objectifs alimente son optimisme. Il est beaucoup plus facile de rester optimiste quand on n'est pas coincé dans le « c'est comme ça » et qu'au lieu de cela, on parvient à redéfinir les situations et à prendre des risques avec des solutions novatrices. Nancy ne s'entête pas non plus à faire les choses à sa façon — elle peut demander des idées et de l'aide aux autres, et se moque de se voir attribuer ou non le mérite de la résolution d'un problème. Cela ouvre une multitude de nouvelles possibilités pour surmonter les obstacles, ce qui, une fois de plus, permet de rester optimiste.

Les femmes optimistes ont tendance à utiliser des stratégies plus efficaces pour faire face à des situations difficiles. Elles sont plus enclines à accepter la réalité de leur situation, et à faire ce qu'elles peuvent pour surmonter leurs problèmes et les redéfinir le plus positivement possible. Par exemple, le psychologue Charles Carver et ses collègues ont constaté que parmi les femmes qui subissent une intervention chirurgicale pour un cancer du sein, celles qui sont plus optimistes utilisent plus l'humour pour faire face à la situation et sont plus à même d'accepter la réalité. Les optimistes prennent aussi mieux soin d'elles-mêmes, suivant les consignes du médecin et adoptant des comportements sains qui luttent contre la maladie. Dans une autre étude portant sur des survivantes du cancer du sein, la psychologue Vicki Helgeson et ses collègues ont montré que les femmes qui conservaient un sentiment d'optimisme et de contrôle personnel avaient un meilleur fonctionnement physique au cours des quatre années suivant leur chirurgie et leur chimiothérapie.

Comment les femmes peuvent-elles rester si optimistes ? Elles savent au plus profond d'elles-mêmes que leur vie a un sens et une raison d'être, et que c'est leur travail de continuer à poursuivre cette raison, coûte que coûte. Grand-Mère Geneva a persisté parce qu'elle le devait pour nourrir ses enfants. D'autres femmes sont déterminées à fuir des mariages abusifs pour construire une vie plus positive pour elles-mêmes et leurs enfants.

Inez McCormack est une femme qui est restée résolument optimiste au cœur d'un des conflits civils les plus longs et les plus sanglants de l'histoire récente : celui qui a opposé protestants et catholiques en Irlande du Nord. « Les Troubles », comme ce conflit est appelé, ont fait 3468 morts entre 1969 et 1996. Les hommes à la tête des deux camps ne se parlaient pas, ne s'asseyaient même pas dans la même pièce et communiquaient plutôt par la menace et la violence. Inez McCormack s'est impliquée dans l'organisation de marches pour les droits civiques des femmes, sur le modèle du mouvement non violent des droits civiques américains, pour promouvoir l'égalité, les droits humains et la paix en Irlande du Nord. Elle raconte : « À cette époque, l'égalité en Irlande du Nord s'exprimait comme le besoin d'avoir "un homme, une voix". Ce sont les femmes, des deux côtés du fossé sectaire, qui ont finalement commencé à dire "Ça suffit". » McCormack s'est unie à d'autres femmes pour former les Women Seen and Heard (Femmes vues et entendues), et donner la parole aux histoires de ces vies de femmes détruites par la violence, la mort et la ruine économique causée par ces Troubles. La seule règle de ce groupe était que toute personne, quelle que soit son origine, serait accueillie et traitée avec respect, indépendamment de ses opinions. Plus tard, McCormack a participé à la formation de la Coalition pour l'égalité, qui s'est efforcée d'intégrer des principes d'égalité et de droits humains pour tous dans l'Accord du Vendredi saint, qui a officiellement mis fin aux Troubles.

McCormack avait toutes les raisons d'être pessimiste quant à la fin de la violence dans son Irlande du Nord bien-aimée — tout le monde semblait l'être. Mais elle a rejeté ce pessimisme, et a continué à travailler avec la conviction, l'espoir et la confiance que la paix pourrait l'emporter. Son optimisme déterminé a attiré des centaines de soutiens, de collègues et d'admirateurs qui se sont réunis pour faire triompher la paix.

En s'appuyant sur les leçons tirées de l'expérience de McCormack et des femmes en Irlande du Nord, le groupe international Vital Voices a lancé Women Leaders Building Peace and Prosperity pour mettre les forces mentales des femmes au service de conflits durables dans le monde entier. Une de leurs initiatives récentes se déroule au Moyen-Orient, où le conflit israélo-arabe semble sans fin ni espoir pour beaucoup. Women Leaders Building Peace and Prosperity aide les femmes juives et arabo-israéliennes à devenir des agentes du changement dans leurs communautés, et à améliorer leurs compétences en leadership. Ces femmes courageuses rejettent l'idée d'une situation en impasse, qui a dominé les interactions judéo-arabes pendant des décennies. Elles insistent sur le fait qu'en utilisant les forces mentales des femmes d'un optimisme déterminé, en travaillant ensemble pour le bien de tous plutôt que pour les intérêts individuels, et en trouvant de nouvelles façons de surmonter les problèmes, même ce conflit pourra être résolu.

Marie Curie, qui s'est battue contre une discrimination basée sur son sexe, a fait face à la mort tragique et accidentelle de son mari, et est devenue la première personne à gagner deux prix Nobel, a très bien résumé l'optimisme déterminé des femmes : « La vie n'est facile pour aucun de nous. Mais quoi, il faut avoir de la persévérance, et surtout de la confiance en soi. Il faut croire que l'on est doué pour quelque chose, et que, cette chose, il faut l'atteindre coûte que coûte. Peut-être que tout s'arrangera au moment où on s'y attend le moins. »

Force mentale n° 4

Les femmes ne disent jamais « jamais » — elles restent optimistes et croient que les obstacles peuvent être surmontés.

Les forces mentales exceptionnelles des femmes peuvent ou non se voir sur les tests de QI, mais elles se manifestent dans leur efficacité immense dans tous les domaines de la vie. Les femmes construisent leur propre vie, même sur les cendres du désespoir ou entourées de privations. Les femmes construisent la vie des autres en honorant les talents et l'intelligence de ceux qui les entourent, et en les unissant pour en tirer les solutions optimales aux problèmes. Et les femmes construisent leurs communautés en contournant sans cesse les obstacles, à la poursuite du bien commun via des chemins inédits et innovants.

Chapitre 2

Des êtres résilients : comprendre les forces identitaires des femmes

Il y a quelques jours, j'étais installée dans le salon Bellezza pour me faire couper les cheveux, et je feuilletais des magazines, quand j'ai commencé à me sentir anxieuse. Les couvertures criaient « 10 étapes pour avoir plus confiance en vous ! » « Une garde-robe moderne de femme puissante ! » « Évitez ces faux pas vestimentaires ! ». Soudain, je me suis sentie nulle, j'avais besoin d'aide, je me suis tournée vers l'article en « 10 étapes » et lu à quel point les femmes se sentent peu sûres d'elles au travail, dans leurs relations personnelles, et au lit. L'article offrait dix astuces faciles pour surmonter ses insécurités de femme et être plus assurée. L'article sur la « garde-robe de femme puissante » suggérait que les femmes qui réussissent ont quand même besoin de stylistes pour surmonter leurs doutes à leur propre sujet au travail, et l'article sur les « faux pas » promettait d'éviter aux femmes d'horribles camouflets dans leur amour-propre, causés par un choix stupide de vêtements. Quand j'étais entrée dans le salon, je me sentais assez bien dans ma peau, malgré mon jean trop large, mon t-shirt démodé et mon besoin évident d'une nouvelle coupe de cheveux. Après avoir feuilleté ces magazines, je n'étais plus très sûre de me sentir bien.

Les femmes n'ont pas la vie facile. Nous entendons tout le temps que les femmes ont peu d'estime d'elles-mêmes, que nous n'avons aucune confiance en nous — ou que le peu de confiance que nous avons est le résultat d'une coupe de cheveux parfaite ou d'une tenue taillée pour inspirer le pouvoir. Si on cherche sur Google « femmes et estime de soi », il y aura des millions de résultats, la plupart provenant de sites qui listent les nombreuses sources de manque d'estime de soi chronique des femmes, notamment une mauvaise image de soi, la jalousie et la maltraitance. Depuis la soi-disant révolution sexuelle, l'identité des femmes est censée être marquée par un conflit constant : au travail nous nous sentons comme des impostures, et à la maison comme des mères et épouses négligentes. Nous ne savons pas si nous voulons être féminines ou masculines, et faisons des allers-retours entre les deux rôles sexuels. Un jour, nous sommes douceur, bienveillance et frous-frous, et en suivant nous traversons le monde armées d'assurance, d'autopromotion et en tailleur-pantalon. Les femmes s'échinent à équilibrer leur identité faible et déchirée — ce qui rappelle le film de 1976 *Sybil*, et qui a peut-être inspiré le personnage joué par Toni Collette dans la série télévisée de 2009 *The United States of Tara*.

Selon l'American Association of University Women (AAUW), la faible identité des femmes apparaît tôt dans la vie. En 1991, l'association a publié une étude influente qui déclarait que les filles « perdent leur estime de soi sur le chemin de l'adolescence ». Des livres populaires comme *Une si grande différence* de Carol Gilligan ou *Reviving Ophelia* (non traduit) de Mary Pipher affirment qu'avant l'adolescence, les filles ont un large éventail d'intérêts et des opinions bien arrêtées sur le monde. Mais quand elles atteignent l'âge des relations amoureuses, les filles perdent leur « voix » en se confrontant aux exigences de soumission et de silence pour plaire aux garçons. Elles répriment leurs opinions, leur personnalité, leurs intérêts, et prétendent plutôt être ce qu'elles pensent que les garçons attendent d'elles.

La véritable image de soi des femmes

Le problème, c'est que rien de tout cela n'est vrai, du moins pour la majorité des femmes, et pour l'immense majorité des filles nées au XXIe siècle. L'étude de l'AAUW a été réfutée par des recherches ultérieures basées sur des échantillons plus larges et de meilleures mesures de l'estime de soi. Une étude impliquant plus de 100 000 participants a mis en évidence que l'estime de soi des filles ne chutait pas drastiquement à l'adolescence. Même si les filles s'inquiètent plus de leur apparence que les garçons, il n'y a pas de différence d'estime de soi entre filles et garçons dans le domaine scolaire. Les filles ont une *meilleure* estime de soi que les garçons en matière de morale et d'éthique, c'est-à-dire leur façon de juger leur propre comportement — et elles ont bien raison. En 2008, une enquête de l'institut Josephson sur la jeunesse américaine a montré que beaucoup plus de filles que de garçons étaient d'accord avec l'affirmation suivante : « Ça ne vaut pas la peine de mentir ou tricher si ça va à l'encontre de sa propre nature. » À l'opposé, beaucoup moins de filles que de garçons étaient d'accord avec les énoncés suivants : « Dans le monde réel, les gens qui réussissent font ce qu'il faut pour gagner, même si les autres estiment que c'est de la triche» et : «Il faut parfois mentir et tricher pour réussir.» Les affirmations selon lesquelles les filles perdent leur «voix» à l'adolescence se basaient sur des études de cas de Pipher sur des filles suivant une psychothérapie à la suite de problèmes mentaux, et sur des entretiens menés par Gilligan avec un groupe de filles sélectionnées (sans comparaison directe avec les entretiens menés avec les garçons). La psychologue Susan Harter de l'université de Denver a dirigé plusieurs études parmi les seules rigoureusement empiriques au sujet de la «voix» des filles et des garçons à l'adolescence. Avec ses collègues, elle a demandé à plusieurs centaines de filles et de garçons entre 12 et 17 ans de remplir un questionnaire mesurant leur confiance en eux et leur voix. Ce questionnaire avait pour but d'affirmer dans quelle mesure les adolescents étaient capables «d'exprimer leurs opinions», «partager ce qu'ils pensaient vraiment», «laisser les autres exprimer ce qui était important pour eux» et «dire ce qu'ils pensent» avec leurs pairs, parents et enseignants. Les résultats n'ont pas montré de différence significative entre les filles et les garçons. Qui plus est, l'étude a montré une augmentation, et non une diminution, de la capacité à s'exprimer, chez les filles comme chez les garçons, à mesure qu'ils grandissent.

Alors, vous pourriez penser que les choses ont changé, et que si les filles du XXIe siècle ont aujourd'hui une identité forte et positive, les femmes adultes — qui ont grandi dans un environnement culturel et professionnel différent — luttent toujours avec une piètre estime de soi, une faible maîtrise du monde et une hésitation, ne sachant pas si elles doivent être plus féminines ou plus masculines. Mais aucune preuve n'étaye ces affirmations non plus. La majorité des femmes adultes se définissent comme un mélange confortable de caractéristiques féminines et masculines. Même la plupart des études menées avant 1970, sans compter les plus récentes, n'ont jamais pu trouver de différences significatives entre les hommes et les femmes en ce qui concerne l'estime de soi et le sentiment de contrôle ou de maîtrise. N'importe qui peut trouver une étude de cas personnel qui montre que les hommes ont une meilleure estime de soi ou un meilleur sentiment de maîtrise que les femmes, mais quand on fait la moyenne des dizaines et des dizaines d'études réalisées, on ne trouve qu'une minuscule différence entre hommes et femmes, qui dépend de la manière dont l'estime de soi ou la maîtrise est mesurée. L'expression « beaucoup de bruit pour rien » semble pertinente.

La qualification erronée de l'identité des femmes et des filles comme faibles ou conflictuelles a de nombreuses conséquences négatives potentielles. Comme l'écrit la psychologue Jean Twenge, la croyance largement répandue selon laquelle les filles et les femmes ont une faible estime de soi et des conceptions défectueuses d'elles-mêmes peut provoquer des attentes négatives et des prophéties autoréalisatrices. Quand les choses se passent mal (quand elles ne réussissent pas au travail ou à l'école, que leurs relations prennent un mauvais tournant, qu'elles se sentent mal, mais ne savent pas pourquoi), les femmes peuvent en conclure que c'est parce que quelque chose ne va pas dans leur estime de soi ou leur personnalité, plutôt que dans leur environnement. C'est ce qui m'est arrivé dans le salon de coiffure. J'ai commencé à me sentir mal et me suis demandé si j'avais besoin d'une psychothérapie ou d'un relooking complet, quand ce dont j'avais vraiment besoin c'était d'arrêter de lire ces articles.

L'idée que les femmes ont une identité faible et une bien piètre estime de soi peut aussi décourager le grand public de penser que les femmes sont capables de tenir des postes de direction et de pouvoir. « Elle baissera les yeux devant l'ennemi », se disent-ils, parce que les femmes n'ont pas l'assurance nécessaire pour faire entendre leur opinion et se battre jusqu'au bout quand il le faut. Dans leurs recherches sur les femmes à des rôles de direction, les psychologues Alice Eagly et Steven Karau ont découvert que les stéréotypes selon lesquels les femmes sont peu affirmées et manquent de confiance en elles sont particulièrement susceptibles de les tenir à l'écart des postes de direction considérés comme très masculins, notamment l'armée. En effet, les femmes ne détiennent qu'un très faible pourcentage des postes militaires les plus élevés.

Au travail, la faible estime de soi des femmes est l'une des excuses données pour entretenir les écarts de salaires et de promotions entre les sexes. Encore aujourd'hui, les femmes continuent de gagner seulement 77 centimes quand un homme gagne 1 dollar. Pourquoi ? Selon une grande enquête parue dans le magazine *Fortune* en 2003, c'est parce que les femmes se tiennent éloignées des postes stressants et de pouvoir qui paient bien, leur préférant des emplois plus « doux » qui ne les obligent pas à s'affirmer — ou parce qu'elles quittent le marché du travail pour élever leurs enfants. Les écarts de salaire et de promotion ne peuvent quand même pas être causés par une bonne vieille discrimination, non ? C'est de l'histoire ancienne, non ?

Pas vraiment si on en croit Lilly Ledbetter, qui a travaillé près de vingt ans pour l'entreprise Goodyear en tant que responsable de l'équipe de nuit. Elle a reçu un prix pour sa performance professionnelle en 1996, et bénéficié d'augmentations régulières au fil de sa carrière. Elle a aussi connu le harcèlement sexuel et la discrimination, notamment des demandes de faveurs sexuelles de la part de ses supérieurs. Peu avant de partir à la retraite, elle s'est rendu compte que les hommes exerçant le même travail qu'elle gagnaient entre 4 300 et 5 200 dollars par mois, alors qu'elle n'en gagnait que 3 700. Elle a porté plainte auprès de la commission en charge des discriminations, et a été rétrogradée à un poste de manutention par son employeur. Lilly Ledbetter a poursuivi son employeur en justice et gagné plus de 3 millions de dollars, indemnisation plus tard réévaluée à 300 000 dollars.

Inverser l'image

Compte tenu de tout ce qu'elles doivent affronter, ce qui m'impressionne vraiment c'est que la plupart des femmes sont extraordinairement résilientes. La vérité, c'est que les femmes se construisent une identité qui est même plus forte que les pressions visant à les dévaloriser. Cette identité les aide à traverser les situations difficiles et fait d'elles des chefs d'entreprise, de famille ou de groupe exceptionnels. Mes recherches révèlent que :

- Les femmes font preuve d'un sens de soi fort et stable qui ne dépend pas des situations dans lesquelles elles se trouvent. Au contraire, les femmes gardent un sens de soi immuable, même quand les circonstances extérieures changent radicalement autour d'elles.
- Les femmes se créent une identité basée sur le contexte social plutôt que sur le statut social, se liant aux autres

de manière à donner du sens à leur vie, à étendre leurs connaissances et perspectives, et à entretenir un large réseau d'entraide en cas de besoin.

- Les femmes construisent des vies faites de multiples rôles. Elles reconnaissent l'importance de concilier travail et relations personnelles. Par conséquent, elles trouvent de nombreux moyens d'expression et de soutien social, les rendant moins vulnérables quand les choses tournent mal dans un domaine de leur vie.

Rebondir (et aller de l'avant) — mais toujours centrée

Imaginez un élastique en caoutchouc. Peu importe à quel point il est étiré, écrasé ou plié, il reprend toujours sa forme originelle. Les matériaux aux propriétés élastiques ont moins tendance à casser quand on les met à rude épreuve. Le sens de soi des femmes est comme cela : capable d'intégrer des changements ou de s'adapter à de nouvelles circonstances tout en gardant, ou en retrouvant, sa forme initiale.

D'où vient cette identité élastique ? Au fil de l'histoire, c'est par besoin que les femmes ont développé leur flexibilité dans la manière d'exprimer leur identité. Les femmes ont souvent dû faire face à des situations subies. Pendant des générations, et encore aujourd'hui dans certaines cultures, de nombreuses femmes ne choisissaient pas leur futur époux ou l'endroit où elles allaient vivre. Ces choix étaient faits pour elles par leur famille. Même quand elles ont pu jouir d'une indépendance totale dans le choix de leur mari, plus de femmes que d'hommes ont le sentiment de devoir subordonner leur carrière à celle de leur conjoint. Michelle Obama, diplômée de l'université de Princeton et de la Harvard Law School, avocate à succès, en est un exemple récent : elle a démissionné de son poste prestigieux et très bien rémunéré de vice-présidente des affaires intérieures et extérieures des Hôpitaux de l'université de Chicago pour soutenir la campagne de son mari, puis pour endosser le rôle de Première Dame et de « mère en chef » pour ses deux jeunes filles. Comme elle le disait en 2008 au cours d'un entretien : « Comme toute mère active le sait, il y aura toujours des choix difficiles à faire pour garder nos familles unies et heureuses... Quelqu'un doit se concentrer sur les enfants, faire en sorte qu'ils se sentent en sécurité et qu'ils aient des repères, et c'est moi. » Évidemment, le rôle de Première Dame offre à Michelle Obama de nombreuses opportunités pour poursuivre les objectifs qui comptent à ses yeux. Mais ce n'est pas comme si ce changement de carrière était entièrement son idée à elle.

Le fait que, pendant des siècles, les femmes se sont adaptées à la carrière de leur mari les a forcées à devenir incroyablement créatives et résilientes, capables de s'ajuster à de nouvelles situations. De nombreuses femmes sont immensément douées pour modeler leur vie où qu'elles se trouvent et quelles que soient les ressources à disposition. Prenons l'exemple de Marjorie Fairweather. Marjorie est née à Melbourne, en Australie, en 1918. Pendant la Seconde Guerre mondiale, alors qu'elle était secrétaire dans l'US Air Force, elle a rencontré un jeune officier américain appelé Ronald, et ils sont tombés éperdument amoureux. À la fin de la guerre, ils se sont mariés et ont déménagé aux États-Unis, où Ronald a poursuivi son doctorat en sciences politiques. En 1953, Ronald s'est vu attribuer une bourse de recherche de deux ans pour étudier le système politique des Philippines pour sa thèse, et le couple s'est donc envolé pour Manille. Marjorie a appris à faire la lessive à l'eau froide en battant le linge avec un battoir en bois, puisqu'il n'y avait ni eau chaude ni machine à laver. Bénévole à l'hôpital local, elle a appris à transformer des bandes de lin en bandages. Elle s'est imprégnée de la culture qui l'entourait, ressentant de plus en plus de respect pour la manière dont les gens arrivaient à être profondément heureux dans une pauvreté extrême.

En mars 1956, Marjorie a donné naissance à leur premier enfant, Richard. Dix-neuf mois plus tard, elle a accouché de jumeaux, une fille et un garçon. Ils étaient de retour aux États-Unis à ce moment-là, mais alors que les bébés n'avaient que six semaines, et Richard à peine 2 ans, Ronald a commencé à travailler pour le département d'État américain et a été affecté au Pakistan. Il est parti prendre son poste et, deux semaines plus tard, Marjorie chargeait un camion entier de couches et de lait infantile, et sautait dans un avion militaire avec trois enfants en bas âge pour un voyage de deux jours à destination de Lahore.

Au cours des quinze années suivantes, Marjorie a élevé ses trois enfants à Lahore, au Pakistan ; à Téhéran, en Iran ; à Bangkok, en Thaïlande, déménageant au bout de quelques années au fil des missions diplomatiques de Ronald. Chaque déménagement la forçait à se transplanter avec sa famille dans une nouvelle maison, dans un nouveau pays dont elle ne parlait pas la langue ni ne comprenait les coutumes. Marjorie accueillait ces changements comme des aventures, avec de nouvelles personnes à rencontrer et de nouvelles cultures à découvrir. Elle refusait de garder ses enfants cloîtrés dans les ambassades américaines, comme le faisaient la plupart des autres familles du département d'État. Ses enfants ont appris le pakistanais, le farsi, le thaï, en plus de l'anglais.

Tout au long de son parcours, Marjorie a adapté ses intérêts et talents aux possibilités et contraintes de ses nouveaux lieux de vie. Au Pakistan, en modifiant légèrement le livre *The Joy of Cooking*, elle a enseigné aux épouses d'hommes politiques, d'universitaires et de médecins comment cuisiner des plats américains en utilisant des ingrédients locaux, pour les aider à vaincre leur mal du pays. En Iran, elle a aidé à distribuer du lait en poudre aux mères et aux bébés. En Thaïlande, elle a travaillé dans une résidence pour personnes âgées abandonnées, d'origine thaïlandaise, chinoise et russe. Elle a enseigné l'anglais langue étrangère dans une université thaïlandaise. Pour autant, la plupart de ces fonctions étaient bénévoles, car les organisations ne voulaient pas embaucher de femmes. Mais Marjorie savait qu'elle devait poursuivre ses propres intérêts intellectuels et personnels quelles que soient les restrictions qui pouvaient lui être imposées, et elle trouvait toujours un moyen de réussir dans chaque pays.

Puis, à la fin de la guerre du Vietnam, au milieu des années 1970, Ronald a décidé de prendre sa retraite du département d'État et de retourner à ses racines dans l'ouest du Michigan, où il a accepté un poste de professeur à l'université. Après plus de vingt ans passés en Asie du Sud-Est, la culture de l'ouest du Michigan semblait tout aussi étrangère à Marjorie que toutes les autres connues jusque-là. Elle a quand même réussi à s'adapter. Elle a remarqué que les personnes âgées, et en particulier les pauvres, ne bénéficiaient que très peu des services locaux, et elle a commencé à travailler pour des organisations non lucratives et des paroisses. Elle persuadait les riches hommes d'affaires de faire des dons pour financer des services. En moins de dix ans, et très largement grâce aux efforts de Marjorie, un nouveau lieu de rencontres et de loisirs, entièrement conçu pour répondre aux besoins des personnes âgées, a été construit. Peu après avoir pris sa retraite en 1998, Marjorie a été nommée « Personnalité de l'année » dans un journal local.

Marjorie est clairement une femme remarquable. Tout au long de sa vie, elle a fait face à des situations difficiles, mais a accepté chacune d'entre elles. Elle a observé ce que son environnement avait à offrir, évalué ses propres talents et intérêts, et trouvé comment bâtir une vie qui correspondait à ses valeurs et son sens d'elle-même. Il y a eu des périodes compliquées — le combat quotidien pour que ses enfants restent en bonne santé et en sécurité dans des pays en développement, et le rejet de ses talents et compétences à cause de la vision traditionnelle des rôles de chaque sexe dans les pays où elle vivait. Malgré tout, elle a continué à avancer, faisant appel à l'aide et à l'amitié des riches comme des pauvres, convaincue qu'elle pouvait se construire une vie qui avait un sens et une raison d'être, où qu'elle se trouve.

Les femmes, jeunes ou vieilles, sont capables de transformer des situations difficiles, comme devoir déménager dans une nouvelle ville pour le travail de leur mari, en des occasions de grandir et d'exprimer avec confiance leurs propres talents et intérêts. Le sens de soi des femmes, stable, mais adaptable, leur permet d'intégrer d'énormes changements à leur vie en réaction à leurs propres priorités fluctuantes.

La capacité des femmes à conserver et à exprimer leurs valeurs fondamentales en dépit des sables mouvants — en un mot, leur intégrité — est immensément nécessaire en politique et au sein des gouvernements, où les identités et les valeurs sont souvent fondées sur les sondages d'opinion publique du jour.

Pour certaines femmes, le sens profond de soi est façonné par leurs convictions religieuses ou humanitaires. Indépendamment des situations auxquelles elles font face, elles gardent leur intégrité et restent fixées sur leur mission.

Marian Wright Edelman, fondatrice et présidente de l'organisation humanitaire Children's Defense Fund, est l'une d'entre elles. Depuis les années 1970, le CDF est devenu l'un des principaux groupes de défense des enfants, s'intéressant à des questions telles que la prévention des grossesses adolescentes, la violence contre les enfants et les effets de la pauvreté sur les enfants. Le dévouement d'Edelman envers les enfants est remarquable, et plus fort que ses liens politiques et personnels. Marian Edelman était une amie proche — et un soutien — de Bill et Hillary Clinton bien des décennies avant leur arrivée à la Maison Blanche. Elle a fait campagne pour Bill Clinton, et a entretenu l'image de défenseuse des causes des enfants d'Hillary Clinton. La relation entre Edelman et le couple Clinton s'est peu à peu effritée à mesure que Bill Clinton faisait pencher à droite sa politique sociale. Alors que Bill Clinton s'apprêtait à signer une loi républicaine visant à réformer l'aide sociale, mettant fin à soixante ans de garanties fédérales d'aide aux enfants pauvres, Marian Edelman a écrit une tribune dans le *Washington Post*, implorant le président de ne pas passer cette loi. Elle a organisé un rassemblement à Washington appelé Stand For Children (Battez-vous pour les enfants). Quand Clinton a signé la loi en août 1996, Marian Edelman a dénoncé ce « moment de honte » du président, qui s'était « moqué de sa promesse de ne pas faire souffrir les enfants ».

Ainsi, l'identité profonde des femmes leur permet à la fois de résister aux pressions cherchant à compromettre leurs valeurs par opportunisme politique ou social, et de trouver des moyens d'exprimer cette identité quand les circonstances changent de manière inattendue. Cette identité profonde et indépendante permet aussi aux femmes d'envisager des moyens d'appliquer leurs valeurs et intérêts qui resteraient invisibles pour une personne dont l'identité est liée au statut et à la position.

Comme Marian Wright Edelman nous le rappelle, notre identité et nos valeurs se reflètent même dans nos choix de tous les jours : « Quand nous réfléchissons à comment faire une grande différence, nous ne devons pas oublier les petites différences que nous pouvons faire au quotidien, au fil du temps, et qui s'accumulent pour devenir de grandes différences souvent impossibles à prévoir. » En affichant et en manifestant leurs valeurs profondes dans des situations variées, les femmes font une grande différence.

Force identitaire n° 1

Les femmes ont un sens de soi profond qui est stable, mais adaptable selon les situations.

Qui êtes-vous ?

Quand on demande à des adultes : « Qu'est-ce que vous faites ? » ou « Comment vous voyez-vous ? », les hommes ont tendance à répondre : « Je suis avocat » ou « Je travaille dans le bâtiment et je suis syndiqué » ou « Je suis enseignant ». Ils se définissent d'abord en termes de profession et de groupes auxquels ils appartiennent, et le statut social joue un rôle important dans la manière dont ils communiquent leur identité. Quand les femmes répondent à ces questions, elles vont aussi mentionner leur profession, mais enchaîneront avec : « Je suis la mère de Joseph » ou « Je suis la femme de Tom » ou « Je suis une Martin ». Les images que les femmes ont d'elles-mêmes sont intrinsèquement liées à leurs relations aux autres. L'identité des femmes se compose non seulement de leurs talents individuels, traits de caractère et intérêts, mais aussi de leurs liens aux autres. Je ne suis pas seulement une psychologue et autrice, mais aussi la mère de Michael, la femme de Richard, la fille de John et Catherine, la sœur de Jeff et Steve, etc. Dans sa forme la plus dynamique, le contexte social l'emporte sur le statut social. Cette tendance à s'identifier par les relations et pas seulement par les réussites est une source de force pour les femmes. J'appelle cette force le fait d'avoir une *identité sociale*.

L'identité sociale des femmes construit de très larges et vastes réseaux de connaissances, collègues, amis et famille, avec lesquels les femmes créent des liens durables et divers. Ces liens renforcent le sens de soi des femmes en le nourrissant d'un large éventail de perspectives et d'expériences. Les femmes ne perdent pas leur *moi* individuel, mais au lieu de cela, leur *moi* devient *moi et toi, et toi, et toi, et toi*. Ce ne sont pas des identités multiples, mais les morceaux d'une couverture en patchwork sophistiquée, tous beaux en soi et cousus aux autres pour créer un chef-d'œuvre complexe, mais cohérent.

L'identité sociale des femmes est l'une des raisons qui expliquent leur flexibilité mentale et leur adaptabilité. Elles peuvent apporter un regard nouveau et des solutions innovantes aux problèmes, car elles sont riches des connaissances et des perspectives de tous ceux qui les entourent.

Olivia a une identité sociale particulièrement forte. Elle s'intéresse et apprécie tous ceux qui l'entourent, non seulement ses collègues proches, mais aussi le caissier de l'épicerie du coin, ses jeunes voisins turbulents et le concierge dans son immeuble de bureaux. Elle ne rate jamais une occasion de s'informer auprès des gens dans sa vie, leur demandant ce qui se passe dans leur vie, comment vont leurs familles et ce qui les préoccupe.

L'identité sociale d'Olivia est en grande partie responsable de sa réussite en tant que directrice d'un lycée qui accueille à la fois des enfants de familles aisées et des enfants de familles pauvres. Elle ne voit pas cette école comme une institution, mais comme une famille recomposée qui apprend et grandit ensemble au quotidien, et elle se considère comme un membre de cette famille. Elle connaît le prénom de chacun des 600 élèves, et sa capacité à comprendre leurs intérêts et leur personnalité individuelle lui vaut le respect et la confiance de tous. Elle connaît tout son personnel, depuis les professeurs jusqu'aux employés de la cafétéria, sur le plan personnel — conjoints, enfants et préoccupations. Lorsque de nouveaux contrats avec le personnel de nettoyage ont récemment dû être négociés, Olivia s'est présentée à la table non seulement en connaissant chacune des personnes avec qui elle négociait, mais aussi en comprenant et en se souciant de leur point de vue, et se considérant comme l'une d'entre elles. Elle a pu faire naître un esprit de coopération autour de la table, et les gens voulaient travailler ensemble. Lorsqu'un représentant syndical extérieur à l'école s'est présenté à l'une des réunions et a insisté pour changer la structure de l'ensemble des avantages sociaux, Olivia lui a fait remarquer qu'un tel changement serait non seulement financièrement intenable pour l'école, mais qu'il donnerait un avantage à certains salariés par rapport à d'autres, ce qui nuirait à l'esprit d'équipe du personnel. La femme de ménage qui représentait ce syndicat au sein de l'école était d'accord, et a suggéré poliment au gars de l'extérieur de les laisser s'occuper des négociations. En fin de compte, ils ont réussi à mettre au point ensemble un nouveau contrat, que l'école pouvait financer et qui donnait plus d'avantages à tous.

Comme Olivia, de nombreuses femmes construisent une identité complexe qui reflète leurs relations avec des personnes issues de milieux et positions différentes. Plutôt que de se fermer aux discussions personnelles, elles les invitent — et gagnent ainsi une connaissance élargie, en perpétuelle croissance et complète de la situation des autres ainsi que de la leur.

La force des femmes à cultiver leur identité sociale crée aussi un réseau solide d'amis, connaissances, collègues et famille sur qui elles peuvent s'appuyer en cas de besoin.

Comme étudié au chapitre précédent, la psychologue Shelley Taylor suggère que le style d'identification sociale et de création de réseau des femmes s'est développé au fil de l'évolution pour faire face aux dangers et menaces. Parce qu'elles avaient une stature relativement petite et une force musculaire moindre, les femmes ne pouvaient pas repousser les agresseurs aussi facilement que les hommes. Quand des prédateurs s'approchaient, une femme seule n'avait pas la possibilité de lutter contre eux et de les soumettre. Et parce que ce sont les femmes qui s'occupaient principalement des enfants, elles ne pouvaient pas non plus fuir. Au lieu de développer une réponse « combat-fuite », les femmes ont mis au point une méthode « soigne et montre-toi ami » pour se défendre elles-mêmes. Elles ont créé des réseaux étendus de relations sociales, en particulier avec d'autres femmes qui les aideraient en cas de menace. Ainsi, quand un tigre à dents de sabre s'approchait, les groupes de femmes s'unissaient avec des lances et des massues pour former un mur de protection les unes avec les autres.

À notre époque, nous observons les vestiges de l'ancien style de défense des femmes « soigne et montre-toi ami » dans des situations de menace et de tragédies. Les groupes de femmes s'unissent dans les situations difficiles, souvent accompagnées d'hommes, pour s'apporter un soutien matériel (par exemple des plats maison ou du baby-sitting), émotionnel et une défense mutuelle. Quand tout va bien, les femmes entretiennent leurs relations avec les autres, donnant en retour leur soutien, approfondissant la confiance et la bienveillance, et renforçant les liens. Cela ne veut pas dire que les femmes prennent soin des unes des autres et se lient aux autres uniquement afin d'être aidées en cas de besoin. Au contraire, ce qui a commencé comme un moyen de s'adapter aux menaces au cours de l'évolution est devenu une caractéristique fondamentale de la manière dont les femmes se perçoivent elles-mêmes et leurs valeurs. Les femmes ne créent pas seulement des réseaux ; elles en viennent à s'identifier elles-mêmes à travers les réseaux dont elles font partie.

Les femmes ont une idée forte de qui elles sont en se basant sur leurs valeurs, leur raison d'être, leurs intérêts et talents, et leur personnalité. Elles considèrent leur moi comme étroitement lié aux autres d'une manière qui soutient et renforce leur moi profond, tout en évoluant dans des relations mutuellement satisfaisantes et réciproques avec les autres. L'identité sociale des femmes les rend exceptionnellement douées pour s'organiser, enseigner et diriger ; résoudre des conflits ; travailler avec les autres pour trouver des solutions synergiques aux problèmes ; et pour fonder des familles épanouies.

Force identitaire n° 2

Les femmes se définissent elles-mêmes en fonction de leurs liens sociaux.

Quand l'équilibre n'est pas un jeu

Quand les femmes ont fait leur entrée sur le marché du travail, plus nombreuses que jamais, dans les années 1960 et 1970, certains sociologues ont énoncé des prédictions sombres sur les coûts et les conséquences du travail des femmes. Parce que les femmes avaient un réservoir d'énergie fixe, pensaient-ils, leur santé ne manquerait pas de décliner drastiquement sous le poids de leurs multiples nouveaux rôles. Avoir un emploi et s'occuper d'une famille serait bien trop lourd à porter pour elles. De plus, les femmes finiraient par trouver leurs rôles professionnels et familiaux intrinsèquement opposés, et nécessitant des compétences et personnalités complètement différentes : une personnalité féminine pour prendre soin d'un mari et des enfants, et une personnalité masculine pour réussir une carrière. L'énergie nécessaire pour passer de l'une à l'autre laisserait les femmes épuisées, déprimées, malades et malheureuses. Cela ressemble étrangement aux conseils donnés au XIXe siècle aux femmes pour les dissuader de faire une activité physique, leur corps étant trop faible pour supporter l'effort (tout en étant, bien sûr, enfermé dans un corset).

Fort heureusement, ces prédictions avaient tout faux — comme tous ceux qui ont vu comment Grand-Mère Geneva jonglait entre le travail et la famille ont pu s'en rendre compte. En fait, la plupart des études révèlent que les femmes qui ont plusieurs rôles — au travail, à prendre soin d'une famille, en étant bénévole — sont en *meilleure* santé que les femmes avec peu de rôles. (D'ailleurs, cela est vrai pour les hommes aussi.) Comme Michelle Obama l'affirmait dans *60 minutes* : « Les femmes sont capables de faire bien plus d'une seule chose à la fois. »

Les femmes qui se créent de multiples rôles peuvent s'appuyer sur de nombreuses sources d'estime de soi et de satisfaction. Les différents rôles joués dans une vie sont autant d'occasions d'accéder à des groupes de gens très divers, sources de plaisir et de soutien en cas de besoin. Quand un rôle génère des sentiments de stress, vous pouvez alors contrebalancer ce stress avec les bénéfices des autres rôles de votre vie. Par exemple, une étude menée sur des aidants familiaux qui prenaient soin d'une personne handicapée a révélé qu'ils ressentaient bien moins de stress s'ils avaient aussi un emploi à l'extérieur, par rapport à ceux qui n'en avaient pas. Leur rôle professionnel faisait office de soupape pour relâcher un peu la pression, leur permettant de mieux vivre ce fardeau.

Les femmes en particulier sont susceptibles de développer une identité aux facettes multiples. On attend cela d'elles — à la fois mères, épouses, filles de parents vieillissants, amies, collègues et citoyennes. Les hommes, comme nous l'avons vu, ont plus tendance à se définir très largement en fonction de leur carrière — même s'ils ont une famille, des loisirs et contribuent à la vie locale. Cela peut s'avérer dangereux, car si les choses commencent à mal tourner dans la vie professionnelle des hommes (un licenciement inatendu, par exemple), les fondations mêmes de leur estime et image de soi peuvent être complètement détruites.

Mes recherches ont montré que l'identité multiple des femmes, comme leur identité sociale, offre une protection importante contre les traumatismes de la vie tels que la perte de revenus ou un handicap attendu. Dans une étude menée pendant un an sur plus de 1 300 hommes et femmes vivant dans la région de la baie de San Francisco, mes collèges et moi avons découvert que ceux qui ont de multiples rôles — une bonne vie de famille ainsi qu'un emploi ou une activité bénévole régulière — souffraient moins de dépression et d'anxiété, même face à des facteurs stressants importants, comme une maladie, un décès dans la famille ou une rétrogradation au travail.

Certaines études suggèrent qu'avoir un rôle professionnel à l'extérieur du foyer est particulièrement important pour le bien-être des femmes. Les femmes qui ont un emploi possèdent leur propre source de revenus, sans lien avec les revenus de leur conjoint, ce qui améliore leur estime de soi et leur indépendance et même, selon les situations, la qualité de vie globale de la famille. Un travail salarié peut aussi augmenter le sentiment de maîtrise d'une femme, l'aidant à affirmer ses propres besoins, même à la maison.

Prenez l'exemple de Marci, 32 ans, responsable marketing dans une grande chaîne de magasins de meubles à Denver. Après la naissance de ses jumeaux, Marci a décidé avec son mari qu'elle resterait à la maison. Pete était vraiment convaincu que ses fils avaient besoin d'une mère à temps plein, et Marci était un peu anxieuse à l'idée de jongler entre son emploi et ses deux bébés. Elle était bien occupée avec les garçons, et aimait les regarder grandir et devenir des bambins, et leur donner toutes les chances d'explorer leur univers. Quand ils sont entrés à l'école primaire, pourtant, Marci s'est sentie perdue. Elle ne trouvait plus la motivation pour faire le ménage, les courses, coudre, cuisiner ou n'importe quelle tâche pour s'occuper toute la journée. Elle a essayé de devenir bénévole à la bibliothèque de l'école des enfants, mais ça ne l'épanouissait pas non plus. Marci se sentait de plus en plus nulle, ce qui la rendait irritable envers ses fils et son mari.

Marci savait qu'elle devait réagir, sans quoi ses relations familiales continueraient à se détériorer, et elle serait de plus en plus déprimée. Son plus gros problème, c'était qu'elle se voyait comme une femme d'âge moyen ennuyeuse et sans objectif. Elle s'est juré de changer. Elle a commencé à être attentive à ses états d'esprit, et a remarqué qu'elle se sentait le plus mal quand ses fils étaient à l'école : elle considérait chaque jour comme un immense trou noir, avec plusieurs heures de néant à affronter. Quand elle a fait le point sur sa vie au cours des derniers mois, elle s'est rendu compte que la seule activité qui lui avait semblé amusante et épanouissante, c'était quand elle avait participé à l'organisation et la communication autour d'une vente de charité pour l'école des garçons. Elle a donc commencé à réfléchir pour trouver comment utiliser ses compétences et son expérience en marketing pendant les heures d'école. Elle a décidé de chercher un emploi à temps partiel dans le secteur du marketing, de découvrir s'il n'y avait pas des postes bénévoles dans lesquels ses compétences professionnelles pourraient s'avérer utiles, et de réfléchir à l'idée de créer sa propre entreprise de consultante. Marci a sollicité le soutien de son mari, ravi qu'elle fasse quelque chose pour améliorer son humeur, de plus en plus amère. Elle a remarqué qu'elle était enthousiaste quand elle pensait aux postes en marketing qu'elle pourrait décrocher.

Marci a parcouru les journaux et Internet, appelé les organisations bénévoles locales pour savoir si elles avaient besoin d'aide, et lu des guides pour apprendre à lancer sa propre affaire. Pete l'a aidée en discutant avec plusieurs avocats de sa connaissance au sujet des dispositions légales liées à la création d'entreprise. En moins de deux mois, Marci a décidé que lancer sa propre entreprise de marketing lui permettrait de choisir ses clients et ses heures de travail, afin de passer du temps avec ses fils après l'école et le soir. Son premier client, ce fut elle-même ! Le lancement de l'entreprise fut difficile, mais en moins de six mois, elle avait deux entreprises dans son portefeuille de clients, et était aussi occupée qu'elle le voulait. Marci a réussi à élargir son image d'elle-même, embrassant son identité de cheffe d'entreprise extravertie, et dans le même temps a réussi à surmonter sa dépression et à ressentir une nouvelle satisfaction envers elle-même et sa famille.

Chaque rôle endossé par une femme, à la maison ou au travail, fait appel à différents talents et manières d'interagir avec les autres. Par conséquent, jongler entre ces différents rôles élargit le sens de soi d'une femme, affûte ses compétences et approfondit ses connaissances. Elle peut alors utiliser cette base de connaissances diversifiée, son éventail de compétences et ce sens d'elle-même dans tous les rôles qu'elle remplit.

Les chercheuses Elizabeth Vandewater, Joan Ostrove et Abigail Stewart, de l'université du Michigan, ont émis l'hypothèse selon laquelle avoir de multiples rôles étendait et renforçait le sens de soi des femmes au fil du temps, poussant les femmes à se créer une identité plus mûre et mieux définie. Elles ont suivi deux groupes de femmes, le premier diplômé du Radcliffe College en 1964 et le deuxième de l'université du Michigan en 1967, mesurant leurs rôles et le développement de leur identité jusqu'à la quarantaine. Les femmes qui avaient eu plus de rôles entre 20 et 30 ans (en tant que travailleuses, conjointes, mères ou bénévoles) avaient une identité nettement mieux définie à la quarantaine. Elles avaient mis au clair leurs valeurs et normes, et étaient capables de les expliciter lors des entretiens. Elles étaient des penseuses libres capables de suivre leurs propres valeurs quand d'autres les poussaient à agir contre. Elles avaient suffisamment confiance en elles pour se montrer chaleureuses et compatissantes envers les autres. Il semblait même que l'implication dans différents rôles tôt à l'âge adulte avait incité ces femmes à développer une identité mature, à la fois complexe, intègre et stable.

Bien sûr, tous les rôles ne sont pas bénéfiques au bien-être d'une personne. La plupart des études montrent que la *qualité du rôle* est même plus importante que le nombre de rôles tenus par une femme. Un emploi rémunéré est génial — à moins qu'il ne vous faille prendre un ou deux emplois supplémentaires pour régler les factures. Ce rôle devient alors facteur de stress. Si vous êtes suffisamment rémunérée, mais que pour cela vous devez travailler douze à quinze heures par jour, ou que l'ambiance au travail est minée par les conflits et les pressions, alors il est possible que ce rôle s'avère aussi mauvais pour votre santé et votre bien-être qu'il ne participe à la construction de votre identité personnelle. Dans notre étude menée à San Francisco sur 1 300 adultes, les femmes moins satisfaites de la nature de leur emploi — qui ne s'y sentaient pas à l'aise, travaillaient plus qu'elles ne le souhaitaient ou n'aimaient pas leurs tâches — étaient plus anxieuses et déprimées. De même, avoir une vie de famille est formidable — à moins que votre conjoint et vous ne vous disputiez sans cesse ou que vos enfants soient ingérables. Votre rôle de partenaire ou de mère en vient alors à réduire votre bien-être plutôt que de l'améliorer. Dans l'étude de San Francisco, les femmes estimant que leur relation de couple ou avec leurs enfants était pleine de tensions se sentaient également plus déprimées et anxieuses.

Nous aimerions penser qu'en cette époque libérée, les partenaires masculins, et en particulier ceux dans la vingtaine ou la trentaine, participeraient équitablement aux charges de la maisonnée — faire les courses, la cuisine, la vaisselle, le ménage, emmener les enfants à l'école et aux activités, aider les enfants à faire leurs devoirs, etc. Beaucoup d'attention a été donnée au fait que les hommes ont considérablement augmenté le nombre d'heures passées aux corvées domestiques et à s'occuper des enfants. Entre les années 1960 et le début du XXIe siècle, les hommes ont multiplié par deux le temps passé aux corvées, et par trois celui dédié aux soins des enfants. Pourtant, les femmes effectuent toujours 70 % des tâches domestiques. Au cours des dernières décennies, les femmes ont doublé le temps passé avec leurs enfants, alors même qu'elles rejoignaient le marché du travail, dans des proportions record. Même si les hommes participent en effet davantage aux soins des enfants, les femmes ont augmenté aussi leur investissement auprès des enfants, ce qui se traduit au bout du compte par un faible soulagement pour les femmes. Dans notre étude, mes collègues et moi avons constaté que plus les femmes étaient insatisfaites par le partage des tâches liées aux enfants dans la famille, plus elles étaient déprimées et anxieuses.

Il est donc surprenant de découvrir que les bénéfices des rôles multiples l'emportent souvent sur les facteurs de stress associés à ces rôles. La psychologue Mary Ann Parris Stephens de la Kent State University et ses collègues ont interrogé 95 femmes qui occupaient simultanément des rôles de mère, épouse et aidante d'un parent handicapé, au sujet des tensions et récompenses liées à leurs divers rôles. Il y avait sans aucun doute des tensions : les femmes parlaient de « conflits avec les enfants », de « manque de complicité avec mon mari » et de « la personne dont je m'occupe m'a critiquée ou s'est plainte ». Sans surprise, plus les femmes rapportaient de tensions, moins leur bien-être et leur santé physique étaient bons. Mais ces tensions étaient compensées par les récompenses de leurs rôles individuels. S'interrogeant sur la maternité, les femmes déclaraient être récompensées, car « les enfants donnent un sens à la vie » et elles « sentaient que les enfants avaient besoin d'elles ». En tant qu'épouses, elles identifiaient des récompenses telles que « mon mari m'a soutenue » et « j'ai ressenti une complicité avec mon mari ». Dans leur rôle d'aidante familiale, elles ont déclaré : « Je savais que mon proche était bien pris en charge » et « J'ai vu mon proche apprécier de petites choses » comme étant des bénéfices. Plus elles identifiaient de récompenses, plus leur santé physique et émotionnelle était bonne, même si elles éprouvaient aussi des tensions dans leurs rôles.

Tout rôle dans la vie comporte des risques de tension et de stress, ainsi que l'espoir de récompenses. Finalement, les rôles multiples semblent bénéfiques pour les femmes.

Force identitaire n° 3

L'identité des femmes possède de multiples facettes, s'appuyant sur plusieurs rôles plutôt que sur un rôle fixe.

Loin d'être fragile ou conflictuelle, en proie à une piètre estime de soi et à de nombreux doutes, l'identité des femmes est solide, mais adaptable, étroitement liée aux autres, complexe et variée. Avoir une identité profonde solide soutient les femmes quand les circonstances extérieures changent ou que les pressions à leur encontre augmentent. Elles sont capables de rester intègres dans leurs valeurs et objectifs, tout en faisant preuve de créativité et d'agilité dans l'application de ces valeurs et objectifs. Avoir une identité sociale donne aux femmes un sens de soi complexe, mais cohérent, et crée un réseau fort et intime de relations, qui leur offre des opportunités et une sécurité inespérées. Avoir de nombreux rôles élargit les connaissances et les expériences des femmes, et les protège quand les difficultés surgissent.

Les forces identitaires des femmes sont intimement liées à leurs forces mentales, c'est-à-dire envisager différents moyens d'atteindre leurs objectifs, rester concentrées sur le travail à faire plutôt que de se préoccuper d'en tirer un quelconque mérite, chercher de l'aide pour résoudre les problèmes, et garder une attitude optimiste et positive. Les femmes utilisent leur identité enrichie et élargie, solide et flexible, dans leurs rôles de mères, conjointes et chefs au travail et dans leur communauté. Elles incitent les autres à être, comme elles, des personnes intègres, à l'esprit ouvert, et à se montrer reconnaissantes face à chaque individu et occasion.

Chapitre 3

Les émotions comme outils : comprendre les forces émotionnelles des femmes

La vie émotionnelle des femmes, c'est-à-dire leurs propres sentiments et ceux des autres, et leur volonté à s'exprimer, a rendu les hommes fous depuis des siècles. Au Ier siècle av. J.-C., le philosophe Publilius Syrus a écrit : « Aimer ou haïr, voilà la femme : pour elle point de milieu. » Au XIXe siècle, Stendhal écrivait aussi : « Les femmes sont toujours à l'affût de nouvelles émotions. »

Toutes mes condoléances à Publilius Syrus et à Stendhal, mais la sensibilité aux émotions et la jugeote sont d'immenses atouts pour les femmes et les hommes qui partagent leur vie. Les forces émotionnelles des femmes leur ont permis de survivre et de s'épanouir pendant des siècles. Aujourd'hui, la capacité des femmes à comprendre et à gérer leurs propres émotions les aide à affronter l'adversité et contribue à une vie plus saine — et plus longue. Les forces émotionnelles des femmes sont vitales à leur efficacité en tant que partenaires, mères et amies, les aidant à réagir avec empathie et soutien aux besoins de leurs proches. Les forces émotionnelles des femmes participent à leur réussite en tant que chefs, de communauté ou d'entreprise, leur permettant de rester à l'écoute de ce que les autres ressentent, mais n'expriment pas forcément tout haut. Le radar émotionnel haut de gamme des femmes leur permet de vivre des relations plus constructives et mutuellement satisfaisantes, dans leur vie professionnelle ou personnelle.

Les femmes peuvent accepter et réguler leurs émotions de façon à améliorer leur fonctionnement au jour le jour. Parce que les femmes ont conscience de leurs propres émotions et de celles des autres, elles sont souvent capables d'identifier les causes et conséquences des émotions. Cela leur fournit des informations importantes pour choisir le bon moment et le bon moyen de communiquer et de négocier au cœur de situations émotionnellement intenses. Dans la vie, quelle situation est entièrement vide d'émotions ?

Les psychologues Peter Salovey et John Mayer, à l'origine du concept d'intelligence émotionnelle, ont identifié les quatre éléments qui la composent : la perception précise des émotions des autres ; la compréhension de ses propres émotions ; la capacité à utiliser ces émotions pour avancer dans la vie ; la gestion adaptative des émotions. Ces chercheurs ont développé un test qui mesure chacun de ces quatre éléments, non pas en demandant simplement aux gens s'ils possèdent ces forces, mais en leur présentant des scénarios et des situations qui les obligent à utiliser l'intelligence émotionnelle. Voici quelques-unes des questions posées :

Quel(s) état(s) d'esprit pourrai(en)t s'avérer utile(s) lors de la première rencontre avec les parents de votre partenaire ?

	Pas utile				*Utile*
a) Légère tension	1	2	3	4	5
b) Surprise	1	2	3	4	5
c) Joie	1	2	3	4	5

Tom se sentait anxieux et stressait en pensant à tout le travail qu'il avait à faire. Quand son chef lui a apporté un projet supplémentaire, il s'est senti :

(Sélectionnez la meilleure réponse.)

a) submergé
b) déprimé
c) honteux
d) embarrassé
e) nerveux

Debbie rentre tout juste de vacances. Elle se sentait sereine et satisfaite. À quel point chacune de ses actions pourrait-elle entretenir son état d'esprit ?

Action 1 : Elle a commencé à faire une liste de tout ce qu'elle devait faire à la maison.

Très inefficace 1 2 3 4 5 Très efficace

Action 2 : Elle a commencé à réfléchir à où et quand elle pourrait repartir en vacances.

Très inefficace 1 2 3 4 5 Très efficace

Action 3 : Elle a décidé qu'il valait mieux ignorer ces sensations puisqu'elles n'allaient de toute façon pas durer.

Très inefficace 1 2 3 4 5 Très efficace

Bon, vous vous demandez peut-être : « Comment quiconque pourrait ne pas connaître la bonne réponse à ces questions ? » Mais les gens n'ont vraiment pas les mêmes capacités à discerner ce qui serait la réponse la plus efficace, ou adaptative, à de telles questions. Plus précisément, les femmes réussissent ce test significativement mieux que les hommes, obtenant des résultats plus élevés en matière d'intelligence émotionnelle.

Quand on demande aux gens comment ils pensent avoir réussi à ce test d'intelligence émotionnelle, les hommes évaluent leurs résultats comme bien meilleurs que ceux des femmes. Malgré les stéréotypes incessants (ou à cause d'eux) selon lesquels les femmes seraient plus en phase avec leurs émotions, elles sont moins enclines à accepter leur intelligence émotionnelle. Il est grand temps qu'elles le fassent.

Selon les recherches menées par Salovey et Mayer, ainsi que par les psychologues Marc Brackett, Susan Rivers et d'autres encore, les personnes émotionnellement intelligentes sont psychologiquement plus saines et ont moins tendance à consommer des drogues illégales. Elles ont de meilleures compétences sociales et des relations de meilleure qualité. Au contraire, les gens qui ont une faible intelligence émotionnelle sont plus agressifs et plus susceptibles de créer des conflits avec les autres. L'intelligence émotionnelle est vitale aux postes les plus élevés, surtout pour les responsables d'équipe. Les managers émotionnellement intelligents ont des relations plus productives avec les autres et sont considérés comme plus intègres.

Je crois que les femmes possèdent tous les éléments qui composent l'intelligence émotionnelle, et qu'elles sont aussi de formidables communicatrices d'émotions :

- Les femmes savent très bien lire les émotions des autres. Elles se mettent à l'écoute de ce que les autres ressentent et réagissent avec attention.
- Les femmes comprennent ce qu'elles ressentent et ce qui déclenche leurs émotions. Elles ont conscience de leur état d'esprit et de la manière dont il peut affecter leur comportement et leurs actions.
- Les femmes savent comment exprimer leurs émotions, choisissant le bon moment pour aborder les autres et exprimer ce qu'elles ressentent.
- Les femmes sont capables de « tenir bon » dans les moments difficiles, en donnant de l'espace aux autres pour qu'ils expriment leurs émotions, puis en trouvant des moyens pour transformer ces sentiments en actions productives.
- Les femmes sont expertes pour prendre du recul dans des situations bouleversantes, régulant leurs réactions émotionnelles afin de se concentrer sur le résultat qu'elles souhaitent atteindre.

Explorons ensemble et l'une après l'autre chacune des forces émotionnelles des femmes.

Lectrices d'émotions

Quand vous regardez quelqu'un dans les yeux, que voyez-vous ? De l'anxiété, de la tristesse, du bonheur, du dégoût ? Si vous êtes une femme, il y a de grandes chances que ce que vous voyez soit bien ce que la personne ressent réellement.

Des centaines d'études ont analysé la capacité des gens à « lire » les expressions émotionnelles sur le visage d'autrui. En général, ces études présentent aux participants des photos de personnes exprimant diverses émotions, comme celles un peu plus loin. Ces photos sont issues d'une étude menée à l'université de Californie, San Francisco, par le psychologue Paul Ekman, qui est aussi expert en détection de mensonge grâce aux expressions émotionnelles (la série criminelle *Lie to me*, diffusée à partir de 2009, s'inspire d'Ekman). Ekman et d'autres scientifiques ont découvert que les femmes sont toujours plus précises que les hommes quand il s'agit d'identifier les émotions des autres.

Les femmes sont également particulièrement douées pour lire les émotions à travers la posture, les mouvements des mains et le ton de la voix. Ainsi, quand une personne grimace ou grogne, lève les sourcils ou bouge nerveusement, soupire ou qu'une étincelle s'allume dans ses yeux, les femmes le remarquent et décodent ces expressions mieux que les hommes.

Même bébés, les filles ont un avantage sur les garçons en termes de compréhension des émotions des autres. Comment les chercheurs peuvent-ils déterminer cela ? Un des moyens consiste à montrer à un bébé la photo d'une personne affichant une certaine émotion sur son visage : le duo classique des lèvres et des yeux tournés vers le bas pour la tristesse, le sourire et les yeux plissés pour la joie. Au bout d'un certain temps, le bébé va arrêter de regarder la photo, suggérant par là qu'il s'y est habitué, ou s'est familiarisé avec. Les chercheurs lui présentent alors une autre photo d'une personne affichant une émotion différente. Si l'enfant se montre indifférent devant la nouvelle photo, les scientifiques considèrent que c'est un signe qu'il ne perçoit pas de différence entre la photo précédente et celle-ci. Si, au contraire, l'enfant regarde attentivement la nouvelle photo, ils estiment que le bébé voit une différence. Même avant l'âge d'1 an, les filles montrent qu'elles font mieux la distinction entre les émotions que les garçons. À mesure que les enfants grandissent et acquièrent des compétences verbales, les scientifiques peuvent leur demander de décrire les émotions sur les photos. Dans ces études aussi, les filles obtiennent de meilleurs résultats que les garçons en identifiant correctement les émotions.

Le psychologue Erin McClure suggère que des processus à la fois biologiques et sociaux jouent un rôle dans les compétences de lecture des émotions des filles. Certaines structures cérébrales, comme le cortex temporal, sont impliquées dans la perception des émotions d'autrui, et avant l'âge de 3 ou 4 ans, ces zones se développent à un rythme plus rapide chez les filles que chez les garçons. Le développement du cerveau des garçons rattrape celui des filles vers 3 ou 4 ans, mais les filles ont alors déjà l'avantage de ces quelques années passées à percevoir précisément les émotions chez les autres. En conséquence aussi, dès l'âge de 2 ans, les filles se montrent plus sensibles aux émotions des autres que les garçons, peut-être parce qu'elles les perçoivent plus clairement.

Les forces sociales façonnent également les compétences des filles à lire les émotions dès le plus jeune âge. Les adultes ont plus d'interactions émotionnelles avec les petites filles que les petits garçons. Une étude menée par la psychologue britannique Judith Dunn a révélé que les mères sont plus émotionnellement expressives envers les filles qu'envers les garçons. À mesure que les enfants grandissent, les mères parlent plus des émotions avec leurs filles qu'avec leurs fils. Elles sont également plus susceptibles d'attirer l'attention de leurs filles sur les causes sociales et les implications des émotions. Par exemple, si un autre enfant dans l'aire de jeux est contrarié par quelque chose, une mère a plus de chances de discuter des raisons de cette contrariété avec une fille qu'avec un fils, et de ce qui pourrait aider l'autre enfant à se sentir mieux dans cette situation .

Par conséquent, les filles s'exercent plus que les garçons à discuter des émotions avec leur mère, et à apprendre les causes et effets de ces émotions. Un peu comme si elles entraient à la maternelle comme des expertes en émotions.

Les filles semblent donc biologiquement plus enclines, et ce dès la prime enfance, à être attentives et à percevoir les émotions des autres. C'est le point de départ de l'aspect social du développement des compétences émotionnelles chez les filles, suscitant plus d'interactions émotionnelles avec les adultes, et plus de conversations au sujet des émotions et de leurs causes. Les filles sont également encouragées à faire attention aux émotions des autres, à prendre les émotions des autres en compte dans leurs interactions sociales, et à réagir aux démonstrations émotionnelles des autres. Il en résulte que les femmes adultes sont généralement plus douées pour percevoir précisément ce que les autres ressentent. Elles ont tendance à être plus sensibles aux émotions des autres, et à montrer leurs propres émotions en réponse aux émotions des autres.

Pourquoi est-ce important de lire précisément les émotions des autres ? Si vous ne pouvez pas déchiffrer les émotions des autres, il peut être très difficile de fonctionner au quotidien. Cette incapacité est crûment illustrée par la recherche sur les personnes atteintes d'autisme, souvent incapables de percevoir et de comprendre les émotions des autres. Cette lacune rend terriblement difficile pour elles de comprendre ce qui se passe au cours d'interactions sociales ou même d'avoir des conversations sociales quotidiennes. Temple Grandin, professeure en sciences animales à la Colorado State University et elle-même autiste, le décrit ainsi :

> Les interactions sociales qui sont naturelles pour la plupart des gens peuvent être vraiment intimidantes pour les autistes. Enfant, j'étais comme un animal qui n'avait aucun instinct pour me guider ; je devais juste apprendre en tâtonnant. Je passais mon temps à observer, essayant de trouver la meilleure manière de me comporter, mais je ne m'intégrais jamais. Je devais réfléchir à chaque interaction sociale. Quand les autres étudiants se pâmaient devant les Beatles, j'appelais leur réaction un PSI — un phénomène sociologique intéressant. J'étais une scientifique tentant de comprendre les comportements des indigènes. Je voulais participer, mais je ne savais pas comment.

Les émotions sont des signaux — des signaux vitaux pour le fonctionnement humain dans toutes les cultures, dans l'histoire de l'évolution. Les différentes expressions émotionnelles avertissent de l'état d'esprit d'une personne, et indiquent quelles actions elle est susceptible d'entreprendre dans l'instant. La tristesse indique qu'une personne a perdu quelque chose et a besoin de réconfort. La peur surgit quand une personne ressent une menace et s'avère souvent un appel à la protection. La colère signale qu'une personne a été contrariée et risque de se venger. Paul Ekman a découvert que ces émotions fondamentales, ainsi que les expressions faciales et les actions qui les accompagnent, sont universelles à travers toutes les cultures.

La capacité à lire les émotions des autres permet d'anticiper les actions et de réagir rapidement et efficacement. Bien sûr, c'est une compétence utile pour tous ceux qui la possèdent, hommes ou femmes. Mais être capable de lire les émotions des autres peut avoir été particulièrement essentiel à la survie des femmes au fil de l'évolution. La psychologue Jean Baker Miller du Wellesley College a élaboré la théorie selon laquelle la capacité impressionnante des femmes à lire et à comprendre les émotions des autres est née d'un besoin urgent d'anticiper les violences masculines potentielles. Les femmes ne pouvaient pas physiquement lutter contre les hommes, et ont donc dû apprendre à repérer et à éviter la menace de violence avant qu'elle ne se produise. Les femmes ont appris à reconnaître très précisément les fluctuations et variations émotionnelles des hommes, devenant capables de prévoir ce qui déclenchait les crises de colère, et ont développé leur capacité à apaiser un accès de rage montante. Au sein des relations qui ne sont pas marquées par la violence, être capables de lire les émotions de leur compagnon aide les femmes à reconnaître les problèmes relationnels tôt, afin de réagir avant que ceux-ci ne s'aggravent. Les forces émotionnelles qui ont évolué pour éviter le danger offrent aujourd'hui aux femmes une perception formidable des désirs, intentions et faiblesses des autres — perception que les femmes utilisent pour motiver, diriger et aimer.

Le rôle des femmes en tant que parent référent leur a également permis d'affûter leurs compétences en lecture des émotions d'autrui au fil des siècles. Les enfants, et en particulier ceux en bas âge, ne savent pas articuler leurs besoins et préoccupations de manière exhaustive ou précise. Au lieu de cela, quand ils ont besoin ou veulent quelque chose, les enfants expriment des émotions : ils pleurent, sont apeurés, se mettent en retrait et sont tristes, sourient et semblent ravis. La capacité à lire correctement les émotions de leurs petits ouvre aux mères une fenêtre sur leurs joies et inquiétudes les plus profondes, même si les enfants cherchent à les cacher. Cela permet aux mères d'anticiper quand un enfant ne va pas bien, et de réagir plus vite et plus efficacement. Cela permet aussi aux mères de se rendre compte quand un enfant est heureux, et de savourer ce bonheur.

Becky et sa famille vivaient dans la banlieue de Phoenix. Ses deux filles, Casey et Tina, semblaient s'épanouir à l'école primaire, et Becky restait occupée grâce à son emploi à temps partiel de directrice de magasin. Lorsque sa plus jeune fille, Casey, était en CM2, Becky a remarqué qu'elle était moins bavarde et moins enthousiaste sur le chemin de l'école. Auparavant, Casey avait l'habitude de chanter avec la radio ou de raconter, tout excitée, ce qui était prévu à l'école ce jour-là. Puis elle collait un gros bisou sur la joue de Becky et sortait de la voiture pour entrer dans l'école. Au cours des deux dernières semaines, cependant, Casey était devenue presque silencieuse, restant simplement assise sur la banquette arrière, les yeux rivés sur ses genoux pendant une bonne partie du trajet. Elle semblait hésiter à sortir de la voiture et Becky devait réclamer son bisou. Troublée, Becky a demandé à Casey plusieurs fois si tout allait bien, et Casey hochait la tête ou murmurait un faible « mmmmmm » en guise de réponse. Quand Becky lui a demandé, la sœur aînée de Casey a répondu ne pas savoir ce qui se passait.

Alors, un vendredi soir, Becky s'est arrangée pour que sa fille aînée aille dîner chez une amie. Becky a emmené Casey chez son glacier préféré pour une douceur après l'école. Elles ont parlé un peu des événements de la journée tout en mangeant leur crème glacée, puis Becky a proposé de marcher dans le parc de l'autre côté de la rue. Casey était réticente, mais Becky a insisté. Au bout d'un moment, Becky a dit : « Chérie, je sais que quelque chose ne va pas. Ça se lit sur ton visage et ton corps. Je veux vraiment t'aider, et c'est important que tu me dises ce qui se passe. » Casey est restée silencieuse pendant un long moment, mais des larmes ont finalement coulé sur ses joues. « Je me sens si stupide, maman, et si moche. » En fait, Casey avait le béguin pour un garçon de sa classe appelé Luke. Elle l'avait confié à l'une de ses amies, qui l'avait répété à d'autres enfants, et le secret de Casey était ainsi connu de toute l'école. Luke, qui était un peu bête, s'était approché de Casey dans le couloir quelques semaines auparavant, devant d'autres enfants. Casey était nerveuse et ravie, espérant qu'il lui demanderait de « sortir avec elle », comme le font les CM2 (ce qui revient à dire aux autres qu'ils sont en « couple »). Au lieu de cela, Luke a annoncé, d'une voix inutilement forte : « Écoute, Casey, je suis désolé, mais tu n'es pas assez sexy pour moi. Alors, passe à autre chose. » Casey s'est enfuie en larmes alors que certains des enfants dans le couloir éclataient de rire.

Depuis ce moment, aller à l'école était une vraie torture pour elle. La plupart des autres enfants avaient déjà oublié l'incident, mais Casey était sûre que tout le monde en parlait encore et se moquait d'elle derrière son dos.

Becky embrassa Casey, en sanglots. Elle lui dit que quelque chose de très similaire lui était arrivé quand elle était au collège. Casey a regardé sa mère avec des yeux rougis et a demandé : « Vraiment ? » Becky et Casey ont parlé une heure durant de la méchanceté des autres enfants et de comment garder la tête haute, même lorsqu'on est embarrassé. Le temps qu'elles rentrent à la maison pour le dîner, Casey était soulagée. Le lundi matin suivant, Casey a chanté la chanson qui passait à la radio sur le chemin de l'école. Elle est sortie de la voiture avec une énergie retrouvée et a dit à sa mère : « J'ai décidé de ne pas laisser ces enfants gâcher ma journée aujourd'hui ! » Elle a embrassé Becky et a couru vers l'école. La perception aiguë de Becky des sentiments de Casey l'a alertée de ses problèmes personnels et lui a donné l'occasion de l'aider à faire face à sa tragédie d'élève de CM2.

Parce que les mères sont capables de se mettre à l'écoute des sentiments de leurs enfants, elles peuvent éviter les catastrophes, réparer les cœurs brisés, et créer des liens de confiance et d'intimité qui seront utiles à leurs enfants toute leur vie, tout en enrichissant infiniment la vie des femmes.

Dans le monde des affaires, savoir lire précisément les émotions des autres est la clé pour construire des relations productives avec ses collègues, y compris les subalternes. Les managers qui savent lire les émotions des collaborateurs qu'ils supervisent sont au courant des mécontentements, même si ces subalternes sont gênés d'en parler, ce qui donne au responsable une chance de résoudre ces insatisfactions, et leur origine, avant que les collaborateurs ne démissionnent. Par exemple, un manager capable de lire la frustration étouffée d'une employée sans cesse interrompue par un autre employé pendant les réunions pourrait prendre cette personne à part et l'aider à renforcer son assurance à prendre la parole en réunion — ainsi que d'organiser les réunions de sorte que l'autre personne soit dissuadée de lui voler la parole. Être capables de percevoir les sentiments des autres permet aussi aux femmes d'être plus efficaces en négociations, car cela les aide à distinguer ce qui est le plus important pour des prospects ou des rivaux, indépendamment des questions abordées. Dans le cadre d'une étude menée sur des managers travaillant dans divers secteurs, la chercheuse Kristin Byron leur a fait passer un test de perceptions des émotions qui exigeait d'eux de nommer les émotions présentées sur les photos de visages et de postures corporelles d'autres personnes, ainsi qu'évoquées sur des enregistrements audio. Byron a découvert que les managers femmes qui obtenaient de meilleurs résultats à ce test étaient également considérées par leurs subordonnés comme plus encourageantes, et par leurs supérieurs comme plus efficaces dans leur travail.

En matière d'interactions sociales, la capacité à percevoir les émotions des autres offre aux femmes des avantages immenses. Les gens télégraphient leurs pensées et intentions par l'intermédiaire des émotions sur leur visage, et les femmes lisent parfaitement ces messages. Elles peuvent aussi utiliser ces informations pour répondre plus efficacement aux autres sur leur lieu de travail, à la maison et dans leurs groupes sociaux.

Force émotionnelle n° 1
Les femmes sont expertes pour percevoir et se mettre à l'écoute des sentiments des autres.

Qu'est-ce que je ressens ?

Les femmes sont tout aussi douées pour percevoir et comprendre leurs propres émotions que pour percevoir et comprendre celles des autres, et la conscience de soi émotionnelle positive se développe très tôt chez les filles. Dans une étude menée sur des enfants de 10 et 11 ans, la psychologue Jane Bajgar et ses collègues ont présenté aux filles et aux garçons des scénarios hypothétiques, et leur ont demandé de décrire les émotions qu'eux-mêmes ainsi que l'autre personne du scénario ressentiraient. Voici par exemple un des scénarios : « Le dentiste vous annonce qu'il y a des soucis avec vos dents qui doivent être traités immédiatement. Le dentiste vous donne un rendez-vous pour revenir le lendemain. Comment vous sentez-vous ? Comment se sentirait le dentiste ? » Les filles ont toujours mieux compris et articulé les émotions ressenties par elles-mêmes et leur interlocuteur de l'histoire que les garçons. Dans le scénario du dentiste, les filles étaient plus susceptibles de répondre quelque chose comme : « Je me sentirais effrayée et inquiète. Le dentiste se sentirait sûrement inquiet et heureux de me soigner. » Les garçons étaient bien moins perspicaces, déclarant par exemple : « Je pense que ça me ferait mal. Je ne sais pas ce que le dentiste ressentirait. »

Être capable de reconnaître ses différentes émotions — et leurs origines — est un signe de bonne santé mentale. Il faut être conscient de ses émotions et comprendre leurs causes pour être capable de les gérer efficacement. Les recherches menées par Doug Mennin de l'université de Yale ont révélé que les personnes qui ont des problèmes majeurs tels que la dépression, une anxiété chronique sévère ou des troubles du comportement alimentaire sont souvent moins capables de faire la différence entre les émotions qui les habitent, sans parler de comprendre leurs causes.

Comprendre ses propres émotions est important dès le plus jeune âge. La psychologue Katie McLaughlin a mesuré la compréhension émotionnelle de 1 065 enfants de collège, issus de familles défavorisées et de communautés diverses. Elle a découvert que ceux qui semblaient avoir du mal à comprendre leurs émotions présentaient des niveaux de dépression, d'anxiété et de troubles alimentaires plus élevés, et étaient plus susceptibles de se montrer agressifs. Comprendre ses propres émotions peut aider à réagir de manière efficace et appropriée, même dans des situations stressantes.

Comprendre ses propres émotions aide aussi à prendre des décisions importantes face à une situation de crise. Même si les économistes tentent de nous convaincre que les décisions devraient être prises en s'appuyant sur des critères entièrement rationnels, en prenant en compte les bénéfices et les risques, les émotions jouent un rôle majeur dans chaque décision que nous prenons. Les émotions sont des indices de ce que nous estimons et de ce que sont nos objectifs. Ce qui nous passionne devrait influencer nos décisions ; nous devrions toujours suivre ce qui nous procure des sentiments très positifs, et fuir ce qui nous procure l'inverse.

À un niveau plus subtil, nous éprouvons parfois des sentiments viscéraux au sujet de différentes options dans nos vies, et ces intuitions peuvent être perspicaces.

La compréhension par les femmes de leurs propres émotions leur ouvre une fenêtre sur leur âme. Elles observent leurs émotions pour clarifier leurs valeurs et objectifs, pour faire des choix de vie, et pour comprendre le monde qui les entoure.

Force émotionnelle n° 2

Les femmes comprennent leurs propres émotions et les sources de ces émotions.

Je te dirai ce que je ressens

Il y a quelques années, ma collègue Cheryl Rusting et moi-même avons passé en revue des dizaines d'études comparant les tendances féminines et masculines à exprimer diverses émotions. Sans surprise, les femmes étaient considérablement plus susceptibles d'exprimer un large éventail d'émotions que les hommes. Elles rient, pleurent, froncent le nez de dégoût, et les sourcils de désapprobation.

Être capable d'exprimer ses sentiments envers les autres de manière appropriée est une compétence essentielle pour construire de bonnes relations. Elle fait tomber des barrières, dissipe les malentendus et favorise la confiance entre les personnes. Souvent, les femmes sont capables de cela quand elles sont vulnérables, par exemple à un moment clé d'une relation amoureuse.

Ellen et Connor, par exemple, suivaient tous les deux un cursus pour devenir enseignants, après avoir obtenu leur diplôme universitaire à Baltimore. Ils étaient sur la bonne voie pour terminer leur formation en mai, et au début du printemps, Ellen s'inquiétait de plus en plus de l'avenir de leur relation. Un emploi d'enseignante en mathématiques dans une école secondaire privée de Providence, Rhode Island, l'attendait à la rentrée, alors que Connor prévoyait de rester à Baltimore. Même si elle avait essayé d'aborder le sujet avec délicatesse, lui n'avait donné que des réponses évasives, déclarant qu'il était « trop tôt » pour parler de l'avenir. Ellen a décidé de ne pas insister, de peur de paraître trop collante ou exigeante. Elle comprenait la réticence de Connor à discuter d'une relation à distance, mais elle était de plus en plus frustrée et inquiète au sujet de leur séparation imminente. Elle craignait que Connor ne l'aime pas assez pour la prendre en compte dans ses plans à long terme, et se demandait si elle prenait leur relation plus au sérieux que lui.

Enfin, à la mi-avril, Ellen a décidé d'exprimer ce qu'elle ressentait à ce sujet, au lieu de simplement demander à Connor ce qu'il en pensait, en expliquant exactement pourquoi cette conversation était importante pour elle. Sur le chemin du retour vers son appartement après une agréable soirée dans un bistrot français du quartier, Ellen a dit à Connor que même si cela semblait en effet un peu tôt pour parler de l'automne, elle avait conscience que pour tout le reste, y compris les questions d'emploi et de logement, ils planifiaient pourtant les choses autant en avance. Même si elle aimait le temps passé avec lui, l'incertitude quant à l'avenir de leur relation la rongeait. Connor voyait bien qu'Ellen était bouleversée, mais elle a gardé son sang-froid, toujours lucide, en exprimant ses sentiments. Ils ont longuement discuté de la manière dont leur relation pourrait fonctionner avec plusieurs centaines de kilomètres entre eux. Ils ont analysé leur budget et calendrier probables et ont découvert qu'ils pourraient se voir bien plus souvent qu'ils ne l'avaient pensé, au point de se réinvestir dans leur relation.

Dans ses interactions avec Ellen, Connor a utilisé la tactique classique connue sous le nom de « mur de granit » qui a été identifiée par les chercheurs.

John Gottman et Robert Levenson, de l'université de Californie, à Berkeley, ont découvert que lorsque les hommes et les femmes impliqués dans des relations intimes parlent de sujets conflictuels, les hommes adoptent la stratégie du « mur de granit » : leur visage se fige, se vide de toute émotion, devient impassible face à leur partenaire. Les hommes refusent aussi de parler du sujet émotionnel, s'enfermant dans le silence ou s'éloignant quand les femmes tentent de surmonter leurs différences. Ce n'est pas que les hommes ne ressentent aucune émotion. Ils refusent uniquement de montrer toute émotion, car ils ne parviennent pas à gérer leurs propres sentiments ou ceux de leur partenaire.

D'un côté, dans cette situation, Ellen savait qu'elle devait exprimer ses émotions au risque de rester malheureuse, et de peut-être même perdre sa relation avec Connor au passage. D'un autre côté, savoir quand et comment exprimer ses émotions, c'est aussi identifier le bon moment pour le faire. Une fois son point de vue partagé, Ellen s'est rendu compte qu'elle avait également besoin de discuter de la situation d'une manière analytique, et non émotionnelle, car leurs sentiments n'allaient pas réduire la distance entre Providence et Baltimore. Il était aussi probable que

Connor se contente de s'éloigner de nouveau s'il se sentait trop mal à l'aise face à l'expression des émotions d'Ellen. En utilisant sa force émotionnelle pour comprendre quand et comment exprimer ses sentiments à Connor, Ellen a réussi à atténuer son anxiété et permis à leur relation d'être plus ouverte et sincère.

La capacité des femmes à exprimer leurs émotions a un impact positif sur leur santé mentale et physique. La psychologue de l'UCLA Annette Stanton et ses collègues ont suivi pendant trois mois un groupe de femmes traitées pour un cancer du sein. Les femmes qui réussissaient à exprimer leurs inquiétudes et leur détresse aux autres au début de l'étude ont eu besoin de moins de rendez-vous médicaux pour soulager la douleur liée au cancer, et ont ressenti moins de détresse au cours de ces trois mois, par rapport aux femmes qui n'avaient pas exprimé leurs émotions aux autres. Il est plus que probable que cela s'explique par le fait que retenir ses émotions demande un effort physique qui fatigue le corps. James Gross, de l'université de Stanford, a étudié des sujets qui regardent des films ouvertement émotionnels, comme des films avec des scènes de chirurgies sanglantes. Pendant la diffusion du film, il demande à certains participants de réprimer l'expression de leurs émotions, pendant que les autres sont autorisés à exprimer toute émotion ressentie. Ceux à qui on a demandé de cacher leurs émotions montrent une plus grande excitation physiologique en regardant le film, par rapport à ceux qui expriment leurs émotions. De même, les hommes qui usent de la stratégie du « mur de granit » lors de conversations difficiles avec leurs épouses et partenaires montrent une excitation physiologique plus grande que lorsqu'ils n'y font pas appel. Une vie passée à réprimer ses propres émotions semble faire augmenter la pression artérielle, abîmer le cœur, et causer des trous dans l'estomac, ce qui provoque des problèmes cardiaques, des ulcères et d'autres pathologies.

Exprimer ses émotions peut aussi signaler aux autres qu'on a besoin d'aide. On a besoin que les autres nous reconnaissent et nous réconfortent. On a besoin que les autres nous offrent une aide pratique : de l'argent, des contacts professionnels, du baby-sitting, porter une charge lourde, etc. Si on étouffe ses émotions, les autres pourraient ne pas saisir ce dont on a besoin, en particulier s'ils ne sont pas très doués pour lire les indices de vos émotions sur votre visage ou dans vos mouvements.

Les gens ne soutiennent pas toujours l'expression des émotions chez les autres. Dans les études de Stanton, les femmes dont les partenaires ou amis ne voulaient rien savoir de leurs émotions, et dans certains cas les critiquaient même de les avoir exprimées, ne tiraient pas autant de bénéfice que les autres femmes de l'expression de leurs émotions. Il est possible que les hommes ne tirent pas autant profit que les femmes de l'expression de leurs émotions parce qu'une telle expression est socialement inacceptable pour les hommes. Les hommes qui expriment leurs émotions risquent d'être critiqués ou ostracisés par leurs pairs.

Que ferait une personne si ses proches ne soutiennent pas l'expression de ses émotions ? James Pennebaker, de l'université du Texas à Austin, a montré qu'exprimer ses émotions à l'écrit peut être un substitut utile, ou un complément, pour exprimer ses émotions aux autres. En vingt années de recherche intense, Pennebaker a découvert que les gens qui mettent à l'écrit leurs pensées et sentiments les plus profonds au sujet des tragédies qu'ils ont vécues, y compris le suicide d'un partenaire, des actes de violence subis, ou un licenciement, montrent des signes d'amélioration de leur état physique et mental, comparativement à ceux qui écrivent simplement sur des sujets non émotionnels. Les gens qui écrivent sur des événements émotionnels de leur vie connaissent une libération de la tension, en « laissant sortir » leurs souvenirs et leurs préoccupations. Pennebaker estime que le processus de traduction des émotions en langage — en une histoire qui aide à comprendre et à intégrer l'expérience dans l'histoire globale de sa vie, de ses objectifs et de ses valeurs — est ce qui rend l'écriture d'un journal intime si bénéfique. Vivre une tragédie sans être capable d'exprimer ses émotions est souvent psychologiquement perturbant. C'est comme un énorme point noir sur la conscience, qui vous empêche de vous concentrer sur vos activités quotidiennes, et vous narguant au pire moment.

Garder un « secret » émotionnel vous isole du monde social, même si les autres ne le savent pas. Cela peut parfois pousser la personne à avoir honte. Construire une histoire autour d'un événement émotionnel en écrivant sur le sujet l'intègre à votre récit de vie et vous libère pour interagir avec les autres avec plus d'authenticité, et prêter attention à la vie qui se déroule maintenant.

Mais qu'en est-il de l'expression de la colère, vous demandez-vous peut-être ? Les femmes ne sont-elles pas vraiment nulles pour exprimer leur colère ? Dans notre étude, Cheryl Rusting et moi-même avons en effet constaté que les femmes ont moins tendance que les hommes à exprimer leur colère. Et ce n'est pas parce que les femmes ressentent moins de colère. Quand on leur pose la question en privé, les femmes sont tout aussi susceptibles que les hommes de dire qu'elles seraient en colère dans de telles situations, comme quand on se fait passer devant dans la queue du distributeur de billets, et les femmes déclarent ressentir tout autant de colère au quotidien que les hommes. Quand on observe les hommes et les femmes, néanmoins, les hommes sont significativement plus susceptibles d'*exprimer* leur colère.

Pourtant, il semble que l'expression de la colère ne soit pas aussi adaptative que celle des autres émotions. De nombreuses études montrent que les hommes et les femmes qui ressentent et expriment fréquemment de la colère sont plus susceptibles d'être chroniquement hostiles, et sujets aux crises cardiaques et aux maladies cardiovasculaires. Exprimer de la colère peut aussi nuire aux relations et inciter les autres à se venger, et les femmes en particulier ont plus de risques d'être blessées en cas de représailles. Par ailleurs, et contrairement aux croyances populaires, réprimer sa colère n'a pas tendance à faire déprimer, boire de l'alcool ou avoir des accès de boulimie, ou même à provoquer des crises cardiaques. Il semble donc que les femmes sont particulièrement émotionnellement intelligentes quand il s'agit d'exprimer leurs émotions. Les femmes savent quelles émotions sont saines à exprimer, quand le faire, et quelles émotions il vaut mieux garder pour soi.

Force émotionnelle n° 3

Les femmes savent quand et comment exprimer leurs émotions.

Tenir bon

D'un côté, savoir ce que vous ressentez et avoir un exutoire pour exprimer ces sentiments vous aide à les supporter au moment où ils surgissent. D'un autre côté, si vous ne savez pas ce que vous ressentez, et ne pensez pas pouvoir montrer vos sentiments aux autres, ces sentiments et l'excitation physiologique qui les accompagne peuvent vous blesser de l'intérieur, devenant de plus en plus douloureux mentalement et physiquement, jusqu'à en être insupportables.

Les femmes ne sont pas seulement plus douées que les hommes pour tolérer leurs propres émotions, mais aussi pour tolérer celles des autres. Les femmes tiennent bon aux côtés d'une amie en pleurs qui raconte une tragédie récente dans sa vie, ou quand un enfant sanglote, mais n'arrive pas à expliquer pourquoi, ou quand un collaborateur est inquiet au sujet d'une présentation. Elles attendent patiemment que la personne émotive se calme, à son propre rythme. Puis elles amènent la personne à se confier, lui posant des questions sur ses sentiments et acceptant la manifestation des émotions. Lentement, à mesure que l'autre personne s'extrait de la brûlure de l'expérience émotionnelle, il devient possible de discuter de la racine de cette émotion, et de la meilleure manière de la gérer.

Parce que les hommes ne savent que faire de leurs émotions, ils ont du mal à tolérer la détresse émotionnelle — en eux-mêmes et chez les autres. Les hommes ont du mal à « être en présence » des émotions des autres. Ils sont submergés quand leur partenaire, leurs enfants ou leurs collègues expriment des émotions. Ils ont tendance à passer directement en mode conseils, offrant des solutions pour résoudre un problème avant de savoir véritablement quel est ce problème, ou même s'il y a bien un problème. Par conséquent, la personne émotive finit souvent par se sentir incomprise, niée, incapable, ou traitée avec condescendance.

Souvent, ces différences entre hommes et femmes sur ce sujet causent des disputes épineuses au sein des couples. Les femmes accusent souvent leur mari de ne pas les aimer assez pour parler de leurs problèmes, et les hommes accusent fréquemment leur épouse de voir des problèmes qui n'existent pas.

Le mari de Kay, Thomas, avait beaucoup de mal à supporter la contrariété. Plutôt que de démêler les conflits avec Kay, soit il devenait un « mur de granit », restant bloqué en silence sur son point de vue, soit il battait en retraite, quittant souvent la maison pour ne plus avoir à parler avec Kay. Heureusement, Kay avait une compréhension intuitive de la difficulté pour Thomas de parler de sujets émotionnels, et elle l'aimait suffisamment, ainsi que leur relation, pour trouver des moyens créatifs de l'aider à être plus expressif émotionnellement. Elle ne le poussait pas, et ne se sentait pas frustrée quand il était clairement submergé. Au contraire, elle décidait gentiment d'une « pause » dans leur conversation, indiquant clairement qu'elle ne pensait pas que leurs problèmes étaient résolus, mais suggérant plutôt qu'ils avaient tous les deux besoin de « se calmer » un petit moment (même si elle aurait pu continuer à parler). Elle revenait sur la question plus tard, mais uniquement après avoir réfléchi à des manières de la formuler sans paraître menaçante ou accusatrice. Enfin, elle proposait quelques mesures simples qu'ils pourraient entreprendre ensemble pour surmonter la situation. Avec le temps, Thomas a commencé à accepter que lorsque Kay revenait sur des questions conflictuelles après une période de « pause », c'était d'une manière qu'il était capable de gérer, et avec de bonnes idées pour régler leurs problèmes.

La capacité des femmes à tolérer leur propre détresse et celle des autres est aussi très utile en dehors du cercle familial. Dans le monde du travail, les occasions de se montrer émotifs sont nombreuses pour les employés, et bien souvent un manager doit gérer ses propres émotions ainsi que celles de ses équipes. Prenons, par exemple, un subalterne qui n'est pas à la hauteur de son travail et qui doit avoir un entretien de performance quelques semaines plus tard. L'environnement de travail est comme une Cocotte-Minute pour lui. Malgré les consignes répétées, il semble démotivé et même négligent, enchaînant les erreurs. Ou prenons cette collègue qui pense qu'elle devrait bénéficier de privilèges particuliers par rapport aux autres salariés en raison de son ancienneté, même si ses collègues signent plus de 50 % des contrats. Quand elle finit par rapporter un nouveau client, elle semble exulter, demandant à ses collègues de la féliciter pour sa réussite, même si elle ne leur rend pas la pareille. En tant que manager, vous seriez peut-être tenté d'exploser de frustration et d'exaspération face à ces salariés. Mais les explosions sont rarement efficaces pour obtenir que le travail soit fait, ou pour vous garantir de bonnes évaluations en tant que manager. Les managers qui réussissent à supporter cette frustration sans exploser ou se renfermer restent en poste suffisamment longtemps et efficacement pour que le travail soit fait. Ils peuvent aussi se calmer suffisamment pour réfléchir à des moyens affirmatifs et efficaces de communiquer avec ces salariés.

Il arrive aussi que les salariés apportent au travail leurs problèmes personnels, ainsi que les émotions qui y sont liées. Ils peuvent avoir des problèmes avec leur partenaire, leurs parents ou leurs enfants qui affectent leur capacité de concentration. Ils peuvent avoir des problèmes émotionnels avec des collègues. Et quand vous, en tant que manager, devez donner une mauvaise évaluation de performance à un salarié, le mettre à pied ou même le renvoyer, vous serez le récipiendaire d'une grande quantité d'émotions de sa part. Si vous pouvez supporter les manifestations d'émotions de vos salariés et les émotions que celles-là provoquent en vous, il sera beaucoup plus facile de garder la tête froide et de réagir de manière appropriée à la situation.

Nora, 57 ans, cadre intermédiaire d'une grande société d'investissement de Wall Street, a été largement exposée aux émotions de ses salariés lors de la grande crise financière de 2008. Pendant plusieurs semaines, des rumeurs de licenciements massifs se sont répandues, créant de l'anxiété, de la colère et de la jalousie au bureau. Les salariés se demandaient sans cesse s'ils seraient licenciés, et ruminaient l'idée que ce serait injuste dans ce cas-là, si des collègues jugés moins performants ne l'étaient pas. Alors qu'Alan, manager d'une des autres filières de l'entreprise, a décidé d'ignorer ces émotions, aboyant parfois après ses employés de cesser d'être distraits et de se remettre au travail, Nora s'est fait un devoir de tendre la main à chacune des personnes qui travaillaient sous ses ordres. Elle leur a parlé dans un endroit calme ou les a invités à partager un café pour discuter des difficultés à travailler avec tant d'incertitude. Nora voulait savoir ce qui les attendait en cas de licenciement, et même si elle ne pouvait rien leur promettre quant à leur avenir dans l'entreprise, elle a essayé de les aider à vivre au jour le jour, et à ne pas se laisser ronger par l'anxiété.

Lorsque les avis de licenciement sont arrivés du siège, Nora a pris la liste des personnes concernées et s'est adressée à chacune individuellement pour exprimer sa tristesse et leur donner une lettre de recommandation pour leur recherche d'emploi. Ses salariés lui ont exprimé leur profonde reconnaissance pour sa compassion. Grâce à ses efforts avant et après l'annonce des licenciements, les salariés de Nora étaient en meilleure santé émotionnelle pour faire face à la nouvelle. En comparaison avec ceux qui travaillaient pour Alan, un pourcentage plus élevé de salariés de Nora a pu trouver un nouvel emploi dès les premiers mois de recherche. Les salariés d'Alan ont déclaré s'être sentis abandonnés et malmenés par leur manager.

La capacité des femmes à supporter la détresse leur permet de tenir bon, de gérer des situations difficiles en gardant la tête froide et un objectif clair. Puisque les émotions pénibles surgissent dans tous les rôles de la vie — dans les relations avec les enfants et conjoint, au travail, dans les interactions avec les personnes de notre communauté — les femmes ont de nombreuses occasions de mettre cette force émotionnelle à profit.

Force émotionnelle n° 4

Les femmes peuvent supporter la détresse et sont ainsi mieux équipées pour la soulager.

Régulatrices d'émotions

Accepter de ressentir des sentiments négatifs — être triste, en colère ou avoir peur — est la première étape pour réguler ses émotions afin qu'elles ne deviennent pas incontrôlables, ou ne freinent votre capacité à fonctionner. Si vous n'acceptez pas de ressentir de la colère, de la tristesse, de l'inquiétude, etc., vous pourriez ignorer les signaux importants que vos émotions tentent de vous faire passer : que vous êtes dans une situation menaçante, ou que vous êtes sur le point d'être trompé. Si vous n'acceptez pas vos sentiments, ils restent emprisonnés, sous pression, et peuvent exploser plus tard. Comme les femmes n'ont pas peur ni honte d'avoir des émotions, elles sont capables d'accepter leurs sentiments négatifs, d'essayer de les comprendre et d'y réagir de manière appropriée.

À cette étape de mon exposé, j'ai une confession à faire. Je me suis beaucoup concentrée jusqu'à présent dans ma carrière sur les difficultés que les femmes ont à réguler les émotions. En particulier, mes recherches ont montré que certaines femmes s'impliquent trop dans l'analyse de leurs émotions, à tel point qu'elles y pensent trop et les ressassent, ce qui les fait tomber dans une spirale de dépression et de désespoir. Trop réfléchir peut aussi pousser les femmes à se venger sur la nourriture ou à boire trop d'alcool, pour tenter de noyer leurs inquiétudes et soucis. Donc trop penser est bien un problème pour certaines femmes. Mais la plupart d'entre elles ne restent pas coincées dans cet engrenage, et la vaste majorité des femmes ne souffrent ni de dépression, ni de boulimie, ni d'alcoolisme.

Au lieu de cela, la plupart des femmes trouvent des moyens de compenser leurs expériences émotionnelles négatives par des expériences émotionnelles positives. Les psychologues Frank Fujita, Ed Diener et Ed Sandvik ont découvert que les femmes ressentent les émotions négatives et positives plus intensément que les hommes. Donc même quand les femmes éprouvent plus d'émotions négatives que les hommes, leur propension à ressentir les émotions positives plus intensément a tendance à contrebalancer leurs émotions négatives.

Les émotions positives peuvent littéralement annuler les effets néfastes des émotions négatives. Les émotions négatives enferment la réflexion dans des thèmes de perte et de manque de contrôle. Elles vous poussent à vous recroqueviller et à vous mettre en retrait pour vous protéger. Les émotions positives, d'après les recherches de la psychologue Barbara Fredrickson, ouvrent l'esprit, augmentent la créativité pour trouver des moyens de contourner les obstacles. Fredrickson a découvert que lorsque les gens peuvent mobiliser des émotions positives alors qu'ils sont en train de ressentir des émotions négatives, les effets d'ouverture des émotions positives annulent les effets d'enfermement des émotions négatives, relâchant l'emprise que les émotions négatives ont sur la pensée, ce qui facilite la recherche de solutions à vos problèmes.

Fredrickson a constaté que les émotions positives annulaient aussi les effets physiologiques néfastes des émotions négatives. Elle a d'abord demandé à des personnes de regarder un court métrage qui faisait surgir des émotions négatives et accélérait leur activité cardiovasculaire. Puis ces sujets ont été aléatoirement répartis pour regarder des extraits de film avec un ton légèrement positif, neutre, ou triste. Les personnes qui ont regardé des extraits positifs ont récupéré plus rapidement de leur accélération cardiovasculaire due aux émotions négatives précédentes, que les personnes qui ont regardé des extraits neutres ou négatifs. Ainsi, la tendance féminine à équilibrer les émotions négatives avec des émotions positives pourrait non seulement annuler les effets des émotions négatives sur la manière de penser et de résoudre des problèmes, mais aussi empêcher ces émotions négatives de nuire à leur santé.

Les femmes ont bien d'autres moyens de réguler leurs humeurs. Dans une étude menée sur des adultes qui prenaient soin d'un membre de leur famille atteint de cancer à un stade terminal, j'ai demandé aux hommes et aux femmes ce qu'ils faisaient pour gérer leurs sentiments éprouvants. Les femmes ont déclaré utiliser des stratégies nettement plus positives que les hommes, notamment en exprimant leurs émotions, demandant du soutien social aux autres, envisageant leurs problèmes différemment, et en cherchant activement à résoudre les problèmes. En fait, il fut difficile de déterminer ce que les hommes de cette étude faisaient pour gérer, à part supporter stoïquement la situation.

Quand vous faites face à un gigantesque stress, comme la perte d'un être aimé, gérer ses émotions efficacement nécessite de passer facilement d'une stratégie de gestion à une autre. L'experte en deuil Margaret Stroebe, de l'université d'Utrecht aux Pays-Bas, estime que les gens qui ont récemment vécu un décès doivent prendre le temps de l'accepter en racontant les souvenirs qu'ils ont du défunt, réfléchissant au sens de cette perte et à leur relation avec la personne décédée, ainsi qu'à leur propre définition d'eux-mêmes. Mais ils ne peuvent pas rester longtemps enlisés à penser à ce qu'ils ont perdu, au risque de ne plus jamais avancer dans leur vie. C'est pourquoi les personnes endeuillées doivent contrebalancer le besoin de vivre leur deuil avec une reconstruction de leur vie, par des moyens concrets — par exemple, en cuisinant des plats simples pour leur famille ou en retournant au travail.

Esther, une participante à l'étude sur le deuil, âgée de 35 ans, avait récemment perdu sa mère de 69 ans après un cancer des poumons. Elle a magnifiquement décrit cette stratégie de gestion « un pas en avant, un pas en arrière » :

> Parfois, je me demande si je ne suis pas trop insensible aux choses, puis je me rends compte que je comprends ce qu'il s'est passé, et je n'essaie pas d'exagérer ce dont il s'agit. Quand je me lève le matin, j'ai toujours des enfants à nourrir et des choses à faire. Le fameux « la vie continue » est vrai, c'est bien la réalité. On ne peut pas juste se laisser piéger par une chose, et s'y attarder. J'ai essayé de fuir les choses, mais ça ne marche pas non plus. Il faut y faire face à un moment ou un autre.

Esther savait qu'elle ne pouvait pas mettre de côté ses sentiments de chagrin et de vide tout le temps, alors elle s'est laissé de l'espace pour éprouver ces sentiments et les exprimer dans des conversations avec ses amies, et finalement en écrivant de la poésie. Elle savait aussi qu'elle devait s'éloigner parfois de ces sentiments et faire face à la réalité de ses responsabilités familiales et professionnelles, qui elles ne prenaient pas de pauses. Pour cette raison, Esther s'en est très bien sortie avec le temps. Son chagrin s'est apaisé, et les souvenirs qu'elle avait de sa mère se sont adoucis, enrichissant ses relations avec ses propres enfants. En gérant ses sentiments après le décès de sa mère, Esther n'a pas simplement accepté une situation difficile, elle a également grandi en tant que personne.

Apprendre à transformer des émotions négatives en émotions positives est aussi bénéfique aux femmes dans le monde des affaires. Un des stéréotypes frustrants au sujet des femmes voudrait qu'elles soient bien trop émotives, et incapables de gérer la pression au travail. Les femmes qui expriment des émotions, ou les gèrent de manière inappropriée, sont souvent jugées comme inaptes à diriger. Pourtant, une grande partie de ce préjugé découle du comportement masculin classique consistant à supprimer complètement les émotions. Comme les chercheurs Alice Eagly et Steven Karau le suggèrent, le problème n'est pas que les femmes pleurent plus souvent au travail que les hommes, mais que pleurer ne s'inscrit pas dans la culture classique du travail, qui a été définie pendant des décennies par une version extrême des attentes des hommes à l'égard des rôles de chaque sexe.

À mesure que les cultures du travail se sont diversifiées, et étaient moins dominées par les hommes, les normes relatives aux manifestations émotionnelles au bureau se sont assouplies. En même temps, le fait que les femmes soient capables de transformer leurs frustration, rage et déception au travail en quelque chose de plus productif et créatif leur donne un avantage. Les études sur la régulation des émotions au travail révèlent que les personnes qui gèrent les désagréments de manière positive — en essayant de voir le bon côté de leurs frustrations ou en trouvant des moyens d'insuffler un peu d'émotions positives dans leur journée — sont plus performantes au travail, et ont une meilleure santé psychologique. Par exemple, les employés du service client d'une banque, dans un centre d'appels, obtenaient de meilleures évaluations de performance s'ils réagissaient aux questions pénibles des clients (« Comment marche le distributeur ? ») en gardant un état d'esprit résolument positif.

Au contraire, s'ils faisaient simplement semblant d'être sympas avec le client, ils étaient davantage épuisés émotionnellement, et assommés en fin de journée.

La capacité des femmes à réguler leurs émotions grâce à différentes stratégies, au lieu de les ignorer et/ou de faire semblant, participe enfin à leur ascension professionnelle à des postes de direction. Nora, la superviseure de l'entreprise de Wall Street qui a licencié de nombreux salariés, possédait des compétences exceptionnelles en gestion des émotions. Au lieu de nier ses sentiments et de jouer la stratégie du « mur de granit » face à ses salariés, elle a reconnu et accepté que l'incertitude à laquelle tout le monde faisait face au travail était effrayante — et une excellente raison pour les salariés d'en vouloir à l'entreprise. Elle a aidé ses équipes à exprimer ces émotions et à se concentrer sur les exigences de leur travail (ou de leur recherche d'emploi) du mieux possible. En revanche, son collègue Alan a refusé de parler aux salariés qui l'ont approché pour avoir des informations. Son équipe a traversé de fortes baisses de productivité, et certains salariés ont été surpris en train de voler des fournitures de bureau pour se venger de leur frustration.

Nora a également bien géré ses propres sentiments quant à ces licenciements imminents. Elle n'avait aucun moyen d'être sûre qu'elle ne serait pas elle aussi renvoyée, et a donc décidé de voir la situation comme l'occasion d'évaluer si ce poste était vraiment celui qu'elle voulait. Nora s'est discrètement renseignée sur des emplois semblables dans d'autres entreprises — la rémunération, les possibilités de promotion. Elle a aussi réfléchi à d'autres objectifs de vie — poursuivre son goût pour la peinture, voyager davantage, peut-être enseigner l'anglais comme langue étrangère. Grâce à ses contacts au sein de sa synagogue et à des services d'orientation professionnelle en ligne, elle a trouvé deux organisations à but non lucratif avec lesquelles elle pourrait se rendre dans des pays en développement et y enseigner l'anglais à des écoliers durant quelques années. Le poste ne lui offrait qu'un revenu de subsistance, mais elle avait économisé pendant des années et disposait d'un bas de laine qui lui permettrait de survivre à une affectation de deux ans.

Nora s'est également tournée vers les membres de sa famille et ses amis pour obtenir de l'aide pendant cette période d'incertitude professionnelle. Elle dînait régulièrement avec l'une de ses plus anciennes amies, Alicia, et autour de sushis dans leur restaurant préféré, Nora racontait certaines des conversations qu'elle avait eues avec ses salariés, ou présentait à Alicia ses idées sur son avenir en cas de licenciement. Elles riaient beaucoup et pleuraient un peu, et Nora rentrait toujours chez elle mieux dans sa peau et revigorée pour faire face à la situation au travail le lendemain.

La disposition de Nora à composer avec ses émotions, sa capacité à adopter une perspective efficace sur sa situation professionnelle, à rester concentrée sur la résolution de problèmes et à utiliser son réseau de soutien émotionnel pour affronter la situation lui ont permis de sortir de cette période de licenciements fière de la manière dont elle les avait gérés, et optimiste pour l'avenir. Finalement, Nora n'a pas été licenciée. En effet, elle avait si bien géré son équipe avant les licenciements que ses supérieurs lui ont offert de nouvelles responsabilités et une augmentation modérée. Mais les recherches de Nora sur ses objectifs de vie l'ont amenée à construire un plan d'avenir sur cinq ans : elle resterait dans cette entreprise encore trois ans et économiserait autant que possible, puis prendrait un poste de deux ans pour enseigner l'anglais à l'étranger avec un organisme humanitaire. Après les licenciements, Nora a pris son nouveau poste consciente de sa performance de manager, et heureuse des félicitations reçues de la part de ses supérieurs, mais aussi forte d'un sens plus large de l'objectif de sa vie et d'un plan pour atteindre ce but.

Force émotionnelle n° 5

Les femmes sont très douées pour réguler leurs sentiments.

Une enquête Gallup de 2001 a conclu que 90 % des Américains pensaient que les femmes étaient plus émotives que les hommes. C'est souvent considéré comme un handicap pour les femmes, qui les empêcherait d'atteindre leurs objectifs et les rendrait plus vulnérables. Certaines des plus grandes forces des femmes trouvent pourtant leur origine dans cette sphère émotionnelle. Les femmes sont capables de percevoir les émotions des autres, ce qui augmente leur efficacité au travail, en tant que parent, et pour créer des liens avec les autres. Les femmes comprennent leurs propres émotions, première étape pour prendre des décisions avec lesquelles on peut vivre, et les gérer en sachant s'adapter. Les femmes savent exprimer leurs émotions de manière appropriée, améliorant ainsi leur communication avec les autres et leur offrant le soutien dont ils ont besoin. Les femmes peuvent supporter la détresse, ce qui leur permet de ne pas perdre pied dans les situations difficiles, même quand les émotions sont intenses. Et les femmes possèdent un éventail de stratégies qu'elles utilisent avec une grande souplesse pour gérer leurs émotions, ce qui les rend résilientes en période de stress. C'est une bonne chose que les femmes soient « émotives ».

Chapitre 4

Des liens précieux : comprendre les forces relationnelles des femmes

« Je suis une vraie personne », m'a dit récemment une amie. Mais qu'est-ce que ça signifie ? Je crois qu'il y a au moins deux catégories de « personnes ». La première comprend les gens extravertis, ouverts, qui aiment le contact social et être le centre de l'attention. Certaines femmes font partie de cette catégorie. L'autre inclut les gens qui veulent connaître d'autres personnes, se faufiler dans leur tête et voir le monde avec leur point de vue unique. Ce genre de « personnes » a beaucoup d'empathie pour les autres et ce qu'ils ressentent, et veut faire ce qu'il faut pour que les autres se sentent bien. Davantage de femmes ont une personnalité qui correspond à cette deuxième catégorie qu'à la première.

La tendance des femmes à avoir de l'empathie pour les autres, leur disposition à écouter, à être patientes et indulgentes, ainsi que les sacrifices qu'elles font pour les autres sont souvent considérés comme des défauts. « Ne vous laissez pas faire ! » leur dit-on. « Ne les écoutez pas ! Ne cédez pas toujours aux autres ! » Il a en effet été important que certaines femmes entendent ces conseils. Notre culture est longtemps partie du principe que les femmes étaient le sexe faible, qu'elles existaient pour prendre soin des autres, et que c'était leur responsabilité naturelle de le faire, à n'importe quel prix. Les femmes qui vont à l'encontre de cette supposition sont souvent punies, soit sur le coup, soit par diffamation. En revanche, les hommes qui montrent de l'empathie pour les autres, et qui sont prêts à sacrifier leurs propres besoins pour les autres, sont considérés comme des héros.

Les préjugés culturels selon lesquels les femmes seront toujours patientes et tolérantes, resteront « aux côtés de leur mari » quoi qu'il fasse, ou qu'elles sont intrinsèquement le sexe doux, ont poussé certaines femmes à faire des choix malsains pour elles-mêmes et leurs proches. Néanmoins, la plupart des femmes trouvent un équilibre durable entre l'expression de leurs forces relationnelles et la défense de leurs droits personnels.

La grande majorité sait où se trouve la limite au-delà de laquelle elles n'iront pas pour aider les autres, car cela ne serait bon ni pour elles ni pour les autres. Les mères font d'immenses efforts pour donner à leurs enfants ce dont ils ont besoin et envie, mais reconnaissent aussi que céder à chaque désir de ses enfants, ou ne pas réagir quand ils se comportent mal, ne leur rendra pas service au bout du compte. Il y a un moment où elles savent qu'elles doivent toujours dire « ça suffit ».

De nombreuses femmes sont douées pour écouter les autres et être en empathies avec eux — c'est ce qui attire beaucoup de femmes vers les métiers de l'entraide, et ce qui les rend si compétentes à des postes de thérapeutes et de travailleuses sociales. Mais elles reconnaissent qu'écouter et se lier aux autres peut être émotionnellement fatigant, et qu'elles ont besoin de temps pour elles, pour oublier les soucis des autres et se recentrer. Les femmes d'affaires trouvent des moyens d'intégrer les objectifs individuels des salariés aux objectifs de l'entreprise. Elles écoutent leurs désirs et les respectent, mais savent qu'elles doivent aussi veiller aux résultats de l'entreprise.

Les rôles des femmes dans la prise en charge et le soin aux autres, en particulier des enfants, ont affûté leurs compétences relationnelles. Au fil de l'évolution, les forces relationnelles se sont même peut-être inscrites dans les gènes des femmes. Les femmes qui, bien avant notre ère, étaient capables de comprendre et de répondre aux besoins physiques, sociaux et émotionnels de leurs enfants avaient des enfants en meilleure santé, plus en sécurité, et donc plus susceptibles de survivre et d'avoir leur propre descendance. Les femmes qui n'avaient pas beaucoup de forces relationnelles ne prenaient pas soin de leurs enfants aussi efficacement, et ceux-ci avaient donc moins de chances de survivre et d'avoir leur propre descendance. Ainsi, les gènes des femmes qui avaient de meilleures forces relationnelles avaient plus de chances d'être transmis au fil des siècles.

- À notre époque, les femmes mobilisent leurs nombreuses forces relationnelles dans leur vie de parent, leurs amitiés, leur couple ; au travail, et au sein de leurs communautés. Parce que les femmes sont capables de connaître profondément les gens, elles font ressortir d'eux leurs meilleures qualités, et contournent leurs faiblesses, encouragent avec succès et motivent les autres. Elles trouvent des terrains d'entente et s'efforcent de trouver des solutions mutuellement satisfaisantes aux problèmes. Les femmes évoluent bien au milieu de personnes et opinions diverses, car elles sont capables d'écouter et de comprendre différents points de vue, et prêtes à le faire. Les femmes sont « là » quand on a besoin d'elles, prêtes à endosser un rôle à responsabilités ou de soutien, selon la situation.

Les identités sociales des femmes — ces conceptions de soi intimement liées aux relations avec les autres — ainsi que leur conscience émotionnelle constituent le fondement de forces relationnelles incroyablement solides :

- Les femmes sont capables de véritablement comprendre le point de vue d'autrui, leurs opinions, leurs inquiétudes et leurs sentiments. Par conséquent, elles sont capables de réagir avec empathie, d'anticiper les besoins et désirs d'autrui, de faire preuve d'indulgence envers ceux qui leur ont fait du tort.
- Les femmes écoutent les autres, les laissent exprimer leur point de vue, et essaient de les entendre et de les comprendre plutôt que de les étouffer sous leurs propres opinions.
- Les femmes sont patientes et tolérantes, capables d'attendre le temps que les autres trouvent un moyen d'arriver à l'endroit où ils veulent (ou devraient) être.
- Les femmes savent quand faire passer les besoins des autres en premier, et sont altruistes de manière tout aussi discrète qu'audacieuse.

Se mettre à la place des autres

Parfaitement à l'écoute des sentiments de leurs amis, collègues et voisins, les femmes ont souvent un aperçu avisé des expériences des autres, aussi éloignées puissent-elles être de leurs propres soucis quotidiens. Une partie de ce talent émane de la capacité plus développée chez les femmes de percevoir les émotions des autres (en regardant leur visage, observant leur posture et les mouvements des mains, et en écoutant le ton de leur voix). Puisque les émotions sont le reflet des pensées et inquiétudes les plus profondes, être capable de lire les émotions ouvre aux femmes une fenêtre sur l'âme des autres. Mais les femmes vont bien au-delà de cela, en reconnaissant les pressions qui s'exercent sur les autres et les poussent à se comporter d'une certaine manière, et puisant dans les croyances et le vécu des autres pour comprendre comment leur personnalité s'est forgée.

Afin de comprendre ce qu'une autre personne est susceptible de penser et de ressentir à un moment donné, il faut d'abord accepter que l'autre personne ait un point de vue différent du sien. Les psychologues appellent cela avoir une *théorie de l'esprit*. Si cela peut sembler une compétence fondamentale indispensable à tout être humain, les gens ne comprennent pourtant pas tous autant que les autres peuvent avoir, et ont, une perspective différente de la leur. Par exemple, les enfants en bas âge n'ont pas du tout cette faculté. Pour étudier la théorie de l'esprit chez les jeunes enfants, les psychologues spécialisés en développement présentent aux enfants des tâches qui indiquent l'âge auquel ils sont capables de faire la différence entre ce qu'ils savent et ce que les autres savent. Considérons ce qui suit : un chercheur montre à un enfant une boîte de bonbons avec des images de bonbons dessus, puis lui demande ce qu'il pense qu'il y a dans la boîte. « Des bonbons », va répondre l'enfant. Puis l'enfant regarde à l'intérieur, et à sa grande surprise il y a des crayons de couleur dans la boîte. Le chercheur lui demande alors ce qu'un autre enfant qui n'aurait pas encore regardé dans la boîte penserait que la boîte contient. Si l'enfant a 5 ans ou plus, la plupart du temps il répondra : « L'autre enfant pensera que la boîte contient des bonbons, mais en fait ce sont des crayons. » Cet enfant de 5 ans a développé une théorie de l'esprit — la compréhension qu'un autre enfant peut avoir une perspective différente de la sienne. Mais quand on pose la question à un enfant de 3 ans, il répondra probablement : « Des crayons. » Les enfants de 3 ans n'ont pas encore développé de théorie de l'esprit, et considèrent donc que les autres pensent et croient la même chose qu'eux. Dans de telles activités, les filles ont tendance à faire preuve d'une théorie de l'esprit plus tôt que les garçons.

De plus, quand les enfants sont plus grands, les filles sont plus susceptibles que les garçons de comprendre les pensées, motivations et sentiments des autres. Par exemple, la psychologue Sandra Leanne Bosacki a raconté l'histoire suivante à des enfants de sixième :

> Kenny et Mark sont chacun capitaines de leur équipe de football. Il leur reste chacun une personne à choisir pour compléter leur équipe. Sans un mot, Mark fait un clin d'œil à Kenny et regarde Tom, qui est un des enfants restant à choisir pour rejoindre une des équipes. Mark retourne le regard à Kenny et sourit. Kenny hoche la tête et choisit Tom dans son équipe. Tom voit que Mark et Kenny se font des clins d'œil et se sourient. Tom, qui est en général l'un

> des derniers à être choisi pour faire partie des équipes de sport, se demande pourquoi Kenny veut qu'il fasse partie de son équipe. [À noter : des prénoms de filles ont été utilisés quand l'histoire a été racontée à des filles .]

Puis, Bosacki a posé aux enfants des questions au sujet de l'histoire, parmi lesquelles : « Pourquoi Mark a-t-il souri à Kenny ? », « Pourquoi Kenny a-t-il hoché la tête ? », « Pourquoi Kenny a-t-il choisi Tom pour faire partie de son équipe ? Comment le savez-vous ? », « Pensez-vous que Tom a une idée de pourquoi Kenny l'a choisi dans son équipe ? Comment le savez-vous ? », « Que pensez-vous que Tom ressente ? Pourquoi ? ». Dans leurs réponses, les élèves filles de sixième ont décrit les pensées et sentiments, motivations et intentions et jugements moraux possibles de personnages de l'histoire et qui auraient guidé leur comportement. Les élèves garçons ont eu moins tendance à répondre comme s'ils comprenaient ou s'intéressaient à ce qui aurait pu se passer dans la tête des personnages de l'histoire.

Quand on se met à la place d'une autre personne, on utilise exactement les mêmes zones du cerveau que lorsqu'on pense à soi-même. Au cours d'une expérience menée à l'université de Harvard, les chercheurs ont utilisé l'imagerie à résonance magnétique (IRM) fonctionnelle pour enregistrer l'activité cérébrale de sujets en train de penser à eux-mêmes ou à d'autres personnes. Alors qu'ils étaient dans la machine, on a demandé à la moitié des participants à l'étude de penser à eux-mêmes, alors qu'on a montré à l'autre moitié une photo du visage d'une personne inconnue (la cible) en leur donnant cette consigne : « Imaginez un instant que vous êtes cette personne, que vous êtes dans sa peau, et que vous voyiez le monde avec ses yeux.

Pensez à la façon dont vous, en tant que cette personne, vivriez cet événement. » Les mêmes zones du cerveau se sont activées chez les participants qui pensaient à eux-mêmes que chez ceux qui pensaient à la cible tout en « voyant le monde avec ses yeux à elle ».

Voir le monde à travers les yeux d'une autre personne peut être particulièrement difficile si vous êtes parent d'un adolescent. Les adolescents sont avides d'autonomie et d'indépendance. Ils testent continuellement les limites de l'autorité. Ils peuvent sembler ces enfants rationnels et raisonnables que vous connaissez depuis quinze ou seize ans, et la seconde d'après devenir un mélange incompréhensible d'émotions, de désirs et d'opinions étranges. En tant que parents référents, les femmes ont développé des compétences pour appliquer une théorie de l'esprit au comportement de leur adolescent. Les chercheurs ont découvert que lorsque les mères font des efforts pour comprendre le point de vue de leurs adolescents lors de disputes, ceux-ci se concentrent moins sur le fait de sortir gagnants du conflit, et plus sur le fait de maintenir une relation positive avec leur mère. En retour, il y a moins d'hostilité ouverte entre l'adolescent et sa mère, et ils sont mieux à même de trouver une solution mutuellement satisfaisante au conflit. Les mères qui essaient d'adopter le point de vue de leur adolescent peuvent se montrer plus généreuses dans leur interprétation du comportement de l'adolescent, et mieux comprendre les effets de la pression de groupe ainsi que leur désir anxieux de s'intégrer. Les mères qui sont capables de se mettre à la place de leur adolescent sont également moins susceptibles de se mettre en colère, d'envenimer le conflit et de rompre la communication.

À 13 ans, Jenna, la fille d'Ashley, traversait clairement cette phase de l'adolescence où chaque conversation avec ses parents est prétexte au conflit. Le mari d'Ashley, Sean, était en général celui qui faisait appliquer les règles, imposant un couvre-feu à Jenna, vérifiant la longueur de ses jupes et posant ses exigences quant à ses résultats scolaires. Lorsque Sean et Jenna n'étaient pas d'accord sur l'un de ces sujets, Sean finissait par élever la voix, et Jenna criait, pleurait et se réfugiait dans sa chambre.

Pourtant, Ashley comprenait le désir de Jenna de faire comme les autres filles et de passer du temps avec ses amies. Ashley ne voulait pas céder à toutes les demandes de Jenna de rentrer tard, de porter beaucoup de maquillage ou des jupes courtes, et de passer du temps sur Facebook avec ses amies. Mais elle pensait aussi que l'approche militaire de Sean ne faisait qu'inciter Jenna à se rebeller encore plus.

Après une énième dispute et des hurlements entre Jenna et Sean, Ashley est allée voir Jenna dans sa chambre et s'est assise à côté d'elle alors que sa fille se cachait la tête dans l'oreiller. « Chérie, commença Ashley, nous devons trouver un meilleur moyen de régler ces désaccords. »

« Papa est tellement injuste et excessif ! pleurait Jenna. Vous vivez au Moyen Âge avec vos règles ! Aucun autre enfant n'a des parents aussi stricts que vous ! »

« C'est peut-être le cas, mais nous croyons en nos règles et nous pensons que c'est ce qu'il y a de mieux pour toi », a répondu Ashley. « Je sais que c'est important pour toi de passer du temps avec tes amies, de faire ce que font tous les autres enfants. Ton père et moi souhaitons que tu t'amuses et que tu passes du bon temps avec tes amies. Je crois que tu peux y arriver tout en respectant l'esprit des règles de notre famille. »

Ashley et Jenna ont ensuite discuté des règles les plus importantes et des activités entre amis qui comptaient le plus pour elle. Jenna a confirmé les soupçons d'Ashley selon lesquels elle portait parfois des jupes très courtes et beaucoup de maquillage pour provoquer une réaction chez son père. Elle a admis que ce n'était peut-être pas le meilleur moyen pour l'inciter à coopérer sur des points qui comptaient vraiment pour elle. La principale préoccupation de Jenna était qu'elle n'avait pas le droit de sortir après 22 heures, ce qui signifiait qu'elle devait quitter les soirées tôt, et ne pouvait parfois pas rejoindre sa bande d'amis au ciné du coin, car de nombreux films se terminaient après son couvre-feu. Ashley a proposé que maintenant que Jenna avait 13 ans, la règle des 22 heures pouvait être assouplie pour tenir compte des occasions spéciales. Cela ne voulait pas dire que Jenna pouvait rester dehors jusqu'à 22 heures tous les soirs de week-end, mais plutôt que lorsque les circonstances l'exigeaient, la règle pouvait être mise de côté.

Parce que Ashley était disposée à voir les choses du point de vue de Jenna, Jenna était prête à se calmer et à travailler pour trouver des compromis entre les règles familiales et ses envies d'indépendance. Au lieu d'une guerre ouverte, la relation entre Ashley et Jenna a été marquée par la confiance, la coopération et la bonne humeur — des ingrédients essentiels pour aider tout adolescent (et ses parents) à traverser avec succès cette période.

De même, en politique et en affaires, la capacité à se mettre à la place des autres est indispensable pour imaginer des solutions aux problèmes que les autres (et même ses rivaux) trouvent acceptables et mettent en œuvre avec enthousiasme. C'est particulièrement utile au moment de signer des contrats d'affaires, des lois et autres accords. Des études menées sur des hommes et femmes d'affaires montrent que ceux qui sont plus doués pour changer leur perspective parviennent mieux à négocier des accords qui conviennent aux deux parties. Par exemple, dans une étude, on a demandé à des étudiants d'un MBA de jouer le rôle d'un candidat à un poste, ou du recruteur. Le candidat et le recruteur avaient des objectifs opposés à défendre — le candidat voulait obtenir un meilleur salaire, et le recruteur en offrir un plus bas ; le candidat devait demander plus de jours de congé, et le recruteur en offrir moins, etc. Le candidat et le recruteur gagnaient un certain nombre de points chaque fois qu'un objectif était atteint. Une fois sur deux, le recruteur devait se mettre à la place du candidat au moment de faire ses propositions :

> Au moment de préparer et de mener la négociation, mettez-vous à la place du candidat. Essayez de comprendre ce qu'il pense dans sa situation. Après avoir lu votre rôle, essayez de vous imaginer de l'autre côté du bureau, dans ce rôle-là, en pensant comme le candidat.

L'autre moitié du temps, le recruteur ne devait pas prendre en compte la perspective du candidat. Les négociations menées par le recruteur qui se mettait à la place du candidat ont donné lieu à plus de compromis entre les deux protagonistes : le recruteur pouvait céder sur un objectif si en échange le candidat cédait sur un autre. Au bout du compte, changer de perspective a constitué une stratégie gagnante à la fois pour le recruteur et pour le candidat : ils ont chacun gagné plus de points, ce qui montre qu'ils ont atteint plus d'objectifs personnels dans l'ensemble.

Les grandes compétences des femmes à changer leur perspective améliorent également leur capacité à enseigner aux autres et à être des mentors. Les femmes peuvent souvent voir les obstacles qui empêchent les gens d'atteindre leurs objectifs, qu'ils soient de nature logistique ou psychologique, et offrent alors des solutions adaptées aux besoins de la personne.

Comme nous le verrons plus loin, la capacité des femmes à se mettre à la place des autres est intimement liée à leurs autres forces relationnelles — leur capacité à écouter les autres, à être patientes et à faire passer les autres en premier de manière appropriée.

Force relationnelle n° 1
Les femmes sont capables de se mettre à la place des autres.

L'écoute active

Une des raisons qui explique pourquoi les femmes sont douées pour se mettre à la place des autres, c'est parce qu'elles écoutent les autres. Il est bien plus facile de savoir ce qu'une autre personne pense si on l'écoute quand elle parle, au lieu de se concentrer sur ce qu'*on* veut dire dès qu'elle fera une pause, ou même de lui couper la parole si cette pause n'arrive pas assez vite. En général, les femmes écoutent — et écoutent vraiment — ce que leurs famille, amis et collègues essaient de leur communiquer. Cela ne veut pas dire que les femmes sont incapables d'exprimer leurs propres besoins ou désirs, loin de là, mais plutôt qu'elles sont capables et prêtes à entendre ce que les autres ont à dire et à l'intégrer à leur manière d'exprimer leur propre point de vue.

Les femmes ne restent pas murées dans le silence, préoccupées par leurs propres pensées, quand une personne leur confie ses soucis. Au lieu de cela, elles se penchent en avant, créant un lien avec l'autre personne, lui montrant avec leurs yeux, leur visage et tous les muscles de leur corps qu'elles l'écoutent. Quand elle écoute quelqu'un, une femme va exprimer de l'empathie, montrant clairement qu'elle comprend ce que l'autre dit et ressent, et qu'elle s'en soucie. Elle va poser des questions, s'assurant de bien comprendre la situation globale et la manière dont l'autre personne la perçoit. Elle va valider ce que l'autre dit, lui faisant comprendre que ces sentiments et pensées sont normaux et raisonnables. Elle pourrait avoir de la compassion pour la personne, partageant avec elle des expériences similaires qu'elle a vécues. Elle pourrait râler et s'emporter avec l'autre personne, et dire des choses comme : « Je n'arrive pas à croire qu'il t'a fait ça ! Quel crétin ! » Pour les femmes, l'écoute est un état actif.

Dans aucun autre rôle tenu par des femmes, l'écoute active n'est plus importante que dans celui de mère. Quand les enfants ont des problèmes à l'école ou avec leurs camarades, ils cherchent en général la compréhension et l'aide de leurs parents, et l'assurance qu'ils restent de bonnes personnes malgré leurs soucis. Mais même si les enfants ont désespérément besoin de l'aide de leurs parents, ils ne sont souvent pas très doués pour le demander ouvertement. Leurs révélations se faufilent souvent au milieu de conversations portant sur d'autres sujets. Il faut vraiment écouter attentivement, sans autre objectif que celui d'entendre et de comprendre son enfant, afin de repérer les aveux de nombreux problèmes.

Une conversation récente entre Judi et son fils Ben illustre ce point. Ben est un adolescent assez classique en ce qui concerne sa capacité à communiquer. Il ne parle généralement que lorsqu'on s'adresse à lui, et ne répond aux questions que par monosyllabes :

JUDI : Comment ça s'est passé à l'école aujourd'hui ?
BEN : Bien. *(Long silence)*
JUDI : Et comment s'est passé ton contrôle d'espagnol ? Tu as eu l'impression d'avoir assez révisé hier soir ?
BEN : Ouais. *(Long silence)* À part pour les verbes irréguliers.
JUDI : Les verbes ?
BEN : Je crois que j'ai raté cette partie.

À ce moment de la conversation, ce que Judi voulait vraiment dire, c'est : « Tu n'as même pas révisé les verbes irréguliers hier soir, tu as dit qu'ils ne seraient pas au contrôle ! » Mais elle savait que ça le pousserait à se taire immédiatement, alors elle a pris une grande respiration et répondu :

JUDI : Tu ne t'y attendais pas, c'est ça ?

S'est ensuivie une discussion apaisée au cours de laquelle Judi a tenté de faire comprendre à Ben l'importance de savoir à l'avance sur quoi porteraient les contrôles — puis de réviser en fonction. Ben a accepté de faire plus attention à ce que le professeur disait à propos des contrôles à venir, mais il a également ajouté que quand il avait envoyé un message à son ami Mike la veille, celui-ci lui avait répondu qu'il n'avait pas à s'inquiéter pour les verbes irréguliers. Judi a été surprise d'apprendre que Ben avait échangé des messages pendant qu'il devait faire ses devoirs, et l'a sondé davantage. Il s'est avéré que Ben était constamment distrait par les messages de ses amis pendant ses devoirs, ce qui expliquait ses résultats scolaires assez médiocres. C'était une révélation pour Judi, et Ben et elle ont réfléchi à comment limiter ses distractions au moment des devoirs.

Si Judi avait immédiatement réagi avec les pensées accusatrices qui tournoyaient dans son esprit, elle n'aurait probablement pas détecté le problème plus large des habitudes de travail de Ben. Mais en prenant le temps et en écoutant activement Ben, Judi a compris pourquoi son fils ne réussissait pas mieux à l'école et a pu travailler avec lui pour trouver une solution mutuellement satisfaisante.

Un des contextes professionnels dans lequel l'écoute active est particulièrement importante est la relation médecin-patient. Ce n'est pas facile pour les médecins d'écouter — ils sont pressés et très occupés, avec une nouvelle consultation toutes les dix minutes. Souvent, le patient débarque avec une liste longue comme le bras de problèmes à faire rentrer dans un laps de temps ridiculement court, allant de désagréments mineurs comme un rhume à des problèmes de santé graves comme le diabète. Les patients viennent en consultation avec leurs propres objectifs, et parfois les problèmes qui les inquiètent ne sont pas du tout ceux qui, selon le médecin, devraient vraiment les préoccuper. Parfois, les problèmes physiques sont les masques de problèmes émotionnels, comme quand un patient se plaint d'insomnie, quand le vrai souci est une dépression.

Pour écouter efficacement, un médecin doit donc se concentrer sur ces rares entrevues avec le patient. Le médecin doit saisir tout ce que le patient dit, et repérer quels problèmes pourraient se cacher derrière ce qu'il dit ; reconnaître les inquiétudes du patient tout en orientant la conversation vers les soucis qu'il estime être plus importants ; puis poser un diagnostic et présenter un traitement au patient de manière à ce que celui-ci se sente entendu et pris en charge.

Il semble que l'écoute active soit plus facile pour les médecins femmes. L'observation de conversations entre médecins et patients dans des contextes médicaux a révélé que les médecins femmes ont plus tendance que les médecins hommes à écouter attentivement, à donner du temps et de l'espace à leurs patients pour présenter leurs problèmes, à poser des questions aux patients pour en apprendre plus sur leurs inquiétudes, à éviter d'être distraites pendant la conversation, et à exprimer leur compréhension et leur intérêt pour le patient grâce à leurs expressions faciales et à leur posture. En retour, les patients sont plus satisfaits des soins apportés par leur médecin si celui-ci fait preuve d'écoute active, et sont plus susceptibles de suivre ses consignes pour leur santé s'ils estiment que le médecin les écoutait vraiment.

L'une des meilleures médecins et des meilleures oreilles que je connaisse est le Dr Carolyn Rochester. Carly est pneumologue, avec des responsabilités dans au moins trois cliniques dans le Connecticut. Elle est aussi mère de deux enfants, très active et très impliquée, une passionnée de motocyclisme et de randonnée pédestre. Malgré le fait que Carly est très occupée et qu'on a toujours besoin d'elle à plusieurs endroits, quand elle est avec vous, elle est à 100 % avec vous. Elle se penche en avant et écoute, veut savoir ce qui vous arrive, veut vraiment se lier à vous. Je n'arrive pas à me retenir de rire quand je vois son fils adolescent, Nick, essayer de s'extraire de l'emprise d'écoute de sa mère, et d'empêcher sa mère d'en savoir autant sur ce qu'il pense et fait. Même son fils doit admettre, cependant, qu'il est heureux que Carly écoute ce qu'il dit — et ce qu'il ne dit pas — et que le lien entre les deux est extrêmement fort. Je n'ai jamais vu Carly au cours de conversations privées avec ses patients, bien sûr, mais je sais qu'ils apprécient son écoute et sa compétence — Carly a été nommée l'un des meilleurs médecins de la région de New York par le magazine *New York*.

Dans notre monde frénétique et toujours occupé, les gens ont souvent l'impression de ne pas être écoutés. Les compétences d'écoute des femmes et leur désir d'écouter sont essentiels pour toutes leurs relations, ouvrant des espaces de communication et suscitant une confiance profonde.

Force relationnelle n° 2

Les femmes écoutent activement les autres.

Les fruits de la patience

Les femmes ont une immense capacité à attendre — que leur enfant ait fini sa crise, que leur mari soit assez calme pour parler, que leur collègue finisse son interminable monologue. Ce n'est pas que les femmes soient moins souvent ennuyées ou énervées que les hommes. Au contraire même, les études ont montré qu'hommes et femmes sont tout aussi susceptibles de ressentir de la colère en réaction à une situation énervante.

La différence, c'est que les femmes ont tendance à mieux gérer leur colère. Elles font beaucoup d'efforts pour empêcher leurs sentiments de devenir incontrôlables, ce qui leur permet de choisir plus calmement comment réagir.

Dans une étude menée par ma collègue Cheryl Rusting et moi-même à l'université du Michigan, nous avons observé que les hommes entretenaient leur colère alors que les femmes apaisaient la leur. Nous avons demandé à des hommes et des femmes de se remémorer un événement qui les avait rendus très en colère, et de le revivre le plus précisément possible :

> Au cours des dix prochaines minutes, essayez de revivre ce souvenir retrouvé de manière aussi vivante que possible. Imaginez que l'événement vous arrive de nouveau. Représentez-vous l'environnement dans « votre œil de l'esprit » aussi clairement que possible. Voyez les gens ou les objets, entendez les bruits, revivez les événements. Pensez ce que vous avez vraiment pensé dans cette situation. Ressentez les mêmes sentiments que ceux éprouvés dans cette situation. Autorisez-vous à réagir comme si vous étiez pour de vrai dans cette situation. Tout en revivant ce souvenir, écrivez ce qu'il vous arrive, ce que vous pensez et ce que vous ressentez.

Les hommes comme les femmes ont été très en colère en racontant leur souvenir, et ont eu des pensées énervées à l'égard du responsable de l'incident, ou de l'injustice de la situation. Puis nous avons donné à tous les participants de l'étude le choix entre continuer de penser à leurs sentiments de colère et aux souvenirs qu'ils avaient de cette situation fâcheuse, ou faire quelque chose de complètement différent qui leur changerait l'esprit — rédiger une description de leur salon. Deux tiers des hommes ont choisi d'entretenir leurs pensées colériques, ce qui les a juste mis de plus en plus en colère, alors qu'un tiers a choisi de se changer les idées en écrivant au sujet de leur salon. Au contraire, seulement un quart des femmes a choisi de continuer à se concentrer sur leurs pensées et sentiments de colère, alors que les trois quarts d'entre elles ont choisi de ne pas s'attarder sur leur colère et plutôt de réfléchir à la disposition de leur salon. Ainsi, les hommes en colère ont tendance à nourrir leurs pensées énervées, ce qui ne fait qu'augmenter leur rage, alors que les femmes sont plus susceptibles de choisir de ne pas s'attarder sur leurs sentiments négatifs, ce qui empêche leur colère de grossir.

Je pense que des millénaires passés à prendre soin des enfants ont favorisé chez les femmes ces importantes qualités de tolérance et de patience. Les enfants, aussi merveilleux soient-ils, ont également tendance à être de petits êtres lents et inefficaces, qui avancent dans la vie à leur propre rythme, et selon leurs propres termes. Si les mères étaient rapidement contrariées, notre espèce n'existerait probablement déjà plus — les enfants n'auraient jamais survécu jusqu'à l'âge adulte !

Être capable de se mettre à la place des autres vous aide à être plus patient et plus tolérant. Si vous comprenez ce qu'une personne vit — les pressions qu'elle ressent, les obstacles auxquels elle doit faire face — il est plus facile de rester patient avec elle.

L'impatience envers les autres surgit souvent quand on a l'impression qu'ils freinent notre propre avancée vers un objectif. Si vous vous rendez au travail et que la personne devant vous roule 10 km/h en dessous de la limite, vous serez impatient envers elle. Je veux finir d'écrire ce chapitre, mais mon fils veut aller à la boulangerie acheter un pain au chocolat, alors je fais preuve d'impatience envers sa demande. Pour être plus patient, il faut admettre qu'on a des objectifs et des priorités multiples, et qu'à certains moments il faille en mettre un de côté pour en poursuivre un autre. J'ai bien l'objectif de finir d'écrire ce chapitre, mais un de mes objectifs plus importants encore est de prendre soin de ma relation avec mon fils. L'emmener à la boulangerie pour un pain au chocolat n'aidera pas mon chapitre à s'écrire, mais me donnera l'occasion de passer un moment agréable et détendu avec mon fils et de discuter avec lui. Cela m'aide à être un peu plus patiente.

Être patient avec les autres signifie souvent aussi être indulgent avec eux, et les femmes sont particulièrement douées pour faire preuve d'indulgence grâce à leurs compétences de changement de perspective. Quand vous êtes capable de comprendre ce qui motive le comportement d'une autre personne, il est plus facile de ne pas la blâmer et de lui pardonner. Attention, pardonner ne signifie pas toujours excuser, justifier ou oublier le comportement d'autrui. Cela veut dire que vous choisissez de comprendre autant que possible le comportement de l'autre, et de rétablir votre relation avec l'autre personne malgré son comportement.

Être capable de pardonner aux autres a des effets positifs sur les relations. Pardonner à son partenaire ou conjoint une transgression permet à votre relation d'être réparée. Pardonner à ses enfants leur mauvais comportement peut rapprocher votre famille. Pardonner à un collègue qui a agi comme un idiot vous permet à tous les deux de continuer à travailler ensemble de manière productive.

Le pardon a tendance à être bon pour la santé des femmes. Les gens capables de pardonner ont moins de problèmes psychologiques, y compris de dépression ou de consommation abusive d'alcool. Le pardon peut également améliorer la santé physique. Dans le cadre d'une étude menée par la psychologue Charlotte Witvliet et ses collègues, il était demandé aux participants de penser à une personne qui les avait blessés, soit sans chercher à lui pardonner (en se répétant mentalement ce qui les avait fait souffrir, ou en entretenant leur rancœur), soit en cherchant à être indulgent (en faisant preuve d'empathie avec la personne, et en lui pardonnant). Quand les participants pensaient à la personne en faisant preuve d'indulgence, leur rythme cardiaque et leur pression artérielle baissaient, par rapport à ceux qui pensaient à la personne qui les avait fait souffrir sans chercher à lui pardonner. Penser avec indulgence à cette personne responsable de leur malheur faisait aussi naître des émotions plus positives et un plus grand sentiment de contrôle.

Dans une autre étude, le psychologue Michael McCullough et ses collègues ont constaté que les personnes qui ruminaient au sujet d'une transgression interpersonnelle, comme la trahison d'un secret, un partenaire adultère, ou le fait d'avoir été repoussé par quelqu'un, avaient des niveaux plus élevés de cortisol, l'hormone du stress. Des niveaux chroniquement élevés de cortisol peuvent altérer les réactions du corps au stress et aux maladies, et endommager certaines zones du cerveau. Au contraire, les personnes qui pardonnent sont capables de lâcher prise, arrêtant de ruminer les torts qu'elles ont subis, permettant ainsi à leur corps et à leur esprit de se détendre et d'être plus sains.

Dans certaines situations, le pardon n'est pas toujours possible, ou même raisonnable. Pour autant, les gens choisissent souvent de pardonner parce qu'ils ne veulent pas porter plus longtemps leur colère ou la souffrance qu'ils ressentent. La capacité des femmes à se mettre à la place des autres, à reconnaître qu'elles peuvent avoir des objectifs multiples dans leurs relations aux autres et à être patientes leur permet souvent de pardonner et de tourner la page.

Force relationnelle n° 3
Les femmes sont tolérantes et patientes.

Faire passer les autres d'abord — raisonnablement

Les femmes sont capables de reconnaître quand les besoins des autres doivent passer avant les leurs. La capacité des femmes à faire passer les autres d'abord génère une immense confiance et incite les autres à sacrifier leurs propres besoins pour le bien du groupe. C'est essentiel dans la sphère professionnelle, car lorsque les gens travaillent ensemble vers un objectif commun, plutôt que de se battre pour maximiser leurs gains individuels, ils trouvent souvent des solutions innovantes à des problèmes professionnels compliqués.

Les femmes pourraient avoir tendance à faire passer les autres d'abord, car, dès leur plus jeune âge, elles sont capables de voir le monde à travers les yeux des autres, et cette compréhension les pousse à aider les autres. Sue Walker, professeure à l'université de Technologie du Queensland, en

Australie, a découvert que les filles en maternelle obtenaient de meilleurs résultats que les garçons du même âge dans deux tests standards évaluant la capacité à changer de perspective. Elle a ensuite demandé à leurs enseignants de les évaluer en fonction de leur comportement social positif (comme la coopération avec les autres) et agressif (comme se battre avec les autres). Les filles qui avaient obtenu de bons résultats aux tests de changement de perspective ont montré des niveaux plus élevés de comportement social positif : elles étaient plus coopératives et plus disposées à aider les autres. En revanche, les garçons qui avaient obtenu de bons résultats aux tests de changement de perspective avaient des niveaux plus élevés de comportement agressif. Il apparaît donc que les garçons doués pour se mettre à la place des autres ont utilisé cette compétence pour tirer profit des autres, car ils savaient comment les « atteindre ». Walker suggère que les filles sont socialisées non seulement dans le but d'être capables de se mettre à la place des autres, mais elles utilisent cette compréhension pour aider et coopérer avec les autres. La culture des garçons est, au contraire, plus axée sur la domination, et donc les garçons qui ont l'avantage d'être capables de lire dans l'esprit des autres utilisent cette compétence pour dominer les autres garçons.

Certaines femmes, et certains hommes, ont recours à des moyens héroïques pour aider les autres. Les chercheurs Selwyn Becker de l'université de Chicago et Alice Eagly de l'université de Northwestern ont dirigé une étude ingénieuse pour analyser les différentes manières dont les hommes et les femmes mettent leur vie en danger pour aider les autres. Ils ont enquêté sur des gens qui avaient accompli des exploits héroïques, notamment des personnes qui en ont sauvé d'autres de situations dangereuses, des non-juifs qui ont risqué leur vie pour aider les Juifs pendant l'Holocauste, des personnes qui ont donné un de leurs reins, des bénévoles des Peace Corps et Médecins du monde. Becker et Eagly ont découvert que les hommes avaient plus tendance que les femmes à être le genre de héros qu'on voit dans les films d'action — des personnes qui adoptent des comportements extrêmement risqués, et physiquement exigeants, comme se battre contre des agresseurs ou sauver des gens dans des immeubles en feu. Mais quand ils ont analysé les autres actes héroïques moins physiques, ils ont découvert que les femmes avaient toutes autant de chances que les hommes (et même parfois *davantage*) d'agir avec courage et bravoure. Par exemple, pendant la guerre, les femmes non-juives de Pologne et des Pays-Bas étaient aussi susceptibles que les hommes, ou plus, de risquer leur vie pour aider des citoyens juifs à échapper à la persécution nazie. À notre époque, les femmes sont bien plus susceptibles que les hommes de rejoindre les Peace Corps ou Médecins du monde, ce qui implique dans les deux cas de se rendre dans des pays en développement, et de mener des interventions médicales ou sanitaires dans des situations potentiellement dangereuses. Elles sont également bien plus susceptibles que les hommes de s'inscrire comme donneuses d'organes. Ainsi, les femmes sont des héroïnes d'une manière peut-être moins flagrante ou tape-à-l'œil, mais tout aussi dévouée et puissante.

Enfin, faire passer les besoins des autres avant les siens est un élément essentiel pour être un bon parent. Quand les parents ne mettent pas les besoins de leurs enfants avant les leurs, les enfants sont plus à risque de développer un éventail large de problèmes psychologiques, y compris des troubles du comportement alimentaire et une consommation abusive d'alcool, avant d'avoir atteint l'âge adulte. Dans la plupart des familles, les femmes font souvent passer les besoins de la famille avant leurs besoins personnels. Elles mettent leur carrière en pause pour s'occuper des plus petits, ou de proches en difficulté. Les femmes font des compromis dans la gestion de leurs opportunités professionnelles et dans le choix de leur lieu de vie pour favoriser l'ascension professionnelle de leur conjoint.

La disposition des femmes à faire ce type de sacrifices est parfois considérée comme une faiblesse, une preuve du sexisme incessant de la société. Pourtant, de nombreuses femmes ont différents objectifs et priorités dans la vie, y compris des objectifs qui les concernent, comme poursuivre leur carrière, mais aussi des objectifs relationnels, comme passer du temps avec leurs enfants ou s'assurer qu'un proche âgé est bien pris en charge et traité. Les femmes qui ont mis de côté des objectifs personnels pour prendre soin des autres diront souvent qu'elles n'ont pas l'impression de se sacrifier : elles ont des priorités diverses, et il arrive parfois que les priorités impliquant de se mettre au service des autres doivent passer avant les priorités qui ne les impliquent qu'elles-mêmes. Selon le psychologue Robert Sternberg, c'est là toute la sagesse des femmes. Sternberg estime que cette sagesse exige un équilibre entre ses propres objectifs et besoins, et les objectifs et besoins des autres. Il déclare : « Faire preuve de sagesse, c'est chercher le bien commun, tout en sachant que ce bien commun peut être plus avantageux pour certains que pour d'autres. Une personne qui utilise ses pouvoirs mentaux pour devenir un génie du mal peut être intelligente d'un point de vue académique ou pragmatique, mais elle ne peut pas être sage. »

Force relationnelle n° 4

Les femmes sont capables de faire passer les besoins des autres avant les leurs.

Les forces relationnelles des femmes bâtissent la vie des autres et font grandir des familles, amitiés, équipes et communautés marquées par une communication ouverte, une coopération et un respect mutuel. Développer et favoriser ces forces relationnelles pourrait avoir des effets profonds sur la santé et la prospérité des individus et de notre société.

Au début de ce chapitre, j'ai écrit que les forces relationnelles étaient souvent considérées comme des handicaps. Nous devons néanmoins nous demander si ce sont les femmes qui sont trop bienveillantes, ou si le problème, c'est que la société valorise la poursuite des intérêts individuels au détriment d'une éthique de la bienveillance. La bienveillance des femmes et leur capacité à changer de perspective sont des atouts pour négocier des contrats, encourager le talent et motiver les autres — et, comme nous l'avons vu, cela est vrai dans un grand nombre de contextes, depuis la table familiale jusqu'aux salles de réunion. Les forces relationnelles des femmes deviennent avant tout un handicap quand les autres tentent d'en tirer profit. Et si tout le monde faisait preuve d'autant d'empathie et de patience que de nombreuses femmes, était aussi doué pour écouter et pardonner, et prêt à faire passer les autres en premier ?

PARTIE II

Découvrez et développez vos forces

Chapitre 5

Mettre en place votre programme de remise en forme personnel

Maintenant que vous avez une bonne idée des forces immenses que les femmes possèdent, vous vous dites peut-être : « Je veux être plus forte ! »

Vous vous sentez peut-être modérément forte dans un domaine, mais aimeriez augmenter cette force pour la rendre encore plus fiable. Par exemple, vous avez peut-être l'impression d'être globalement sensible aux besoins des autres, mais savez que parfois vous faites preuve d'indélicatesse, et vous voulez surmonter cette faiblesse. Ou vous pensez être complètement dépourvue de certaines forces, comme la capacité à exprimer vos sentiments aux autres de manière appropriée. Ou encore, vous estimez qu'une sphère de votre vie ne se porte pas aussi bien que vous le souhaiteriez, comme votre travail ou votre mariage, et vous pensez que vous pourriez utiliser vos forces plus efficacement pour améliorer cette situation.

De la même manière que vous pourriez commencer un programme de remise en forme personnel pour vous renforcer physiquement, vous pouvez vous lancer dans un programme de fitness personnel pour vous renforcer psychologiquement. Que vous cherchiez à vous surpasser dans certains domaines pour relever un défi, ou que vous soyez un peu faible ou carrément nulle dans d'autres, vous pouvez développer vos forces grâce à des exercices réguliers, et être plus en forme et musclée.

Je vais vous donner plusieurs exercices spécifiques pour améliorer vos forces mentales, identitaires, émotionnelles et relationnelles, mais votre programme de renforcement global sera guidé par trois questions simples que vous pouvez vous poser dès que vous ne vous sentez pas assez forte :

- Où et quand ai-je des problèmes ?
- Quelle est mon image positive du changement ?
- Quelles petites étapes puis-je franchir en vue de ce changement ?

Dans les chapitres suivants, vous concevrez un programme de fitness qui optimise vos forces actuelles, et réhabilite ces muscles psychologiques qui sont faibles. D'abord, permettez-moi d'expliquer la pensée derrière chacune de ces questions.

« Où et quand ai-je des problèmes ? »

Si vous faisiez appel à un entraîneur particulier pour commencer votre programme de fitness physique, il vous ferait d'abord passer une série de tests et d'exercices pour déterminer vos forces et vos faiblesses. Vous devriez faire des abdos, des pompes, des sprints et soulever des poids, et il mesurerait votre performance par rapport à des normes établies. Puis, votre entraîneur vous dirait quels groupes de muscles doivent être renforcés, quelle est votre endurance, ou si vous devez améliorer votre vitesse, et il mettrait au point un programme pour améliorer vos forces et combler vos faiblesses.

De même, avant de commencer à améliorer vos forces psychologiques, vous devez vous demander dans quelles situations (où et quand) vous avez des problèmes à utiliser vos forces. J'ai conçu une série d'activités qui révélera vos forces et faiblesses psychologiques, et déterminera à quel point vous avez besoin de travailler sur une force en particulier. Certaines de ces activités exigent que vous mobilisiez une force en interaction avec les autres, ou pour résoudre un problème. D'autres activités sont des « expériences mentales », dans lesquelles vous devez vous imaginer dans une situation qui nécessite que vous utilisiez une force.

Chacun des chapitres qui suivent s'intéresse à un groupe de forces. Vous pouvez vous rendre directement à la famille de forces que vous estimez la plus importante à travailler. Si vous ne savez pas avec quelle famille de forces commencer, vous pouvez utiliser la fiche Vite : « Comment je vais ? » ci-après. Ce questionnaire en cinq points vous permet de faire une évaluation globale rapide pour comprendre comment vont les choses dans les domaines importants de votre vie, et comment stimuler vos forces pourrait améliorer votre qualité de vie dans son ensemble.

Si vous avez répondu avec un #1 (« presque parfaitement ») ou un #2 aux cinq questions, vous devriez vous récompenser d'une manière spéciale ! Clairement, vous mobilisez de nombreuses forces dans un large éventail de rôles. Même si vous n'êtes proche du « presque parfaitement » que dans quelques domaines, vous devriez vous féliciter de vos réussites. Faites le point sur les forces qui ont fait de ces domaines de vie de tels succès. S'agit-il de votre flexibilité mentale ? De vos compétences pour vous lier aux autres ? De vos perceptions émotionnelles ? De votre intégrité et sentiment d'identité et de votre raison d'être ?

« COMMENT JE VAIS ? »

Sur les échelles ci-dessous, évaluez chaque domaine de votre vie en vous demandant comment vous avez l'impression qu'il se passe dans l'ensemble. Si un des domaines ne s'applique pas à votre situation (par exemple, si vous n'avez pas d'enfant, vous n'avez pas de rôle de mère), sautez cette évaluation.

1. Comment se passe votre mariage, vie de couple, ou relation amoureuse intime ?

Presque parfaitement		juste bien		pas bien
1	2	3	4	5

2. Comment se passe votre relation avec vos enfants ?

Presque parfaitement		juste bien		pas bien
1	2	3	4	5

3. Comment se passe votre emploi ou votre carrière ?

Presque parfaitement		juste bien		pas bien
1	2	3	4	5

4. Si vous avez des loisirs ou des intérêts autres que votre emploi ou votre famille, comment se passent-ils ?

Presque parfaitement		juste bien		pas bien
1	2	3	4	5

5. Listez tout autre domaine de votre vie qui est important pour vous (comme l'université, le bénévolat, les activités paroissiales).

Comment se passent les choses dans ces domaines-là ?

Presque parfaitement		juste bien		pas bien
1	2	3	4	5

Vous rendre compte de ce qui fait le succès de chaque domaine de votre vie qui se passe bien vous aidera à mobiliser si besoin cette force et à l'utiliser d'autres manières, pour améliorer votre vie et celle des autres. Comme je l'ai mentionné plus haut, les femmes ont tendance à être très dures envers elles-mêmes, se concentrant sur ce qui ne va pas chez elles plutôt que sur ce qu'elles font bien. Pensez aux incroyables bienfaits qui découlent de vos forces psychologiques — les manières positives dont vos forces influencent votre bien-être, vos succès professionnels, vos relations et vos objectifs de vie.

Ensuite, regardez de nouveau la fiche : « Comment je vais ? » Les domaines que vous avez évalués comme « juste bien » ou « pas bien du tout » sont ceux qui bénéficieront le plus de l'amélioration ou du renforcement de vos forces. Pour déterminer quels domaines de forces doivent être travaillés, utilisez la fiche d'Évaluation globale des forces à la page 162. Pour chaque domaine de force, vous répondrez à une question essentielle qui vous permettra de déterminer si vous utilisez cette famille de forces dans les domaines qui ne sont pas « presque parfaits », et comment.

« Quelle est mon image positive du changement ? »

Un des outils motivationnels que les entraîneurs utilisent pour aider les athlètes à atteindre leurs objectifs consiste à leur demander de s'imaginer eux-mêmes en train de faire leur sport à un bien plus haut niveau. Par exemple, une sprinteuse pourrait s'imaginer en train de faire la course parfaite, son corps bougeant avec la légèreté et l'efficacité qu'elle aimerait atteindre. Elle imagine chaque mouvement de son corps, la tension dans les muscles de ses jambes, la détente de son dos, le balancement de ses bras. Elle sent l'oxygène entrer dans ses poumons et envahir son corps pour dynamiser ses muscles.

ÉVALUATION GLOBALE DES FORCES

Pour chaque rôle cité verticalement, posez-vous les questions essentielles pour faire une évaluation globale de vos forces.

Question essentielle	*Mariage, vie de couple ou toute autre relation intime*	*Relation avec les enfants*	*Emploi ou carrière*	*Intérêts, loisirs, bénévolat et leadership*	*Autres domaines importants pour vous*
Forces mentales : en quoi mieux réussir à surmonter les obstacles et travailler avec les autres améliorerait ce domaine de ma vie ?					
Forces identitaires : en quoi une meilleure perception de qui je veux être améliorerait ce domaine de ma vie ?					
Forces émotionnelles : en quoi mieux comprendre et gérer mes émotions et celles des autres améliorerait ce domaine de ma vie ?					
Forces relationnelles : en quoi me lier aux autres avec plus de compassion et de manière plus appropriée améliorerait ce domaine de ma vie ?					

Elle est souple, elle flotte, elle ne pèse plus rien.

L'imagerie mentale est également un outil clé pour le changement psychologique, et beaucoup d'exercices de mon programme de renforcement nécessitent de faire appel à votre imagination. S'imaginer en train d'utiliser une force d'une manière dont on n'a jamais été capable auparavant, puis imaginer les bienfaits positifs qui découleraient de cette force est un outil motivationnel puissant. Cela peut aussi vous aider à identifier les étapes qu'il faut franchir pour commencer à changer.

Permettez-moi d'illustrer à quel point la visualisation peut être utile. Carol, une enseignante de primaire âgée de 50 ans, devait avoir une discussion difficile avec son mari, Doug. Il voulait vendre leur ranch de quatre pièces et emménager dans un appartement plus petit et plus proche de son lieu de travail afin de réduire leur emprunt immobilier et d'économiser de l'essence. Carol aimait la maison où elle avait élevé ses enfants et le jardin luxuriant qu'elle avait fait naître dans la cour arrière. Elle ne voulait pas déménager dans un petit « appart », comme elle l'appelait, dans une résidence où elle ne pouvait pas jardiner. Elle n'aimait pas non plus les villes proches du travail de Doug et préférait la petite ville où se trouvait leur maison actuelle, avec ses magasins familiaux et sans trop de trafic automobile. Elle avait essayé d'exprimer ses préférences à son mari, mais il n'arrêtait pas de faire valoir ses arguments au sujet des économies qui découleraient du déménagement. Carol était de plus en plus frustrée et paniquée à l'idée de céder et d'accepter ce déménagement malheureux.

Carol a utilisé l'imagerie mentale pour préparer la conversation qu'elle s'était engagée à avoir avec lui. Alors que

Doug était au travail et qu'elle était seule à la maison, elle s'est assise à la table de la cuisine et a fermé les yeux. Elle s'imaginait en train de dire à Doug combien elle voulait rester dans leur maison. Au début, l'image était floue, mais elle a essayé d'imaginer précisément ce qu'elle dirait. Il était difficile pour Carol de rester concentrée sur ce qu'elle disait et de ne pas se mettre immédiatement à s'inquiéter de la réaction de son mari — il la couperait probablement, recommencerait avec les mêmes arguments sur l'argent économisé avec le déménagement, et l'épuiserait tout simplement. Mais Carol a persévéré dans son scénario imaginaire, répétant à Doug qu'elle ne voulait pas déménager et qu'elle estimait qu'il devait prendre ses souhaits au sérieux. Elle le voyait dire *pfff* et se lancer à nouveau dans ses arguments, mais elle s'est forcée à dire, dans son esprit, qu'elle comprenait ses arguments, mais que sa qualité de vie était tout aussi importante que leurs économies. Elle était particulièrement fière d'elle pour cette dernière réplique. Puis elle l'a vu s'offusquer encore, et abandonner pour le moment. Bien que Carol savait que ce ne serait pas la fin des négociations, elle se sentait triomphante d'avoir tenu bon et exprimé ses envies. Lorsqu'elle a rouvert les yeux, elle s'est sentie encouragée et déterminée à donner suite à sa version de cette discussion avec son mari, plus tard dans la journée.

Remarquez que l'image créée par Carol était une situation particulière au cours de laquelle elle exprimait des sentiments importants à son mari. Avoir une image concrète de la façon dont nous voulons changer est essentiel pour réaliser ce changement : elle indique les étapes précises à suivre pour atteindre votre objectif. Si Carol s'était contentée d'une vague image d'elle-même en train d'exprimer ses émotions à Doug, sans que des phrases bien définies se dessinent dans sa tête, il lui aurait été beaucoup plus difficile de profiter de cet exercice de visualisation. En imaginant un échange réaliste avec Doug, Carol a pu faire l'expérience de ce qu'elle voulait lui dire.

Avoir une image concrète a permis à Carol d'anticiper les problèmes qu'elle aurait à affronter au cours de la conversation, et de concevoir un plan en conséquence.

Quand les psychologues du sport travaillent avec des athlètes de haut niveau, ils les entraînent non seulement à visualiser la course, le saut à la perche ou le match parfait, mais ils les encouragent aussi à imaginer tous les scénarios possibles, y compris ceux dans lesquels ils tombent pendant la course, touchent la barre pendant le saut ou ratent un ballon pendant le match. Ce n'est évidemment pas une image sur laquelle les athlètes aiment se concentrer — l'astuce, c'est de les aider à ne pas rester coincés avec l'image d'eux-mêmes en échec, mais de continuer à dérouler le scénario, évaluant pourquoi ils pourraient avoir échoué, et s'imaginant en train de se remettre de leurs erreurs. En se confrontant aux pires scénarios possibles et en les analysant, les athlètes sont de moins en moins effrayés par ces situations, et paniquent moins quand elles se produisent réellement. Ils peuvent trouver, grâce à leur imagination, des moyens de prévenir ou d'empêcher ces situations de se produire. Et ils développent des stratégies pour gérer leurs échecs quand elles se produisent en vrai.

Dans une version de sa conversation imaginaire avec Doug, Carol s'est vue exprimer ses souhaits, et Doug l'interrompre et imposer ses propres arguments. Carol a reconnu qu'elle avait l'habitude de se replier sur elle-même à ce moment-là, mais elle a été en mesure de rembobiner la cassette de sa visualisation et de la rejouer, cette fois en persévérant dans l'expression de ses envies, malgré les objections de son mari.

Dans les prochains chapitres, à mesure que nous passerons en revue chaque exercice pour augmenter des forces particulières, je parlerai de la manière de surmonter les obstacles qui ont tendance à survenir lorsque nous faisons des changements dans ce domaine de forces. Même si reconnaître les obstacles au changement peut être une partie difficile de la formation d'une image conforme à notre désir de changement, ces obstacles ne disparaîtront pas si nous nous contentons d'éviter d'imaginer comment nous voulons changer. Au contraire, la clé pour vaincre ces obstacles consiste à les anticiper et à concevoir des plans pour les surmonter.

Un dernier point que je tiens à souligner au sujet de l'image que Carol a d'elle-même exprimant ses émotions est qu'elle a spécifiquement imaginé un résultat positif, quoique modeste, à son scénario imaginaire. Après que Carol a persévéré à exprimer son envie de ne pas déménager, Doug a fini par exprimer son indignation, mais a cessé de la bombarder avec ses arguments. Les cloches n'ont pas sonné et les feux d'artifice n'ont pas éclaté, mais Carol s'est sentie triomphante d'avoir réussi à le faire céder, même un peu. Imaginer une issue positive au changement que vous voulez est une immense motivation. Il est également important de rendre ce résultat positif réaliste. Carol n'imaginait pas que son mari capitulerait complètement, qu'il accepterait de ne jamais déménager et qu'il s'excuserait de son égoïsme de ne pas avoir tenu compte de ses opinions auparavant. Elle l'imaginait céder un peu, et c'était plus que ce qu'elle n'avait jamais obtenu dans une conversation avec lui au sujet du déménagement.

Alors, à mesure que vous créez les images de vous-même en train d'augmenter vos forces, ornez-les d'un résultat positif raisonnable que vous pourriez envisager.

« Quelles petites étapes puis-je franchir en vue de ce changement ? »

La croyance traditionnelle et désuète voudrait que le changement psychologique se produise quand vous explorez votre passé, à la recherche des événements et des personnes qui ont forgé votre personnalité, et que vous analysez vos pensées et sentiments les plus profonds pour déterminer vos véritables motivations. Si vous réussissez à comprendre les racines de votre personnalité, bingo ! Le changement est soudain et magique.

J'ai bien peur que ce ne soit pas vrai. L'amélioration de la force psychologique se produit exactement comme l'amélioration de la force physique : par un processus lent, quelque peu laborieux, de pratique de nouvelles compétences jusqu'à ce qu'elles deviennent faciles, puis d'augmentation de la charge de travail sur vos muscles grâce à des exercices plus difficiles, et de pratique de ces exercices jusqu'à ce qu'ils deviennent faciles.

Chaque étape sur votre chemin vers le changement doit être une petite étape. Pour améliorer votre force, vous devez apporter des augmentations systématiques et progressives dans la quantité de travail sur un groupe musculaire, réparties dans le temps. Donc si vous vouliez passer d'un ventre mou à des plaquettes de chocolat, vous ne feriez pas mille abdos en une seule journée. Tout ce que vous récolteriez, c'est un ventre mou vraiment très douloureux. Au lieu de cela, vous commenceriez par un nombre raisonnable (pour vous) d'abdos par jour, disons vingt, continueriez à ce rythme pendant quelques jours, puis augmenteriez le nombre quotidien d'abdos à trente pendant quelques jours, puis à quarante pendant quelques jours, etc. Peu à peu, vous constateriez que vos muscles sont mieux dessinés et moins mous au niveau du ventre, et vous seriez moins susceptible de vous blesser (par exemple, en vous froissant le dos) au cours du processus.

Les mêmes principes s'appliquent à l'augmentation des forces psychologiques. Exactement comme vous ne voudriez pas commencer un programme visant à obtenir des plaquettes de chocolat avec mille abdos, vous ne voudriez pas commencer un programme visant à exprimer vos émotions plus ouvertement en entrant dans le bureau de votre chef et en lui disant que c'est un crétin (enfin, peut-être que vous *aimeriez* bien le faire, mais ce n'est pas recommandé). Vous devez augmenter progressivement et systématiquement les exigences que vous avez de vous-même, pour améliorer vos forces dans un domaine. Vous devez commencer petit, avec des changements faisables et raisonnables pour vous. Vous pratiquez ces changements chaque jour, puis augmentez peu à peu vers des changements plus difficiles de votre comportement et de vos pensées. À chaque étape, vous constaterez une amélioration de votre force, et au bout du compte, vous vous sentirez forte et en pleine forme.

Maintenant, commençons à travailler sur vos forces individuelles !

Chapitre 6

Cultiver le génie : développez vos forces mentales

Pour améliorer les forces mentales discutées au chapitre 1, vous n'avez pas besoin de retourner sur les bancs de l'école ou de résoudre des casse-tête pour entraîner vos neurones. Les forces sur lesquelles nous allons travailler concernent votre manière de voir le monde et les défis que la vie vous réserve.

Pour chaque force individuelle, je commencerai par vous proposer des activités visant à évaluer si vous avez besoin d'améliorer cette force, ou si vous vous en sortez déjà très bien. Ces exercices vous aideront à répondre à la question : où et quand ai-je des problèmes ? Puis je vous suggérerai des manières de stimuler cette force, en utilisant des images positives et en avançant par petites étapes, afin que vous puissiez exploiter pleinement cette force.

Apprenez à voir les différents chemins qui mènent à votre objectif

Force mentale n° 1

Les femmes trouvent de nombreux moyens d'accomplir leurs objectifs ; elles ne sont ni conformistes ni inflexibles. Elles prennent toutes les ressources à leur disposition et les utilisent pour résoudre les problèmes et créer une vie épanouissante.

Réfléchissez à une situation actuelle de votre vie, qui vous a bloquée et que vous avez peut-être jugée impossible à résoudre, même si la poursuite de cet objectif est importante pour vous. Il pourrait s'agir de finir votre cursus universitaire ou de trouver un emploi qui vous plaît vraiment. Ou de quelque chose que vous voudriez pour une autre personne — que votre enfant réussisse mieux à l'école, ou qu'un parent soit mieux pris en charge pour son hypertension artérielle. Vous pouvez aussi imaginer une situation passée ou future que vous anticipez, ou inventer un problème, quelque chose qui vous donnerait l'espace émotionnel nécessaire pour explorer votre potentiel de résolution de problèmes.

Imaginez que vous réunissez toutes les personnes impliquées — votre professeur ou supérieur hiérarchique, vos collègues ou enfants, votre conjoint ou parent — à un moment critique. Jouez la scène dans votre tête avec autant de détails que possible. À mesure que vous « voyez » les événements se dérouler, imaginez que les choses ne se passent pas comme vous aimeriez : vous ne pouvez pas vous inscrire aux cours dont vous avez besoin pour obtenir votre diplôme, vous ne réussissez pas bien votre entretien d'embauche, votre enfant ramène à la maison un autre 0/20, ou votre parent refuse de prendre ses médicaments contre l'hypertension. Toutes sortes de personnes vous disent que les choses ne vont pas s'arranger : c'est tout simplement impossible. Quels sont les obstacles auxquels vous faites face ?

En utilisant la fiche des Solutions possibles à la page 173, élaborez au moins trois solutions possibles pour contourner les obstacles qui se sont dressés sur votre chemin. Par exemple, vous pourriez trouver d'autres moyens d'accéder aux cours nécessaires pour votre diplôme, surmonter votre entretien raté, aider votre enfant à avoir de meilleures notes, ou aider votre parent à être mieux pris en charge.

Maintenant, en bas de la feuille de travail, notez l'accessibilité relative de vos solutions possibles — selon si vous avez ou non les outils et l'énergie pour mener à bien chaque solution, et selon si vous seriez ou non à l'aise à l'idée de les mener à bien — entre « 1 » pour définitivement non et « 7 » pour définitivement oui. Si vous avez trouvé plus de sept solutions, choisissez votre top 7.

Regardez de nouveau. Parmi vos solutions possibles, entourez celles que vous avez déjà essayées. Si vous avez imaginé la situation, pensez à des situations réelles similaires dans lesquelles vous vous êtes déjà trouvée, et le genre de choses que vous avez tentées pour résoudre le problème. Parmi vos solutions possibles, lesquelles, en gros, ne vous sont jamais venues à l'esprit à l'époque ? Entourez-les.

Combien de solutions aviez-vous trouvées à la base? S'agissait-il d'idées qui vous étaient déjà venues à l'esprit par le passé? Si oui, vous pourriez avoir tendance à vous tourner vers des schémas familiers pour résoudre des problèmes, et vous pourriez donc travailler à développer votre créativité et flexibilité.

Ensuite, regardez encore une fois votre liste de solutions. Mettez de côté toutes les contraintes du monde réel — les outils, l'énergie, le niveau de confort — et réfléchissez au moyen le plus audacieux de contourner votre problème. Que pourriez-vous faire?

Réfléchir à des idées pour surmonter votre situation a-t-il été facile ou difficile? *En trouvant ces idées, vous êtes-vous sentie pleine d'*énergie et de plus en plus optimiste? Si oui, vous êtes vraiment douée pour voir les différents chemins qui peuvent mener à vos objectifs. Ou *vous êtes-vous surprise en train d'*écarter chaque solution possible, la jugeant trop difficile ou impossible? Dans ce cas, cette force doit être travaillée.

Comment vous êtes-vous sentie en vous imaginant mettre en œuvre une ou plusieurs de vos idées de solutions? *Pleine d'énergie et motivée?* Ou *effrayée et submergée*? Si vous avez l'habitude de vous sentir effrayée ou d'abandonner, c'est clairement une force qu'il faudra travailler. *Avez-vous trouvé amusant de chercher des solutions créatives, « en dehors des sentiers battus »* à votre problème? *Ou était-ce difficile et stressant?* Dans ce cas-là, c'est une force que vous pouvez améliorer.

SOLUTIONS POSSIBLES

Décrivez la situation difficile :

....

....

Réfléchissez aux actions possibles que vous pourriez entreprendre pour surmonter cette situation :

1.

2.

3.

Chemins « bonus » :

4.

5.

6.

7.

À quel point ces solutions sont-elles accessibles ?

Chemin	*J'ai les outils pour le faire* *Note entre 1 (non) et 7 (oui)*	*J'ai l'énergie pour le faire* *Note entre 1 (non) et 7 (oui)*	*Je suis à l'aise pour le faire* *Note entre 1 (non) et 7 (oui)*
1.			
2.			
3.			
4.			
5.			
6.			
7.			

Exercices pour renforcer votre capacité à trouver différents chemins pour atteindre vos objectifs

Les obstacles à nos objectifs peuvent ressembler à des monolithes — d'énormes blocs de pierre ou d'acier qui se dressent sur notre chemin. Nous pensons qu'il faut renverser le monolithe pour le franchir, et cela nous semble insurmontable. Mais la plupart des obstacles sont composés de petits éléments, exactement comme la montagne est faite de rochers individuels et de tas de terre. Pour franchir de tels obstacles, nous devons les décomposer en plus petites parties. Il est alors plus facile de voir comment supprimer ou contourner ces plus petits obstacles. Nous croyons parfois que nous n'avons pas l'éducation nécessaire pour accomplir certains objectifs, ou qu'il existe des problèmes énormes hors de notre contrôle et qui nous empêchent d'atteindre nos objectifs. Mais nous pouvons trouver des moyens incroyablement créatifs et ingénieux pour contourner les barrages les plus solides et immuables. Parfois, des barrages très réels — des limites physiques — se mettent en travers de notre chemin, par exemple une maladie chronique. Dans ces cas-là, la flexibilité mentale implique d'abord de prendre conscience de la nature du problème afin de trouver des moyens de le contourner.

Décomposition des obstacles

Vous pouvez commencer à décomposer les obstacles qui se dressent sur le chemin de vos objectifs en utilisant l'exercice de Décomposition des obstacles à la page suivante. Écrivez un objectif important pour vous et que vous avez du mal à atteindre. Puis, écrivez un obstacle majeur à cet objectif. Maintenant, en utilisant ce document de travail, notez cinq éléments qui composent cet obstacle — les plus petits rochers qui constituent la montagne de l'obstacle. Si vous avez du mal à déterminer ce que sont les éléments de cet obstacle, essayez l'astuce du « oui, mais… ». Imaginez que vous parlez de cet obstacle à une amie. Par exemple, que vous n'avez pas les moyens de terminer vos études supérieures. Puis, imaginez que votre amie vous donne un conseil, comme : « Prends un prêt étudiant. » Puis imaginez tous les « oui, mais… » qui découleraient de ce conseil, comme : « Ma banque ne fait plus de prêts étudiants » ou « Je ne suis pas sûre d'avoir droit à un prêt étudiant ». Ces réponses sont les composants de votre obstacle.

DÉCOMPOSITION DES OBSTACLES

Identifiez un objectif que vous avez du mal à atteindre :

....

Identifiez un obstacle majeur sur le chemin de cet objectif :

....

Les plus petits composants de cet obstacle	Les plus petites étapes à franchir
1.	1.
2.	2.
3.	3.
4.	4.
5.	5.

Puis, et c'est la partie la plus difficile, mais absolument essentielle, écrivez au moins une petite étape que vous pourriez franchir pour surmonter chaque composant de l'obstacle. Pour continuer avec l'exemple du prêt étudiant, vous pourriez essayer de devenir cliente dans une autre banque, une qui propose des prêts étudiants. Et vous pourriez déterminer le montant à rembourser que vous seriez prête à assumer, et le délai de remboursement possible.

Si vous faites le même exercice avec un obstacle qui se dresse sur le chemin d'un objectif important, vous vous apercevrez que les petites étapes pour surmonter les obstacles sont bien plus faciles à franchir quand vous restez motivée et gardez suffisamment confiance en vous.

Définition des objectifs

Parfois, le principal obstacle qui vous empêche d'atteindre votre objectif, c'est la manière même dont vous l'avez défini. Si Indra Nooyi, présidente-directrice générale de PepsiCo (mentionnée au chapitre 1), avait fait de la vente de chips Lay's et d'autres produits américains en Chine et en Inde son objectif, elle aurait pu échouer complètement. Mais son véritable objectif était de faire gagner de l'argent à son entreprise, et elle s'est rendu compte qu'elle allait devoir s'y prendre autrement dans d'autres pays. Cette flexibilité à définir ses objectifs a conduit Indra Nooyi à développer des variations de produits américains qui pourraient se vendre au sein de cultures différentes.

Notez que, dans cet exemple, les objectifs étaient vastes et reflétaient des valeurs fondamentales. Nooyi voulait faire gagner de l'argent à son entreprise. Cela aurait été plus simple si elle avait pu le faire en vendant des chips Lay's plutôt qu'en développant et en lançant de nouveaux produits, mais ce n'était pas son but ultime.

Si vous avez du mal à imaginer différents moyens d'accomplir votre objectif, prenez du recul et demandez-vous : « Qu'est-ce qui est vraiment important pour moi dans cette situation ? » Par exemple, si vous n'avez plus les moyens de financer vos études, ce qui compte pour vous peut être d'obtenir votre diplôme dans une université, même si ce n'est pas celle où vous êtes inscrite pour l'instant. Cette réflexion permet d'envisager un changement d'établissement, d'en choisir un moins cher pour finir vos études. Donc, dès le départ, il est important de prendre du recul et de vous demander ce que sont vos objectifs les plus importants.

Cela peut souvent vous aider à trouver de nouveaux chemins qui mèneront à ces objectifs.

Apprenez à vous concentrer sur l'accomplissement de la tâche

Force mentale n° 2

Les femmes se concentrent sur les objectifs. Elles s'appliquent à faire ce qui doit être fait, plutôt que d'imposer leur manière de faire.

Dans la partie précédente, je vous ai demandé de déterminer ce qui comptait vraiment pour vous dans une situation critique que vous vivez. La force mentale n° 2 pose la question directement associée : « Est-ce que ce qui compte le plus pour vous, c'est de faire les choses à votre façon ? » Une des raisons pour lesquelles une femme peut avoir tendance à insister pour que les choses soient faites à sa façon tout le temps, c'est parce qu'elle pense réellement que sa façon est la meilleure. Elle remarque les défauts dans les opinions et plans de tout le monde, et estime que sa façon de faire est la seule qui garantisse la réussite d'une tâche.

Même si cela peut être parfois vrai, accomplir une tâche parfaitement n'est que rarement l'unique objectif d'un projet. Il s'agit aussi de construire une équipe capable de travailler ensemble sur un ou des projets à venir. Si vous avez développé un produit qui marche, mais détruit la confiance et la coopération au sein de l'équipe, alors la réussite future de votre entreprise est menacée. Si vous avez organisé une collecte de fonds rentable pour votre association caritative, mais créé de tels conflits entre les bénévoles qu'aucun d'entre eux ne veut plus en faire partie, alors l'association en pâtira au bout du compte.

Outre l'esprit d'équipe, il faut aussi prendre en compte l'objectif de développement des compétences individuelles des membres de l'équipe. Si vous vous trouvez à un poste managérial dans votre entreprise, l'une de vos missions est de développer les compétences des salariés sous votre responsabilité. Quand ces employés progressent et participent sur le plan professionnel, votre entreprise profite de plus en plus de ressources pour alimenter sa réussite. Parfois, il peut s'agir de laisser un jeune employé mener un projet, même s'il est possible qu'il ne fasse pas aussi bien que vous ou qu'un collaborateur plus expérimenté.

Bella avait besoin d'apprendre cette vérité.

Bella, physicienne de 54 ans, a fondé une société de conseil aux entreprises d'ingénierie. Elle a embauché une demi-douzaine d'amis et de collègues, de physiciens et d'ingénieurs aux différentes compétences pointues, et a trouvé des clients grâce aux contacts qu'elle avait noués au cours de ses années de travail dans une grande entreprise. Bella gérait elle-même chaque nouveau projet, s'assurant qu'il était bien mené pour que son entreprise se forge une bonne réputation. En l'espace de quelques années, son entreprise était florissante, avec tellement de contrats que tout le monde travaillait quatre-vingts heures par semaine. Bella continuait toutefois de superviser tous les aspects de chaque projet, faisant clairement comprendre qu'elle avait le premier et le dernier mot en ce qui concernait la méthode d'exécution des tâches, ou la lecture des données.

Le premier employé à démissionner fut Jim, l'ingénieur le plus expérimenté. Il se plaignait depuis des mois auprès des autres collaborateurs de l'incapacité de Bella à déléguer son autorité ou à accepter l'avis des autres, même lorsqu'ils avaient plus d'expertise qu'elle sur le projet en particulier. La goutte d'eau qui a fait déborder le vase fut quand Bella a corrigé un rapport écrit par Jim pour l'un de leurs plus gros clients, proposant une interprétation des données que Jim jugeait inexacte. Quand Jim s'est défendu, elle lui a répondu qu'elle estimait que sa réécriture rendait le rapport plus accessible, et qu'il resterait ainsi. Jim a rangé ses affaires et a démissionné sans préavis. L'un des postes les plus stratégiques de l'entreprise n'était plus pourvu, et d'autres salariés, tout aussi lassés de l'emprise de Bella sur la gestion des projets, ont exprimé leur désaccord. Certains se sont mis en arrêt-maladie pour échapper à l'ambiance tendue du bureau. Les employés ont commencé à chercher activement du travail ailleurs. L'entreprise de Bella se désintégrait sous ses yeux, et elle a réussi à aggraver la situation : au lieu de remonter le moral des équipes en leur donnant plus de responsabilités et de liberté pour faire leur travail, elle a tenté de faire le travail de chacun elle-même.

Pour évaluer votre niveau en ce qui concerne la force mentale n° 2, faites l'exercice suivant. Lancez un nouveau projet qui implique d'autres personnes. Il peut s'agir d'un projet au travail, comme de réorganiser le système de classement que vous partagez avec des collègues, ou réfléchir à des idées pour une nouvelle campagne commerciale. Ou il peut s'agir d'un projet au sein de votre communauté, comme de collecter de l'argent pour améliorer un parc, ou lancer une pétition dans le quartier pour demander la pose d'un panneau Stop à une intersection dangereuse. Ou encore d'un projet à la maison, comme de travailler avec un membre de votre famille ou un colocataire pour planter un nouveau jardin ou trier les cartons à la cave. Ce projet peut prendre quelques jours ou quelques semaines, et il faut que ce soit quelque chose que vous souhaitez voir réalisé.

À mesure que vous avancez sur ce projet de groupe, et chaque jour où vous travaillez dessus, prenez des notes sur votre calendrier. *Vous surprenez-vous à écouter avec enthousiasme les idées des autres pour accomplir votre projet ? Ou êtes-vous frustrée qu'ils ne se rendent pas compte que votre idée est clairement la meilleure ? Travaillez-vous à une approche consensuelle du problème, ou les différends grandissent-ils entre vous et les autres ? Pourriez-vous mettre de côté vos propres idées si vous le deviez, et vous concentrer sur l'accomplissement du projet grâce aux idées des autres ?* Si ce qui vous vient à l'esprit, c'est : « J'ai raison. Pourquoi ne s'en rendent-ils pas compte ?! », alors votre force mentale n° 2 a besoin d'être musclée — même si vous avez *en effet* raison ! Pour des projets collectifs, vous avez plus de chances d'obtenir de meilleurs résultats si vous êtes capable de mettre de côté votre indignation, et de laisser les autres voir que leurs idées sont prises en compte et appréciées.

Si vous n'avez pas de projet actuellement, repensez à ceux réalisés par le passé, et qui ont exigé une coopération avec d'autres personnes. Essayez de réfléchir à une situation dans laquelle votre manière d'envisager le projet n'a finalement pas été celle choisie par le groupe. Par exemple, vous avez redécoré une pièce de la maison, et c'est votre partenaire ou colocataire qui a eu le dernier mot pour la couleur des murs ou le choix des meubles. Ou vous avez participé à un groupe de réflexion pour trouver de nouvelles niches pour les produits de votre entreprise, et votre directeur a préféré se concentrer sur une idée d'un de vos collègues. *Dans quelle mesure a-t-il été facile ou difficile pour vous de coopérer avec les autres ? À quel point a-t-il été facile d'accepter que votre idée ne soit pas retenue ? Y avait-il peu ou beaucoup de conflit entre vous et les personnes impliquées dans le projet ?* Utilisez ces questions pour évaluer si vous êtes douée ou non pour vous concentrer sur l'accomplissement d'une tâche, même si ce n'est pas comme vous l'auriez réalisée, ou si vous restez bloquée à vouloir que les gens comprennent que votre idée est clairement la meilleure.

Exercices pour renforcer votre capacité à vous concentrer sur l'accomplissement d'une tâche

Si vous n'êtes pas capable d'accepter la coopération et les idées des autres — dans votre travail, vos activités bénévoles ou votre vie personnelle —, il faut que vous preniez du recul et que vous vous demandiez si faire les choses à votre façon est l'objectif le plus important dans chaque cas. Par exemple, si vous êtes en conflit incessant avec vos enfants ou votre partenaire sur la tenue de la maison — comment les repas sont préparés, les chambres rangées ou les devoirs des enfants faits — arrêtez-vous et demandez-vous quels sont les objectifs les plus importants dans ces situations. Est-ce que le plus important, c'est vraiment que les spaghettis soient cuits exactement comme vous le feriez, ou est-il tout aussi important d'encourager votre conjoint à participer à la préparation des repas, même si le dîner n'est pas aussi parfait qu'il pourrait être ? Est-ce que le plus important, c'est vraiment que les chambres des enfants soient aussi propres et bien rangées que lorsque vous nettoyez et rangez le reste de la maison, ou est-il tout aussi important de leur apprendre à assumer leurs responsabilités en rangeant leur propre chambre, même si elle a toujours l'air en désordre après ?

Imaginez que vous êtes coopérative

Pour commencer à muscler votre force mentale n° 2, vous devez vous engager à être une personne qui développe les compétences des autres et des équipes en coopération, plutôt qu'une personne qui s'attache uniquement à faire les choses à sa façon. Bien sûr, c'est compliqué de se dire d'arrêter d'insister pour que les choses soient faites à notre manière. Cette habitude est souvent enracinée profondément chez ceux qui l'ont. Mais la visualisation positive peut vous aider à modifier cette habitude. Imaginez-vous dans une situation qui généralement vous incite à faire les choses à votre manière, qu'il s'agisse d'un projet au travail, ou de faire la cuisine ou le ménage à la maison. Puis imaginez, plutôt que de vous disputer ou râler pour que les choses soient faites à votre façon, que vous vous attachez aux personnes impliquées dans la situation — votre collègue, votre conjoint et vos enfants. Plutôt que de rester concentrée sur votre frustration, car ils sont incapables de voir que votre façon de faire est la meilleure, réfléchissez à ce qu'ils peuvent apporter ou apprendre dans cette situation. S'il s'agit d'une situation professionnelle, pensez aux aspects de l'avis ou de l'approche de votre collègue concernant un problème qui sont intéressants ou potentiellement utiles. Imaginez-vous en train de féliciter votre collègue pour ses idées, et de discuter de la manière dont elles pourraient être exploitées, ou intégrées aux vôtres, pour résoudre le problème. S'il s'agit d'une situation à la maison, pensez aux compétences ou aux bonnes habitudes que votre conjoint ou enfant pourrait développer en effectuant la tâche à sa manière, et non à la vôtre. Imaginez votre enfant tout heureux devant sa chambre tout juste rangée (quel que soit l'état réel de la pièce). Imaginez votre conjoint servant fièrement sa nouvelle recette de pâtes à toute la famille. Imaginez-vous en train de profiter de ces relations positives qui grandissent au sein de votre famille, et du soulagement de ne plus avoir à tout faire vous-même.

Imaginez que vous vous sentez sûre de vous

Parfois, vouloir faire les choses à sa façon ne découle pas d'une confiance en soi excessive, mais d'une profonde insécurité. Vous avez besoin de vous prouver à vous-même, autant qu'aux autres, que vous êtes intelligente, respectée et supérieure. Et, pour cela, vous insistez et imposez votre propre point de vue plutôt que de prendre du recul et de risquer qu'une autre personne récolte les lauriers.

Se concentrer sur l'accomplissement d'une tâche plutôt que se mettre soi-même en avant exige d'être vraiment sereine quant à ses capacités et la manière dont les autres nous perçoivent. Vous devez rester sur le côté, assurée que vos opinions et vous-même êtes considérés, tout en laissant les opinions d'une autre personne l'emporter. Si vous vous inquiétez de ce que les autres pensent de vous, ou si vous doutez de vos propres capacités lorsque votre avis est ignoré ou éclipsé par les autres, faites le choix catégorique d'apprécier à leur juste valeur vos opinions et compétences même si les autres ne reconnaissent pas leur mérite.

Vous pouvez choisir de ne pas écraser les autres pour obtenir du respect, mais au contraire de rester droite et de vous concentrer sur l'accomplissement de la tâche, même si les autres ne reconnaissent pas vos contributions à celle-ci. Utilisez les pouvoirs de votre imagerie positive pour vous imaginer continuer le travail plutôt que de rester obsédée par le fait de ne pas être reconnue pour vos idées. Cela peut être valorisant et libérateur. Si vous acceptez de lâcher prise, d'oublier vos préoccupations au sujet de l'opinion que les autres ont de votre rôle dans le projet, vous libérez votre puissance cérébrale et êtes plus susceptible de trouver des solutions plus créatives et inédites aux problèmes. Ironiquement, en refusant de vous inquiéter de ce que les autres pensent de vous, vous pourriez bien gagner beaucoup de respect de leur part.

Imaginez que vous avez de l'assurance

Si votre faiblesse, ce n'est pas que vous insistez pour faire les choses à votre façon ou pour qu'on vous attribue le mérite de vos idées, mais que vous flanchez et ne vous mettez pas assez en avant, alors utilisez à la fois l'imagerie positive et les petites étapes pour développer le bon équilibre de votre force mentale n° 2. Imaginez une situation dans laquelle vous trouvez difficile d'exprimer votre opinion, ou de vous attribuer le mérite de quelque chose. Vous vous entendez peut-être dire : « Peut-être que mon idée n'est pas si bonne que ça. » Ou vous êtes incapable de répliquer quand un collègue s'attribue le mérite de votre travail ou d'une idée que vous avez eue en premier. Maintenant, rembobinez ce scénario et dessinez une image positive de vous-même, en train d'exprimer votre opinion ou de revendiquer la propriété de l'idée ou du travail, directement et avec assurance. Voyez votre alter ego positif calme et assuré, et non timide ou en colère.

Maintenant, prenez une feuille de papier et mettez à l'écrit une situation qui, à votre avis, va se dérouler cette semaine, et dans laquelle votre schéma classique serait de céder aux idées des autres quand vous savez pourtant que les vôtres sont meilleures, ou de laisser quelqu'un s'attribuer tout le mérite de votre travail. Imaginez cette situation probable avec autant de détails que possible, mais insérez votre alter ego positif à la place de votre vous typique. Réfléchissez à ce que le vous positif dirait pour exprimer votre point de vue ou faire comprendre aux autres que vous méritez de la reconnaissance. Maintenant, faites un pacte avec vous-même : vous serez votre vous positif cette semaine quand la situation se présentera. Vous pourriez même rédiger un petit contrat avec vous-même, comme :

Quand la situation se produira cette semaine, je m'engage par la présente à exprimer mon opinion ou à m'attribuer le mérite de mes idées ou de mon travail, exactement comme mon moi positif le ferait.

Ensuite, plus tard dans la semaine, après que cette situation s'est présentée et que vous avez pu la gérer, évaluez comment vous vous en êtes tirée. Si vous avez été capable de mettre en avant l'image positive de vous-même, alors récompensez-vous ! Offrez-vous un cadeau simple, mais agréable — une crème glacée, un bouquet de fleurs, ou tout ce qui vous plaît. Savourez cette sensation de pouvoir que vous procure la réussite grâce à votre vous positif. Prenez conscience que personne ne vous a descendue en flèche pour avoir exprimé vos opinions ou revendiqué le mérite de votre travail. Faites un pacte avec vous-même pour agir dans la peau de votre vous positif *deux* fois la semaine prochaine.

Si vous n'avez pas été en mesure d'exprimer ce que le vous positif voulait dire, évaluez ce qui vous a retenue. Était-ce dû aux pensées contre-productives que vos idées ne sont pas bonnes, ou que vous n'avez pas le droit de revendiquer le mérite de votre travail ? Est-ce parce qu'un collègue qui se met en avant de manière agressive a dénigré vos idées ou s'est précipité pour revendiquer votre travail comme le sien ? Rejouez la situation dans votre tête, mais insérez-y le vous positif. Qu'est-ce que votre alter ego aurait fait de ces pensées contre-productives ? Il les aurait probablement rembarrées et envoyées paître. Ou il se serait simplement concentré sur ce qu'il voulait dire plutôt que de prêter la moindre attention à ses pensées négatives. Qu'est-ce que votre vous positif aurait fait de ce collègue agressif ? Peut-être se serait-il assuré que votre chef soit informé de son travail avant que ce collègue ne puisse prétendre que c'était le sien. Ou peut-être aurait-il interrompu ce collègue au moment où il s'attribuait tout le mérite, en disant quelque chose comme : « Merci, Tom, de faire part à Paul de mon idée. Mais je pense que c'est moi qui devrais lui en donner les détails. » Jouez ces scènes de votre vous positif qui parvient à gérer la situation à laquelle vous avez fait face cette semaine. Puis, signez un nouveau contrat déclarant que vous serez ce moi positif quand une situation similaire surviendra la semaine prochaine.

Apprenez à demander de l'aide en cas de besoin

Force mentale nº 3
Les femmes ont tendance à faire appel à l'aide, à l'expertise et à l'ingéniosité des autres plutôt que d'insister pour tout faire elles-mêmes.

La plupart des femmes se sentent plutôt à l'aise pour demander l'aide des autres dans certains domaines de leur vie. Quand je monte à bord d'un avion, je sais que je ne peux pas hisser ma valise au-dessus de ma tête pour la ranger dans le compartiment en hauteur, et je suis donc heureuse de demander de l'aide à une personne à côté et qui semble plus forte. Je sais que je suis incapable de réparer un ordinateur, et je suis donc heureuse de demander de l'aide à l'informaticien de mon entreprise.

Il y a deux situations, néanmoins, dans lesquelles les femmes ont souvent du mal à demander l'aide dont elles ont besoin. La première, c'est quand elles ne veulent pas gêner les autres ou s'imposer. Cela arrive souvent au travail. Par exemple, mon amie Maggie est cheffe de service, mais fait souvent des tâches qui incombent aux secrétaires, car ces dernières ont déjà l'air débordées et qu'elle ne veut pas en rajouter encore. C'est une situation dans laquelle l'immense empathie féminine envers les autres nous pousse à prendre trop sur nous, plutôt que d'insister pour avoir l'aide nécessaire.

Le deuxième domaine dans lequel nous avons parfois du mal à demander de l'aide est celui où nous prenons soin des autres. Les femmes sont censées être naturellement douées pour être mères ou pour s'occuper d'autres membres de la famille.

Parfois, malgré tous nos efforts, nous n'arrivons pas à prendre soin d'un être aimé entièrement toute seule. Par exemple, si votre fils ne parvient pas à contrôler sa colère et son agressivité envers les autres enfants malgré l'énorme travail que vous avez entrepris pour l'aider, il peut être utile de consulter un professionnel qui pourra aider votre enfant à se contrôler, et vous aider à apprendre de nouvelles compétences parentales. Si vous avez un parent atteint de la maladie d'Alzheimer, il est probable qu'à un moment, vous ne pourrez plus, ni physiquement ni émotionnellement, répondre à ses besoins de soin, et votre parent devra aller vivre dans une structure adaptée.

Certaines femmes ne sont simplement pas taillées pour ces rôles-là, et elles souffrent d'une grande culpabilité, jugées par les autres, car elles ne font pas ce que tout le monde estime naturel pour les femmes.

Kara voulait désespérément un enfant après avoir atteint un haut niveau dans sa carrière. Elle a convaincu son mari, Rick, que c'était le moment pour une grossesse, même si Rick n'était pas enthousiaste à cette idée et trouvait que leur vie sans enfants leur convenait parfaitement. Kara est tombée enceinte et a donné naissance à un petit garçon en bonne santé qu'elle a appelé Peter. Kara et Rick adoraient Peter, mais ils se sont vite sentis dépassés. Leur bébé ne dormait pas bien, se réveillait souvent la nuit, même quand il n'avait pas faim, et ne faisait pas de siestes pendant la journée. Rick est retourné au travail après seulement une semaine de congé, mais Kara est restée à la maison pour un congé de maternité prolongé. En plus de son manque de sommeil constant, Kara en avait marre d'être mère au foyer. Elle voulait ardemment retrouver la stimulation intellectuelle et sociale de son travail. Elle n'arrivait tout simplement pas à s'intéresser aux conversations avec d'autres mères ou aux activités quotidiennes avec Peter. Elle avait vraiment besoin d'aide, en particulier d'une assistante maternelle ou d'une place en crèche, pour pouvoir retourner au travail. Mais elle se sentait terriblement coupable de ne pas avoir trouvé le rôle de mère fondamentalement épanouissant, et cela l'a empêchée de chercher un mode de garde.

Pour évaluer votre force à demander de l'aide, vous pouvez utiliser la fiche de Demande d'aide et faire l'exercice suivant : analysez chaque rôle majeur de votre vie (épouse ou partenaire, parent, aidante, travailleuse, bénévole…) et demandez-vous : « Y a-t-il quoi que ce soit que je pourrais demander à quelqu'un d'autre de faire pour m'aider, et qui me simplifierait les choses dans ce rôle ? » Si la réponse honnête est non dans chaque rôle de votre vie : tant mieux pour vous ! Remarquez l'aide que vous obtenez des autres et félicitez-vous d'avoir demandé cette aide. Vous pourriez aussi réfléchir à comment montrer votre gratitude à ceux qui vous aident, et leur montrer à quel point ils sont importants dans votre vie.

S'il y a au moins un oui à la question de savoir si un peu d'aide pourrait vous simplifier la vie dans un domaine, écoutez le « mais… » qui pourrait suivre votre oui. Quels obstacles voyez-vous à votre recherche d'aide ? Parfois, ils sont financiers — vous n'avez pas les moyens de payer un mode de garde pour votre enfant ou votre parent âgé, par exemple. Ou est-ce plutôt que vous êtes réticente à l'idée de demander de l'aide parce que vous ne voulez pas vous imposer ou laisser les autres penser que vous n'y arrivez pas toute seule ? Notez les obstacles auxquels vous pensez, et qui vous empêchent de demander l'aide qui pourrait vous soulager. Nous les aborderons dans les exercices de la section suivante.

DEMANDE D'AIDE

Réfléchissez aux rôles suivants que vous avez. *Y a-t-il quoi que ce soit que je pourrais demander à quelqu'un d'autre de faire pour m'aider, et qui me simplifierait les choses dans ce rôle ?* Notez rapidement de quoi il pourrait s'agir.

Rôle	Pourrais-je avoir besoin d'aide ?	Quel genre d'aide ?
Épouse/ partenaire		
Parent		
Aidante		
Emploi ou carrière		
Bénévole		
Autre :		

Exercices pour développer votre capacité à demander de l'aide

Pour celles d'entre vous qui ne demandent pas l'aide dont elles ont besoin parce qu'elles ne veulent pas s'imposer, mon conseil serait de « le faire quand même ». Vous devez vous forcer à demander de l'aide, d'abord minime, puis de plus en plus considérable. En faisant cela, vous découvrirez que les conséquences ne sont pas aussi horribles que vous l'imaginiez.

Les gens ne vont pas vous hurler dessus. Même s'ils s'énervent contre vous, vous ne tomberez pas en morceaux ni ne vous dissoudrez dans une flaque de boue. Et vous vous apercevrez qu'il peut y avoir des avantages formidables à recevoir l'aide nécessaire. Les choses que vous n'arrivez pas à faire seule sont accomplies. Vous ressentez un profond sentiment de soulagement. Vous créez des relations avec les autres mutuellement utiles.

Mon amie Maggie, la cheffe de service qui ne voulait même pas imposer à ses équipes la moindre tâche administrative et qui se surchargeait donc de travail, a finalement dû se résoudre à demander de l'aide. Son service a été audité par le siège de l'entreprise, et les résultats devaient déterminer si le service devait recevoir de nouvelles ressources pour s'agrandir, ou s'il serait progressivement fermé. Il a fallu rassembler des rapports longs et détaillés décrivant le fonctionnement et la productivité du service, et Maggie n'a tout simplement pas pu recueillir toute l'information nécessaire toute seule. Hésitante, elle s'est adressée à la directrice administrative, Tammy, craignant que celle-ci lui réponde que son équipe et elle n'avaient pas le temps de recueillir l'information dont Maggie avait besoin. Mais, au contraire, Tammy a été soulagée que Maggie ne veuille pas faire le rapport toute seule, car l'avenir de Tammy et des salariés dépendait du résultat de cet audit. Tammy et Maggie ont travaillé ensemble pour déterminer quelles tâches habituelles des secrétaires pourraient être réduites jusqu'à la fin du rapport afin qu'elles puissent aider à rassembler les données. Au cours de leur collaboration pour rédiger ce rapport, Tammy et Maggie en sont venues à une redistribution rationalisée du travail parmi le personnel, ce qui a réduit la charge de chacun. Elles ont également établi comment les équipes pouvaient endosser certaines des tâches que Maggie avait l'habitude de gérer, afin qu'elle puisse consacrer son énergie à des tâches qu'elle seule pouvait accomplir.

Demande de l'aide

Si vous avez rempli la fiche de Demande d'aide page 189 et identifié comment les autres pourraient vous aider, essayez l'exercice suivant. Choisissez le type d'aide qui vous serait le moins effrayant de demander, puis faites un contrat avec vous-même de le demander cette semaine. Par exemple, si vous avez besoin de quelqu'un pour aller chercher votre enfant à l'école le mardi, quand vous avez souvent une réunion de service qui s'éternise, pensez à la personne la moins effrayante à qui demander ce service — votre conjoint, votre père ou votre mère, peut-être un voisin avec un enfant dans la même école. Puis passez un contrat avec vous-même de le demander à cette personne. Dans votre agenda, notez quelque chose comme :

Samedi 4 septembre, demander à Linda, la voisine, de ramener Julie de l'école mardi prochain quand elle va chercher son fils.

Puis remplissez ce contrat avec vous-même. Indépendamment du résultat, récompensez-vous d'avoir mené à bien votre projet. Offrez-vous un sandwich au homard. Prenez une longue douche. Faites quelque chose pour vous féliciter d'avoir osé demander.

Il y a de grandes chances pour que votre demande d'aide soit positivement accueillie. Linda a été heureuse de ramener Julie mardi, et vous a dit qu'elle pourrait le faire tous les mardis. Savourez le soulagement que vous ressentez alors. Concentrez-vous sur le fait que ce n'était finalement pas si dur de demander, a posteriori. Remarquez que Linda ne s'est pas sentie forcée, après tout.

Si votre demande d'aide ne s'est pas bien passée (peut-être que Linda était contrariée et a répondu qu'elle n'avait pas le temps de ramener Julie), récompensez-vous quand même d'avoir demandé. Remarquez aussi comme vous ne vous êtes pas écroulée quand Linda a dit non. Et, surtout, déterminez qui sera la personne suivante la moins effrayante à qui demander de l'aide, et engagez-vous à lui demander. Ne reculez pas, et ne pensez pas que vous forcez vraiment les gens à vous aider. Au contraire, dites-vous que vous avez besoin d'aide et que c'est normal de demander, puis engagez-vous envers vous-même à poursuivre en ce sens.

De la même manière, vous pouvez progressivement aborder les différents types d'aides dont vous avez besoin et que vous avez identifiés sur votre fiche de Demande d'aide. Choisissez un type d'aide, en commençant par le moins effrayant. Décidez qui serait la meilleure personne à qui demander, et ce que vous souhaitez lui demander exactement. Signez un contrat moral avec vous-même de lui demander à un moment et à un endroit précis. Récompensez-vous d'avoir demandé, et savourez les conséquences positives quand elles surviennent.

Apprenez à être optimiste

Force mentale n° 4

Les femmes ne disent jamais « jamais » — elles restent optimistes et croient que les obstacles peuvent être surmontés.

Revenez un instant à l'objectif important auquel vous pensiez quand vous avez fait les exercices pour évaluer votre capacité à trouver différents chemins pour atteindre vos objectifs, des pages 174 à 177. Une nouvelle fois, jouez la scène dans votre tête avec autant de détails que possible, en imaginant que les choses ne se déroulent pas comme vous le souhaiteriez. Vous vous sentez découragée, et les gens vous disent que ça ne va pas bien se terminer. *Cédez-vous au découragement, jusqu'à penser qu'il n'y a plus d'espoir ? Ou mettez-vous ce découragement de côté et restez-vous optimiste malgré les revers ?* Les femmes qui font preuve d'un optimisme solide décident de poursuivre leurs objectifs et de garder espoir malgré la difficulté d'une situation, ou le pessimisme d'autres personnes. Les femmes qui font preuve d'un optimisme fragile sont submergées par les obstacles sur leur chemin et abandonnent leur objectif, même si les autres les encouragent à persévérer.

Exercices pour renforcer l'optimisme

L'optimisme est un trait de personnalité — certaines personnes naissent probablement plus optimistes que d'autres —, mais l'optimisme est aussi un choix. Vous avez entendu les histoires des prisonniers de camps de concentration nazis pendant l'Holocauste, qui sont restés optimistes, croyant qu'ils survivraient et seraient libérés, même si tout indiquait le contraire. Qu'ils aient ou non réussi à fuir les camps, leur volonté féroce à garder l'espoir vivant a été une force vitale pour eux-mêmes et pour beaucoup d'autres prisonniers. Viktor Frankl, torturé et affamé dans un camp de concentration, et qui a perdu son père, sa mère, son frère et sa femme, a écrit : « On peut tout enlever à un homme, sauf une chose, la dernière des libertés humaines : celle de décider de sa conduite, quelles que soient les circonstances dans lesquelles il se trouve. »

Reconnaissance des pensées négatives

Les ennemies les plus puissantes de l'optimisme sont ces pensées négatives qui jouent parfois dans nos esprits, comme une radio en arrière-plan. Nous ne remarquons qu'à peine leur présence, mais elles exercent une forte influence sur nos sentiments et comportements. Ces pensées peuvent être défaitistes, comme : « Je ne peux pas faire cela » ou « Rien de bon ne m'arrive jamais ». Il peut s'agir de pensées négatives concernant d'autres personnes : « Il ne changera jamais » ou « Le système est monté contre moi ». Quels qu'en soient les détails, elles nous vident de tout espoir, énergie et créativité nécessaires pour envisager une solution aux problèmes.

Pour évaluer votre niveau d'optimisme, je vous ai demandé d'imaginer une situation dans laquelle vous vous sentiez vraiment découragée et désespérée. À mesure que vous assistez aux événements dans votre esprit, mettez-vous à l'écoute des pensées qui jouent en fond, comme si vous faisiez attention à la radio en arrière-plan. Qu'entendez-vous ? Entendez-vous des pensées défaitistes telles que « Tu ne le mérites pas » ou « Ça ne marchera jamais » ? Écrivez chacune des pensées que vous entendez dans votre tête, sur des cartes séparées. Utilisez autant de cartes que nécessaire, et essayez de capturer toutes ces pensées.

Triomphez des pensées négatives

Une fois que vous avez votre propre paquet de cartes de pensées négatives, vous pouvez en faire plusieurs choses. La première, c'est de *les détruire*. Brûlez-les. Passez-les dans le broyeur. Laissez votre chien les manger. Quelle que soit la technique utilisée, pendant que vous le faites, dites-vous bien que vous détruisez ces pensées. Elles n'existeront plus. Elles n'auront plus de prise sur vos sentiments et actions. En détruisant ces cartes, vous détruisez tout leur contenu négatif.

Une autre solution consiste à les enfermer. Attachez les cartes avec un élastique ou un trombone, et rangez-les dans un tiroir ou placard où vous ne les verrez pas au quotidien. En faisant cela, dites-vous : « Je sais que ces pensées existent toujours, mais je les ai bannies à un endroit où elles ne peuvent continuer à m'influencer. » L'avantage de ranger ces pensées plutôt que de les détruire, c'est que vous gardez la possibilité de les ressortir et de les relire un jour. Si vous avez été capable de fonctionner quelque temps sans qu'elles vous influencent, les relire vous confirmera à quel point c'était important de les bannir.

Une troisième option serait de prendre les cartes une par une et de trouver une contre-affirmation à la pensée négative écrite sur la carte. Cette contre-affirmation peut réfuter votre pensée négative.

S'il vous est difficile de trouver des contre-affirmations à vos pensées négatives, demandez l'aide d'une personne de confiance qui est plutôt optimiste. Une fois que vous avez des contre-affirmations pour chacune de vos pensées négatives, posez les cartes à un endroit où vous pourrez les consulter facilement — votre table de chevet, la boîte à gants de la voiture, un tiroir de votre bureau — et relisez-les quand vous vous sentez découragée.

Imaginez une version optimiste de vous-même

Si les exercices avec les cartes ne vous disent rien ou que vous souhaitez juste essayer autre chose, voici une bonne idée. Repensez à la situation décourageante que vous imaginiez. Cette fois, en revanche, pensez à la manière dont vous réagiriez *si vous étiez optimiste*. Pour cela, utilisez votre imagination pour vous transformer en une personne optimiste à mesure que vous vous voyez agir, converser avec les autres et réagir aux événements. N'imaginez pas simplement que le problème disparaisse — par exemple, qu'on vous offre un emploi sur un plateau. Imaginez que vous faites face à tous les obstacles décourageants que vous affrontez réellement, mais au lieu de vous voir réagir avec pessimisme, mettez la réalité en suspens et imaginez à quoi vous ressembleriez si vous étiez optimiste. Maintenant, écrivez à quoi vous ressemblez sur la fiche Une image de votre vous optimiste. Comment agiriez-vous, quels choix feriez-vous, à qui parleriez-vous, à qui éviteriez-vous de parler, que vous diriez-vous à vous-même ? Et comment vous sentez-vous ? Sûrement soulagée, remplie d'énergie et d'un sentiment de puissance.

UNE IMAGE DE VOTRE VOUS OPTIMISTE

Alors que vous réfléchissez à une situation décourageante, imaginez-vous réagir comme si vous étiez optimiste quant à l'issue de la situation. Jouez le scénario dans votre tête avec autant de détails que possible. Une fois que vous avez une image de votre « vous optimiste », répondez aux questions suivantes.

1. **Comment agiriez-vous ? Que feriez-vous en premier, puis ensuite, et encore après ? Soyez aussi précise que possible.**

....

2. **Quels choix feriez-vous ?**

....

3. **Avec qui choisiriez-vous d'interagir ? Y a-t-il quelqu'un que vous éviteriez, peut-être parce que cette personne est source de découragement ?**

....

4. **Que vous diriez-vous à vous-même pour rester optimiste ?**

....

Cette image de votre vous optimiste peut être vraiment motivante. Vous pouvez ressortir cette description de cette version optimiste de vous-même quand vous vous sentez découragée. Faire apparaître ce vous optimiste peut aussi vous donner des idées, pour trouver quelles contre-affirmations utiliser pour réfuter les pensées négatives qui nourrissent votre pessimisme. Enfin, voir cette version optimiste de vous-même en action peut vous donner des idées concrètes pour surmonter la situation décourageante dans laquelle vous vous trouvez.

Renforcement de l'auto-efficacité en décomposant les obstacles

Souvenez-vous de ce que j'ai expliqué au chapitre 1 : l'auto-efficacité, c'est-à-dire la conviction qu'on peut faire tout ce qu'il faut pour atteindre ses objectifs, est la colonne vertébrale de l'optimisme. Albert Bandura, le psychologue de Stanford qui a développé la théorie de l'auto-efficacité, estime que le meilleur moyen de renforcer l'auto-efficacité est de donner aux gens les compétences pour résoudre leurs problèmes. En retour, le meilleur moyen pour les gens de résoudre leurs problèmes est d'apprendre à décomposer les obstacles qui les séparent des solutions afin qu'ils puissent franchir de petites étapes pour les surmonter.

Ainsi, si vous avez besoin de renforcer votre auto-efficacité et votre optimisme, un moyen formidable consiste à utiliser les exercices de Décomposition des obstacles, vu plus haut dans ce chapitre. En choisissant un problème inextricable et visiblement sans espoir, et en décomposant les obstacles à la résolution de ce problème en petits éléments qui paraissent surmontables, puis en trouvant les petites étapes à franchir pour les surmonter, vous vous sentirez plus optimiste et confiante dans votre capacité à gérer des situations difficiles.

VOTRE GUIDE PRATIQUE

Dans le tableau ci-dessous, j'ai résumé toutes les activités d'évaluation et des exercices pour développer vos forces mentales. Vous pouvez utiliser ce tableau pour vous rappeler comment vous allez et comment stimuler votre force de temps en temps.

DÉVELOPPER SES FORCES MENTALES

Force spécifique	Activités d'évaluation	Exercices de renforcement
Force mentale n° 1 : Trouver de nombreux moyens d'accomplir ses objectifs.	Imaginez plusieurs solutions ou moyens possibles pour contourner les obstacles à vos objectifs, et qui vous découragent. À quel point était-ce facile ou difficile ?	**Exercice de décomposition des obstacles** (page 174) Décomposez l'obstacle en petits éléments, puis réfléchissez aux petites actions que vous pourriez entreprendre pour surmonter ces petites parties de l'obstacle. **Exercice de définition des objectifs** (page 176) Assurez-vous que votre objectif reflète ce qui est vraiment important pour vous.
Force mentale n° 2 : Se concentrer sur l'accomplissement de la tâche	Commencez un projet qui nécessite la coopération des autres. À quel point était-ce facile ou difficile de vous ranger aux idées des autres pour accomplir le projet ? Repensez aux projets réalisés avec d'autres personnes par le passé. À quel point était-ce facile ou difficile de coopérer avec eux et de vous ranger à leur manière de faire ?	**Imaginez que vous êtes coopérative** (page 182) Concentrez-vous sur une situation qui vous frustre parce que les choses ne se passent pas à votre manière. Imaginez des moyens de vous concentrer sur l'esprit d'équipe ou le renforcement des compétences collectives plutôt que sur l'imposition de votre vision des choses. **Exercice Imaginez que vous êtes sûre de vous** (page 183) Faites le choix conscient de ne pas vous préoccuper de ce que les autres pensent, et concentrez-vous uniquement sur l'accomplissement de la tâche. **Exercice Imaginez que vous avez de l'assurance** (page 184) Si vous ne vous attribuez pas assez le mérite de votre travail ou de vos idées, imaginez votre vous positif le faire dans une situation difficile, puis faites un pacte avec vous-même pour continuer avec cette manière positive d'agir.

Force spécifique	Activités d'évaluation	Exercices de renforcement
Force mentale n° 3 : Demander de l'aide en cas de besoin.	Passez en revue tous vos rôles majeurs et demandez-vous : « Y a-t-il quoi que ce soit que je pourrais demander à quelqu'un d'autre de faire pour m'aider, et qui me simplifierait les choses dans ce rôle ? » Notez les obstacles que vous voyez à votre demande d'aide.	**Exercice de demande d'aide** (page 191) Choisissez le type d'aide qui serait le moins effrayant à demander, puis engagez-vous avec vous-même à demander ce type d'aide cette semaine. Maintenez ce contrat envers vous-même. Indépendamment de la manière dont les choses se passent, récompensez-vous d'être allée au bout. Puis recommencez depuis le début avec un autre type d'aide, en progressant à partir de la requête la moins effrayante, jusqu'à la plus effrayante.
Force mentale n° 4 : Être optimiste.	Imaginez que vous poursuivez un objectif important, mais que vous rencontrez des obstacles. À quel point seriez-vous optimiste, ou au contraire découragée ?	**Exercice de reconnaissance des pensées négatives** (page 193) Tout en vous imaginant en train de gérer un objectif difficile, mettez-vous à l'écoute des pensées négatives qui nourrissent votre découragement et écrivez-les sur des cartes. **Exercice pour triompher des pensées négatives** (page 194) Prenez les cartes de pensées négatives et (a) détruisez-les ; (b) rangez-les quelque part ; ou (c) trouvez des contre-affirmations pour chacune d'entre elles. →

Force spécifique	Activités d'évaluation	Exercices de renforcement
		Exercice Imaginez une version optimiste de vous-même (page 195) Imaginez comment vous réagiriez à une situation décourageante si vous étiez optimiste. Décrivez en détail ce à quoi vous ressembleriez. **Exercice de renforcement de l'auto-efficacité en décomposant les obstacles** (page 197) Utilisez l'exercice de Décomposition des obstacles page 174 pour commencer à résoudre un problème désespéré et renforcer votre auto-efficacité.

Chapitre 7

Multiplier l'adaptabilité : développez vos forces identitaires

Vos forces identitaires englobent la manière dont vous vous voyez dans le monde, et ce que vous appréciez et valorisez chez vous. Si votre sens de soi est déjà fort, alors les activités d'évaluation de ce chapitre vous aideront à mobiliser pleinement vos valeurs et à endosser complètement vos rôles. Vous vous concentrerez sur la création d'une image nette de qui vous êtes et de ce que vous voulez faire dans la vie. Si votre sens de soi a besoin d'être davantage développé, ces évaluations vous montreront les domaines dans lesquels vous pouvez vous renforcer. Je ne vais pas vous mentir : mettre le doigt sur vos faiblesses identitaires peut être douloureux. Mais chaque évaluation est suivie d'exercices qui vous permettront de développer ces forces, afin que vous puissiez vous tenir bien droite, riche d'un sens de soi profond, solide et positif, qui saura s'adapter aux différents rôles et circonstances de votre vie.

Apprenez à développer un sens de soi adaptable, mais stable

Force identitaire n° 1

Les femmes ont un sens de soi profond qui est stable, mais adaptable selon les situations.

Nos talents et intérêts constituent une grande partie de notre identité, et si nous avons de la chance, notre travail, nos activités bénévoles et nos loisirs reflètent ces talents et intérêts. J'aime faire de la recherche, écrire et enseigner, et donc mon identité inclut d'être une scientifique, une autrice et une professeure.

Pensez à votre travail, ou si vous ne travaillez pas, à votre rôle de bénévole, en association ou pour la paroisse, ou même aux loisirs et aux sports qui comptent pour vous. Réfléchissez à vos talents et intérêts, et placez-les sur le schéma ci-contre, fiche de Définition de votre essence, plus près de votre « essence » si vous estimez que l'activité est essentielle à la manière dont vous vous identifiez, et plus loin si vous pensez que l'activité est moins importante. (Il vaut mieux utiliser un crayon à papier pour cette évaluation.)

DÉFINITION DE VOTRE ESSENCE

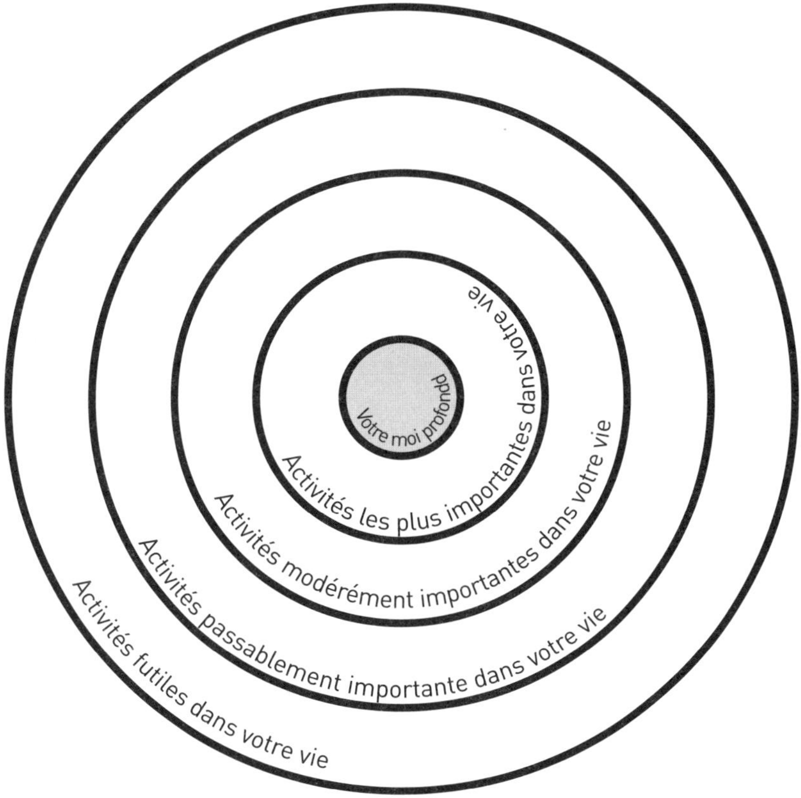

Gardez à l'esprit que les talents et intérêts que vous considérez comme faisant partie de votre identité évoluent avec le temps. Y a-t-il des activités qui comptaient pour beaucoup dans votre identité par le passé, qui n'en font plus partie — mais que vous aimeriez retrouver ? Y en a-t-il qui ont surgi seulement récemment, mais qui semblent prendre toute la place ? Dessinez des flèches pour indiquer là où vous aimeriez que se trouvent les activités, par rapport à leur place réelle dans votre vie.

Puis, pensez à l'activité qui est la plus importante pour vous, c'est-à-dire celle qui est la plus proche de votre essence. Regardez la fiche de Définition de votre essence et supprimez tout sauf cette activité du cercle central qui entoure votre essence. Souvenez-vous de quelques moments où vous avez été particulièrement fière de vos réussites et talents dans cette activité.

Maintenant, imaginez que cette activité disparaît de votre vie. S'il s'agit de votre travail, imaginez que vous soyez licenciée, ou que l'entreprise mette la clé sous la porte. Si cette activité consiste à gérer la logistique de l'équipe de football de vos enfants, imaginez que vous déménagiez dans une nouvelle ville, et que les parents des autres membres de l'équipe ne vous laissent pas de place pour participer. Si l'activité est une mission bénévole pour la vente aux enchères paroissiale, imaginez que votre emploi du temps ne vous permette pas de rencontrer les autres responsables paroissiaux, et que vous deviez quitter le groupe. Quelle que soit cette activité, pensez à une raison pour laquelle vous ne seriez plus en mesure d'accomplir ce travail qui a du sens pour vous. *Que ressentiriez-vous si vous ne pouviez plus faire ce travail ? Comment définiriez-vous ce que vous faites dans la vie ? Qu'est-ce qui vous procurerait de l'estime de soi ? Pourriez-vous imaginer un changement de poste, même pour un statut inférieur, du moment que vous continuiez à utiliser vos talents et à explorer vos intérêts ? Ou vous sentiriez-vous perdue, à la dérive, vide, et même honteuse ?*

Si vous avez du mal à imaginer comment vous pourriez vous exprimer si cette activité disparaissait soudainement, alors la force identitaire n° 1 doit être développée. Si vous estimez que votre sens de soi profond s'écroulerait si vous perdiez votre emploi, si vous deviez déménager, etc., alors vous devez travailler à démêler cette image de vous-même de votre estime de soi dans des tâches ou lieux particuliers. Qui vous êtes est ancré profondément en vous, pas sur un lieu de travail, ni dans un certain lieu. Vous devez découvrir ce sens de soi indépendant, afin que votre identité ne soit pas abandonnée à la merci des circonstances extérieures.

Exercices pour développer une identité profonde forte et adaptable

Pour développer votre force identitaire n° 1, revenez à la fiche de Définition de votre essence. Quel endroit, rôle ou activité est le plus intimement lié à votre essence profonde ? Si c'est votre emploi, écrivez « emploi » en haut de la fiche Sens de soi à la page suivante. S'il s'agit de vivre dans votre ville actuelle, écrivez cela, et ainsi de suite. Maintenant, notez quelles valeurs profondes et quels intérêts sont exprimés ou cultivés dans cet endroit, activité ou rôle de votre vie. Quels talents exercez-vous, quels intérêts poursuivez-vous, et quelles valeurs sont exprimées au travers de votre emploi, de votre engagement bénévole, etc. ?

Imaginez un soi adaptable

Prenez quelques instants pour imaginer et trouver au moins une idée pour exprimer vos talents, intérêts et valeurs d'une autre façon. Il pourrait s'agir d'une carrière ou d'une activité bénévole différente. Ce pourrait être dans un rôle complètement différent, en tant que parent ou enfant. Vous devriez essayer de garder l'esprit le plus ouvert et créatif possible. L'objectif n'est pas de trouver un emploi ou une situation identique qui fait appel à vos compétences de la même manière. Il s'agit plutôt de trouver des occasions d'exprimer qui vous êtes et ce que vous aimez différentes de ce que vous faites actuellement.

SENS DE SOI

Quel endroit ou rôle est le plus intimement lié à votre sens profond de soi ?

....

....

....

Listez les talents, intérêts, ou valeurs profondes que vous exprimez et exercez dans ce rôle.

....

....

....

Imaginez comment vous pourriez exprimer chacun de ces talents, intérêts et valeurs profondes dans un autre rôle ou situation. Trouvez au moins une idée.

....

....

....

Vous pouvez découvrir différentes façons d'utiliser vos talents et de faire grandir vos intérêts, en plus des actuelles. Reconnaître que vous pouvez vous adapter à de nouvelles circonstances sans perdre votre essence profonde peut être très rassurant — vous n'avez pas à craindre autant le changement. Cela peut aussi vous aider à poser des limites raisonnables à ce que vous acceptez de faire pour garder votre situation actuelle, et pour trouver le courage de faire des changements difficiles dans votre vie.

Vous pourriez vous rendre compte qu'en vous définissant en fonction de vos valeurs profondes et de vos intérêts plutôt que d'un poste ou d'un lieu particulier, vous êtes libre d'apporter des changements significatifs à votre vie qui exprimeront mieux votre essence fondamentale.

Apprenez à vous voir en lien avec les autres

Force identitaire n° 2
Les femmes se définissent elles-mêmes en fonction de leurs liens sociaux.

Les problèmes des femmes avec la force identitaire n° 2 ont tendance à venir du fait qu'elles l'exercent trop, plutôt que trop peu. Autrement dit, certaines femmes se définissent tellement en lien avec les autres qu'elles n'ont pas d'identité séparée en dehors de ces relations. Elles sont littéralement perdues sans leur identité d'épouse, de mère, ou de fille. Mais afin de prendre conscience de leur valeur — et de leur pouvoir — à part entière en tant que femmes, elles doivent être capables d'entretenir une identité sociale sans laisser leur soi profond dans l'ombre.

Une étude menée par les psychologues Geraldine Downey, de l'université de Columbia, et Vicki Helgeson, de Carnegie-Mellon, montre qu'une identité excessivement sociale pousse les femmes à être hypervigilantes devant les signes de problèmes dans leurs relations, à surinterpréter les conflits avec les autres comme des signes certains de leur abandon prochain, et à négliger leurs propres besoins dans l'intérêt de leurs relations. Mes propres recherches ont montré que les femmes avec une identité sociale excessive sombrent dans une rumination obsessive au sujet de chaque minuscule facette de leurs relations : « Que signifie son énervement au petit déjeuner ce matin ? », « Je n'arrive pas à croire que je lui ai dit un truc aussi stupide. Elle doit penser que je suis une idiote ! », « Que ferais-je s'il me quitte ? ». Cette rumination s'intensifie et grandit jusqu'à devenir une tornade, balayant les sentiments d'une femme, ses pensées rationnelles, et sa capacité à trouver de bonnes solutions à ses problèmes.

Une identité excessivement sociale pousse aussi une femme à chercher auprès des autres l'assurance que leur relation va bien, que l'autre personne n'est pas en colère ou frustrée envers elle, ou que l'autre personne sera toujours là. Au travail, les femmes qui cherchent excessivement à être rassurées peuvent demander constamment des retours sur leurs performances : « Penses-tu vraiment que je m'en suis bien sortie ? Tu ne dis pas ça juste pour être sympa, n'est-ce pas ? » Selon les travaux du psychologue Thomas Joiner, de l'université de Floride, une telle recherche de réconfort peut devenir agaçante et rendre les autres irritables. « Que veux-tu dire par "Est-ce que tu m'aimes vraiment ?" Combien de fois dois-je te le dire pour que tu me croies ?! » ou : « Pour l'amour du ciel, je t'ai dit que tu t'en étais bien sortie ! Retourne bosser maintenant ! »

Malheureusement, la femme insécurisée dans ses relations ne verra dans cet agacement qu'une preuve que l'autre personne ne l'aime pas, ou qu'elle ne s'en est pas bien sortie, ce qui peut la pousser à chercher encore plus de réassurance, et le cercle vicieux de la tension et du conflit s'intensifie.

Sans surprise, les femmes qui ont une identité excessivement sociale sont plus sujettes à l'anxiété et à la dépression que celles à l'identité sociale plus modérée. Les femmes qui sont excessivement dans la relation ont une estime de soi plus faible, ont moins l'impression de contrôler leur vie, et sont moins optimistes. Penser à soi-même uniquement en termes de relations aux autres peut même être néfaste pour sa santé physique. La psychologue Vicki Helgeson a découvert que les femmes récemment diagnostiquées d'un cancer du sein montraient un fonctionnement physique amoindri pendant trois mois si elles avaient une identité excessivement sociale. Ces femmes ne prenaient pas soin d'elles correctement, ne suivaient pas les conseils des médecins concernant l'activité physique, le sommeil et l'alimentation, et souffraient d'une image corporelle moins bonne, et qui s'aggravait après le diagnostic.

Pour cette raison, évaluer comment vous vous voyez en relation aux autres peut être assez perturbant. Avant de commencer les exercices qui suivent, étudiez votre état d'esprit. Vous sentez-vous submergée et stressée, ou calme et sereine ? Si vous êtes stressée, tournez la page et passez à un autre exercice pour l'instant. Si vous êtes sereine, laissez-vous quelques minutes pour vous installer dans un endroit calme, où vous serez à l'aise et dans une ambiance cosy, et où vous ne serez pas interrompue — surtout par les personnes à qui vous pourriez penser au moment d'envisager votre identité personnelle.

Une fois que vous êtes bien installée, pensez à vos relations les plus proches, avec votre époux ou partenaire, vos enfants, vos parents et frères et sœurs, vos meilleurs amis, vos collègues. Maintenant, Dieu vous garde, imaginez que la relation la plus importante disparaisse. Vous n'êtes plus la femme ou la compagne, la mère, la fille, la meilleure amie d'une personne qui est fondamentale à votre identité profonde. Le collègue avec qui vous passez tout votre temps déménage. Vous seriez bien sûr très triste, mais seriez-vous capable d'avancer et de reconstruire votre vie sans cette personne ? Ou seriez-vous si dévastée que vous ne pourriez pas avancer, ou ne voudriez pas avancer ? Quand elles perdent une relation proche, de nombreuses personnes disent que c'est comme si une partie d'elles-mêmes était morte, mais vous sentiriez-vous complètement vide sans cette relation ? Si oui, vous vous définissez peut-être tellement en fonction de cette relation que vous êtes dans une situation risquée, et que vous avez besoin d'adopter une perspective plus saine à cet égard.

Exercices pour développer une identité sociale saine

Vous définir en fonction de vos relations aux autres ne vous rend pas seulement vulnérable dans l'hypothèse où ces relations se termineraient, mais peut aussi être véritablement néfaste pour ces relations, et les personnes que vous aimez. Quand votre propre estime de soi est liée à l'identité de votre mari et à quel point il vous aime, ou au succès et au dévouement de vos enfants, vous risquez de devenir obsédée par le contrôle, ou excessivement dépendante. Ce sens de soi pourrait étouffer les personnes qui vous entourent, ou susciter du ressentiment, et nuire à votre relation.

Vanessa a pratiquement vécu sa vie au travers de ses deux enfants qui, dès leur plus jeune âge, se sont révélés des élèves et des athlètes exceptionnels. Vanessa a été complètement absorbée par leur succès et ne supportait aucun résultat imparfait. Elle restait sur le bord du terrain pendant les matchs de foot de son fils et lui criait de courir comme-ci, de frapper le ballon comme ça. Les enseignants et les entraîneurs de ses enfants ont commencé à lui reprocher sa terrible ingérence, en ce qu'elle contrôlait ses enfants comme des marionnettes. Lorsque les enfants de Vanessa sont devenus adolescents, ils éprouvaient un profond ressentiment à l'égard de son autorité. Sa fille a arrêté toutes ses activités extrascolaires, a laissé ses notes baisser et a commencé à traîner avec des jeunes qui se définissaient par leur attitude rebelle, de leurs vêtements gothiques à leurs habitudes de sortir en douce le soir. Son fils a continué d'être un athlète de haut niveau à l'école, mais il a commencé à consommer des stéroïdes dans une tentative désespérée d'être à la hauteur des attentes de sa mère. Finalement, il a été contrôlé positif au cours d'un test antidopage surprise à l'école et s'est vu interdire toute participation à une manifestation sportive. Vanessa s'est sentie trahie par ses enfants et totalement perdue face à leurs affirmations que c'était elle qui avait ruiné leur vie.

Élargissement de votre identité sociale

Y a-t-il une relation dans votre vie qui soit absolument essentielle à votre sens de vous-même ? Si oui, prenez quelques instants pour déterminer s'il pourrait y avoir des risques ou des coûts associés à un tel niveau d'investissement dans la relation. Vous mettez-vous en danger d'être dévastée si la relation se termine ? Est-il possible que vous étouffiez la relation, ou la personne que vous aimez, sous votre dépendance, votre besoin de réassurance, ou votre manière d'être dans le contrôle ? Si la réponse à l'une de ces questions est oui, alors utilisez ceci comme motivation pour apporter des changements à la manière dont vous définissez votre sens de vous-même.

Pour réussir ces changements, vous devez identifier ce que vous retirez de votre relation principale, et trouver un autre contexte social dans lequel vous pourrez aussi obtenir ces avantages. Si la réussite scolaire ou sportive de vos enfants vous donne un sentiment d'accomplissement que vous n'avez jamais connu vous-même à leur âge, ou vous pousse à vous sentir bien non seulement en tant que mère, mais aussi en tant que personne, vous devez trouver un autre moyen de ressentir cela sans faire peser ce fardeau psychologique à vos enfants. Si en étant mariée à un homme important dans votre communauté ou dans sa profession, vous gagnez en statut et pouvoir devenus essentiels à votre estime de soi, vous devez trouver un autre moyen de ressentir cette stimulation qui dépend de *vos* talents, intérêts et valeurs fondamentales — et pas des siens. Cela ne veut pas dire que vous devez abandonner votre relation sociale principale.

Non, vous devez vous en inspirer et endosser de nouveaux rôles, commencer de nouvelles activités qui ne dépendent pas de ceux que vous aimez. En fait, en vous assurant que votre identité est définie par vous-même plutôt que par ceux que vous aimez, vous avez toutes les chances d'améliorer votre relation avec eux.

Comme vous l'avez fait pour développer un sens de soi-même stable et adaptable, vous aurez besoin d'identifier les nouveaux rôles que vous souhaitez endosser, et les intérêts, talents et valeurs que vous voulez exercer ou exprimer dans le cadre de votre nouvelle identité sociale multidimensionnelle. À cette fin, remplissez la fiche Élargir votre identité sociale, page 214.

Confrontée à la rébellion de sa fille et à l'usage de stéroïdes de son fils, Vanessa s'est finalement rendu compte qu'elle s'était beaucoup trop investie dans ses enfants, au point de gâcher sa relation avec eux et de les pousser à faire de mauvais choix pour eux-mêmes. Elle a réfléchi à la façon dont elle s'était mise dans ce pétrin. C'était assez simple, en fait. Vanessa avait été une athlète vedette au lycée, populaire et admirée par les autres élèves. Elle voulait offrir à ses enfants la même popularité et le même statut. Mais elle essayait aussi de raviver l'excitation et l'assurance qu'elle avait ressenties à l'adolescence, quand elle était admirée. Ainsi, lorsque ses enfants ont commencé à perdre leur caractère exceptionnel, elle ne s'est pas seulement inquiétée de la manière dont cela les touchait ; elle s'est considérée elle-même en échec.

Vanessa a choisi consciemment de ne plus baser sa propre idée de la réussite sur la popularité et les exploits de ses enfants. Elle a décidé de prendre avec eux le temps de découvrir ce qu'ils voulaient faire de leur vie, indépendamment de ses attentes et de ses espoirs pour eux. Au début, ils ne la croyaient pas sincère quand elle leur a dit qu'elle ne les pousserait plus à exceller en sport ou dans tout autre domaine que ce soit. Finalement, ils ont commencé à lui parler de leur musique préférée et des cours qu'ils aimaient. Vanessa craignait que certains des intérêts de ses enfants ne les fassent passer pour des ados bizarres ou pas cool aux yeux des autres, mais elle s'est retenue de le dire pour soutenir ses enfants et construire leur propre identité indépendante.

La capacité de Vanessa de se retenir de vivre à travers ses enfants n'a pu surgir que parce qu'elle a beaucoup cherché en elle ce qu'elle voulait être. À 46 ans, elle s'est rendu compte qu'être « populaire » n'était pas l'objectif à atteindre pour définir sa propre valeur. Elle aimait vraiment le sport, cependant. Elle était restée active, mais de manière plus décontractée, jouant un peu au tennis et courant chaque jour, mais sans participer à des compétitions. Vanessa aimait gagner, même si elle savait bien qu'elle avait perdu de ses capacités, et qu'elle avait peu de chances de gagner des compétitions de tennis ou de course à pied, même dans son groupe d'âge. De toute façon, elle avait profité des exploits sportifs de ses enfants pour atteindre cet objectif. Mais maintenant qu'elle refusait de vivre à travers ses enfants, Vanessa a décidé de s'entraîner à courir un marathon, ce qu'elle n'avait jamais fait de sa vie. La difficulté de l'entraînement lui a fait se rendre mieux compte du ressentiment que ses enfants avaient dû avoir, constamment poussés par leur mère à faire plus d'efforts en sport. Elle l'a dit à ses enfants, ce qui a nettement amélioré le niveau de confiance et de communication entre eux.

Dans l'idéal, comment aimeriez-vous répondre aux questions : « Qui êtes-vous ? Que faites-vous ? » Ne vous autorisez pas à répondre : « Je suis la femme (ou la compagne) d'Untel » ou « Je suis la mère de cet enfant ». Au lieu de cela, trouvez des réponses qui traduisent vos objectifs les plus profonds pour vous-même, et si vous ne poursuivez pas d'objectifs, d'une manière ou d'une autre, en dehors de ces relations, commencez aujourd'hui à réfléchir à comment le faire. Puis passez un contrat avec vous-même pour mener à bien l'une de vos idées.

ÉLARGIR VOTRE IDENTITÉ SOCIALE

Quelle est votre identité sociale principale ?

Listez les personnes de votre vie qui font partie intégrante de votre identité.	Listez au moins un domaine dans lequel chaque relation exprime des talents, des intérêts ou des valeurs qui vous rendent fière.	Trouvez au moins une activité, un rôle, un poste ou une autre relation dans lesquels vous pourriez exprimer vos propres talents, intérêts et valeurs. Qui pourrait vous aider dans ce domaine ? Essayez d'identifier des personnes qui ne sont pas déjà citées dans la colonne 1.
....	....	
....	....	
....	....	
....	....	
....	....	
....	....	
....	....	
....	....	
....	....	
....	....	....
....	....	....

Apprenez à développer plusieurs rôles dans votre vie

Force identitaire n° 3

L'identité des femmes possède de multiples facettes, s'appuyant sur plusieurs rôles plutôt que sur un rôle fixe.

Vous avez peut-être l'impression d'avoir plein — voire trop — de responsabilités et d'activités dans votre vie. Mais ces responsabilités et activités comblent-elles tous vos besoins importants, et expriment-elles toutes vos valeurs ? Ou êtes-vous simplement occupée, d'une manière très concentrée ?

Utilisez la fiche des Rôles ci-dessous pour lister tous les rôles que vous jouez dans la vie. Mentionnez vos rôles au travail, vos relations avec les autres, votre bénévolat, vos loisirs et tout ce qui est à vos yeux une expression de votre identité et de vos valeurs. Notez la signification ou la raison d'être de chaque rôle dans l'expression de vos valeurs, intérêts ou talents. Puis indiquez si vous grandissez dans ce rôle, et comment. Demandez-vous si vous apprenez de nouvelles compétences, développez de nouvelles relations ou approfondissez des relations existantes, ou trouvez de nouveaux moyens d'exercer vos talents ou d'exprimer vos intérêts au fil du temps.

VOS RÔLES

Listez tous les rôles de votre vie. Incluez vos rôles professionnels, relationnels, vos responsabilités ou rôles au sein de votre communauté. Indiquez ensuite la signification ou la raison d'être de ce rôle dans l'expression de vos valeurs, intérêts ou talents

Rôle	Sa signification, raison d'être ou expression pour moi	Est-ce que je grandis dans ce rôle ?
....	....	....
....	....	....

Après avoir complété la fiche des Rôles, demandez-vous si les rôles que vous jouez actuellement vous permettent d'utiliser tous vos talents fondamentaux, ou de poursuivre tous vos intérêts essentiels. Avez-vous des intérêts intellectuels, artistiques ou humanitaires qui ne s'expriment dans aucun de ces rôles ? Y a-t-il de nouveaux types de relations que vous aimeriez avoir ?

Janine s'est servie de cet exercice pour prendre conscience que de nombreux rôles de sa vie stagnaient. Sur la première ligne, elle a indiqué qu'elle travaillait à temps partiel au service élections de sa petite ville. Cet emploi lui donnait la chance d'exprimer sa foi dans le processus démocratique. Ensuite, elle a mentionné un autre domaine de bénévolat, sa mission à l'école primaire de sa fille, où elle aide les enfants qui ont des difficultés à lire. Son travail de tutorat lui a permis de se tenir au courant de l'évolution de l'école de sa fille et de mieux connaître les enseignants et le personnel administratif. Janine est évidemment mère, un rôle qui compte pour elle et qu'elle apprécie beaucoup. Mais lorsqu'elle a commencé à décrire son rôle de conjointe, elle s'est rendu compte que celui-ci était moins gratifiant pour elle. Son mari et elle se disputaient souvent, parfois pour des choses importantes, comme l'argent, parfois pour des broutilles, comme la manière dont chacun remplissait le lave-vaisselle. Pourtant, même dans les rôles où elle se sentait satisfaite, Janine a réalisé qu'elle n'avait pas l'impression de grandir en tant que personne, intellectuellement ou autrement. Tous ses rôles étaient assez confortables, mais statiques. Rien n'avait changé au cours de l'année écoulée. Elle pouvait facilement s'imaginer faire exactement le même travail à temps partiel et la même mission bénévole un an plus tard. En fait, elle pouvait s'imaginer être exactement la même personne dix ans plus tard — et cette idée la paniquait. Elle voulait continuer à grandir en tant que personne et a décidé de trouver de nouveaux rôles qui lui permettraient de le faire.

Lorsque vous complétez la fiche des Rôles, soyez honnête en évaluant si vos rôles expriment votre large éventail d'intérêts et valeurs, ou s'ils sont simplement des activités dans lesquelles vous êtes tombée et qui n'ont que peu de sens pour vous, si ce n'est un sentiment du devoir accompli.

Exercices pour développer de multiples rôles

La fiche des Rôles vous a aidée à identifier les rôles que vous avez actuellement dans votre vie et la manière dont ils expriment vos talents, intérêts et valeurs. *Y a-t-il des talents, intérêts ou valeurs qui sont importants pour vous, mais qui ne sont pas utilisés ou développés dans vos rôles actuels ?* Peut-être que votre emploi est un rôle dans lequel vous utilisez vos connaissances académiques et vos talents, et dans lequel vous grandissez intellectuellement, et votre vie de famille un domaine dans lequel vous prenez soin des autres pour qu'ils s'épanouissent, mais que vous avez aussi des valeurs politiques ou religieuses fortes que vous n'avez pas vraiment l'occasion d'exprimer. *Quels nouveaux rôles pourriez-vous endosser pour exprimer ces valeurs ?* Rejoindre un parti politique qui partage vos valeurs ? Enseigner dans votre paroisse, synagogue ou mosquée ?

Il existe beaucoup de rôles possibles dans une vie, mais parmi les plus courants on retrouve :

- Parent
- Partenaire/Épouse
- Grand enfant (par exemple, d'un parent âgé ou malade)
- Amie (d'un frère, d'une sœur ou d'une autre personne)
- Rôle professionnel (employé, employeur)
- Rôle communautaire (au sein d'une organisation religieuse, politique, caritative, associative...)

Cochez les rôles que vous ne jouez actuellement pas dans votre vie.

Certains d'entre eux vous attirent-ils de prime abord? Pourquoi? Quels avantages tireriez-vous de ce rôle? Comment ce rôle vous permettrait-il d'exprimer ou de développer vos talents, intérêts et valeurs?

Exploration de nouveaux rôles

Pensez aux rôles intéressants que vous avez identifiés, mais que vous ne jouez pas actuellement. Qu'est-ce qui vous a empêchée de l'endosser? Peut-être n'avez-vous simplement pas trouvé le temps de le faire. Vous savez qu'une antenne politique locale travaille sur une cause qui vous intéresse, mais vous n'avez pas eu le temps d'assister à une réunion ou d'adhérer. Si l'occasion d'endosser un rôle se présente et que vous n'avez pas pris le temps de vous organiser pour en profiter, asseyez-vous et établissez un plan concret pour le faire. *Quelles informations avez-vous besoin de rassembler (par exemple, quand et où se déroulent les réunions)? Avec qui avez-vous besoin de parler pour vous impliquer?* Signez un contrat avec vous-même pour mener à bien ce plan et prévoir sur votre calendrier les étapes à franchir.

Souvent, nous avons l'impression de ne pas avoir le temps d'assumer encore un autre rôle dans notre vie. Nos rôles actuels remplissent notre temps à ras bord. C'est en effet peut-être le cas, et parfois nous devons remettre à plus tard un nouveau rôle. Les mères de jeunes enfants ont parfois hâte de mobiliser de nouveau leurs connaissances et compétences spécifiques sur leur lieu de travail, tout en appréciant le temps passé à la maison avec leurs enfants. Malgré les frustrations, elles décident d'accepter que le retour au travail doive attendre encore quelques années. Dans de nombreux cas, cependant, nous pouvons reconfigurer notre organisation du temps pour faire de la place à un nouveau rôle.

Si vous n'avez pas endossé un rôle qui vous attire parce que vous n'en avez pas eu le temps, envisagez de réduire ce que vous faites actuellement pour vous libérer du temps. Y a-t-il des tâches que vous pourriez déléguer à d'autres membres de la famille, comme demander à votre conjoint de préparer le dîner quand l'association que vous aimeriez rejoindre se réunit ? Y a-t-il des tâches que vous pourriez tout simplement arrêter de faire, ou au moins faire moins souvent, comme le ménage dans les parties les moins usitées de la maison ? Au travail, y a-t-il des activités que vous faites et qu'une autre personne pourrait faire, afin de vous libérer du temps ? Sur la fiche Trouver du temps ci-dessous, listez tous les rôles que vous avez actuellement, puis au moins une tâche que vous pourriez réduire ou déléguer pour vous laisser plus de temps pour assumer un nouveau rôle qui vous attire. Un autre obstacle fréquent à la poursuite d'un nouveau rôle est le manque de ressources ou d'occasions pour le faire. Peut-être que vous aimeriez retourner à la fac pour acquérir de nouvelles compétences ou élargir vos connaissances, mais vous pensez ne pas en avoir les moyens. Il est vrai que les études coûtent cher de nos jours, mais il est tout aussi vrai que de nouveaux programmes innovants peuvent constituer des opportunités éducatives dans des lieux non traditionnels et flexibles. Les cours en ligne sont proposés à des tarifs plus abordables que les cours sur les campus. En outre, ils sont souvent accessibles 24 heures sur 24. Et même si les aides financières sont limitées pour ce type de programmes, elles existent quand même. Pour savoir si vous êtes éligible, renseignez-vous auprès du bureau d'aide sociale de l'université ou de l'établissement que vous souhaiteriez intégrer. Au moment de réfléchir aux ressources nécessaires (autres que le temps), vous pourriez trouver utile de regarder la fiche de Décomposition des obstacles au chapitre 6 (page 175).

TROUVER DU TEMPS

Rôle	**Tâche dans laquelle trouver du temps**	**La réduire à...**	**La déléguer à...**	**Date Accompli**
....	....	....	....	....

Certains rôles que vous n'avez pas encore endossés vous semblent peut-être complètement inaccessibles. Par exemple, si vous aimeriez être mère, mais que vous n'êtes pas pour le moment dans une relation qui pourrait y mener, ou que vous avez passé l'âge d'avoir des enfants, vous vous dites peut-être qu'être mère est impossible. Les femmes arrivent à trouver des solutions à ces obstacles aussi, grâce à l'insémination artificielle ou à l'adoption. Pour autant, ces chemins vers la maternité sont chers et donc hors de portée pour certaines femmes. Quand un rôle en particulier vous semble absolument inatteignable, prenez du recul et demandez-vous ce qui vous attire dans ce rôle-là. Qu'est-ce qui, dans le rôle de mère, vous donne envie de le devenir ? La possibilité de prendre soin d'une toute jeune vie, d'offrir un amour inconditionnel, de partager avec un enfant toutes les beautés et merveilles du monde ? Maintenant, demandez-vous s'il y a d'autres moyens de combler ces besoins intérieurs, en dehors d'avoir un enfant à vous. Y a-t-il des associations bénévoles qui s'occupent des enfants et au sein desquelles vous pourriez donner votre amour et votre temps ? Y a-t-il des emplois qui nécessitent de prendre soin de jeunes enfants, dans lesquels vous pourriez satisfaire ces besoins maternels ? En fait, un rôle nous attire car il nous permet d'exercer des talents, de nous adonner à des intérêts, ou d'exprimer des valeurs qui comptent pour nous. Quand ce rôle particulier semble hors de portée, nous pouvons réfléchir plus largement aux talents, intérêts et valeurs qui seraient mis en avant dans ce rôle, puis mettre à profit notre créativité pour imaginer d'autres manières d'exploiter ces talents, intérêts et valeurs.

VOTRE GUIDE PRATIQUE

Auparavant, les psychologues pensaient que nos identités étaient entièrement formées à la fin de l'adolescence, et ne subissaient pas de changement majeur au fil des décennies à l'âge adulte. Néanmoins, nous savons aujourd'hui que les identités des adultes évoluent significativement à mesure qu'ils vieillissent, de la vingtaine jusqu'à un âge avancé. Les événements majeurs de la vie — les bons, comme la naissance de ses enfants, ainsi que les mauvais, comme la perte des êtres aimés — changent souvent la manière dont nous nous voyons. Les exercices de force identitaire de ce chapitre peuvent vous aider à passer d'une phase à l'autre de votre vie, à choisir consciemment comment vous définissez et exprimez votre identité.

Voici un résumé des activités d'évaluation et des exercices pour développer vos forces identitaires.

DÉVELOPPER SES FORCES IDENTITAIRES

Force spécifique	Activités d'évaluation	Exercices de renforcement
Force identitaire n° 1 : Avoir un sens de soi stable, mais adaptable.	Pensez à votre travail, vos loisirs et autres activités. Imaginez que l'élément le plus important disparaisse. À quel point seriez-vous dévastée. Comment vous définiriez-vous ? Seriez-vous capable de trouver d'autres moyens d'exercer vos talents et intérêts ?	**Exercice Imaginez un Soi adaptable** (page 205) Identifiez quels talents, intérêts ou valeurs profondes sont exprimés ou mis en avant dans un rôle que vous craignez de perdre. Imaginez d'autres moyens de les exprimer.

⟶

Force spécifique	Activités d'évaluation	Exercices de renforcement
Force identitaire n° 2 : Se voir en lien avec les autres.	Imaginez la possibilité de perdre une relation qui est très importante pour votre sens de soi. Vous sentiriez-vous complètement vide ? Seriez-vous capable d'avancer ?	**Exercice d'élargissement de votre identité sociale** (page 211) Identifiez ce qui compte le plus pour vous dans cette relation. Quels intérêts, talents ou valeurs s'y expriment ou s'exercent. Imaginez maintenant d'autres moyens de mobiliser ces intérêts, talents et valeurs en dehors de cette relation. Demandez-vous : Qui suis-je ? Que fais-je ? Trouvez des réponses qui traduisent vos objectifs les plus profonds pour vous-même, et si vous ne poursuivez pas ces objectifs d'une quelconque manière en dehors de vos relations, réfléchissez dès aujourd'hui à comment y remédier.
Force identitaire n° 3 : Avoir plusieurs rôles dans la vie.	Listez tous les rôles de votre vie, puis demandez-vous s'il y a au moins un rôle dans lequel vous avez la possibilité de grandir intellectuellement et/ou d'utiliser vos talents intellectuels. Y a-t-il au moins une relation qui s'épanouisse, et que vous ressentez comme tel ? Aimeriez-vous avoir d'autres relations ? Y a-t-il des rôles dans lesquels des valeurs importantes pour vous sont explorées et exprimées, comme des valeurs spirituelles, politiques ou sociales ?	**Exercice d'exploration de nouveaux rôles** (page 218) Réfléchissez à la raison pour laquelle vous n'avez pas assumé un rôle qui vous plairait ou qui serait bon pour vous. Si vous n'avez simplement pas trouvé le temps pour le faire, établissez un plan concret pour le faire. Puis, signez un contrat avec vous-même pour mener à bien ce plan, et prévoyez les étapes nécessaires dans votre calendrier. Si vous n'avez pas eu le temps d'assumer un rôle, envisagez de réduire ou de déléguer d'autres activités pour vous libérer du temps. **Exercice de décomposition des obstacles** (chapitre 6, page 174) S'il y a des obstacles concrets qui vous empêchent de poursuivre un rôle, utilisez la fiche de Décomposition des obstacles pour les diviser en plus petites parties, puis en trouvant des moyens de les surmonter. Ou si le rôle est réellement inaccessible, réfléchissez à des moyens pour satisfaire vos valeurs, talents et intérêts grâce à un autre rôle.

Chapitre 8

Affûter la syntonie émotionnelle : développez vos forces émotionnelles

Lorsque vous en avez appris davantage au sujet des forces émotionnelles des femmes au chapitre 3, vous vous êtes peut-être dit : « Oh, je suis très à l'écoute émotionnellement. Je suis déjà experte de l'écoute de mes sentiments ! » Même si c'est le cas, je vous encourage à plonger dans ce chapitre et à explorer ses évaluations et exercices, en les considérant comme des chances de célébrer vos forces et d'identifier toute mise au point nécessaire dans votre façon d'utiliser vos émotions — surtout sur le terrain miné du travail.

Ou, au contraire, vous avez peut-être eu du mal à digérer les récits de femmes affichant leur force émotionnelle, et vous êtes dit : « Bien sûr, elles lisent dans la tête des gens et calment les esprits, mais il n'y a aucune chance que j'y arrive. Je suis une épave émotionnelle ! » Ne soyez pas découragée. Laissez une chance aux exercices de ce chapitre. Vous pourriez bien découvrir que vous avez bien plus de forces que vous ne le pensez. Et en déterminant quelles forces doivent être développées, vous serez capable de concevoir un programme pour améliorer votre forme émotionnelle globale.

Apprenez à percevoir les sentiments des autres

Force émotionnelle n° 1
Les femmes sont expertes pour percevoir et se mettre à l'écoute des sentiments des autres.

Pendant quelques jours, avant de vous coucher, listez toutes les personnes que vous avez vues (et pas juste croisées) au cours de la journée. Il peut s'agir de collègues avec qui vous travaillez sur un projet, des membres de votre famille, ou même de ce vendeur qui vous a aidée dans un magasin. À côté de chaque nom, listez toutes les émotions ressenties selon vous par cette personne au cours de votre interaction. *Avez-vous une idée de ce que chaque personne ressentait ? À quel point était-ce difficile pour vous ? Auriez-vous fait attention aux sentiments de cette personne en temps normal ? Ou est-ce un effort inhabituel pour vous ?* Si vous trouvez facile et même intéressant de vous mettre à l'écoute des émotions des autres, alors cette force est bien développée. Si cet exercice vous a paru étrange ou atypique, alors c'est une force sur laquelle il faut travailler.

Exercices pour renforcer votre capacité à percevoir les sentiments des autres

La force émotionnelle n° 1 peut être naturelle pour certaines femmes, mais si elle vous semble difficile, alors il faut que vous fassiez un effort conscient pour vous mettre à l'écoute des sentiments des autres et apprendre à les décrypter. Des indices importants sur ce que ressentent les gens se lisent sur leur visage. Comme je l'ai mentionné au chapitre 3, le psychologue Paul Ekman a découvert qu'à travers toutes les cultures, des expressions faciales, qui s'appuient sur la manière dont les muscles se contractent ou se relâchent, indiquent l'émotion (ou les émotions) ressentie(s) par la personne. À des fins de recherche, Ekman a développé un système de codage détaillé qui permet d'analyser les photographies de visages, afin de déterminer ce que les gens ressentaient au moment où le cliché a été pris. Parfois, les émotions ne se voient qu'un court instant — quelques fractions de seconde — avant que la personne ne tente de les dissimuler sous une autre émotion. Quelquefois, une personne ressent plus d'une émotion à la fois, et son visage oscille entre plusieurs émotions. Enfin, il arrive qu'une personne soit incroyablement expressive même si elle ressent une émotion relativement faible, et inversement. Ce programme de reconnaissance et la base de données de photographies qu'Ekman et ses collègues ont développée pour former des psychologues, représentants de la loi, et autres, étudient toutes ces possibilités.

Bien sûr, dans les interactions quotidiennes avec les autres, la plupart des gens n'ont pas le temps, l'envie ou l'expérience nécessaires pour mener ce genre d'analyse méticuleuse. Mais vous pouvez utiliser certains des indices faciaux identifiés par Ekman pour avoir une meilleure idée de ce qui se passe dans la tête des gens. La plupart d'entre nous savent qu'un sourire indique le bonheur, mais savez-vous faire la différence entre un faux sourire et un sourire authentique ? Tout est dans les yeux. Quand les gens sourient de façon à former des pattes-d'oie aux coins des yeux, ils révèlent un bonheur réel. Quand aucune patte-d'oie n'apparaît, cela suggère qu'ils font juste un sourire, comme quand on est poli, mais pas sincère, par exemple quand vous demandez à une connaissance qui traverse un divorce comment elle se sent, et qu'elle répond « Bien ».

Vous voulez savoir si quelqu'un est en colère ? Cherchez un visage empourpré, des sourcils baissés et froncés l'un vers l'autre, des narines dilatées, une mâchoire serrée et des dents visibles. Une personne apeurée peut aussi rougir, mais ses sourcils seront rapprochés, ses yeux grands ouverts, et ses lèvres étirées en une ligne horizontale. Enfin, la tristesse se caractérise par un visage qui tombe : une bouche tombante, des yeux tombants. Souvent, tout le visage tire vers le bas.

Le corps des gens paraît différent selon les émotions ressenties. Quand ils sont heureux ou en colère, les gens ont tendance à se tenir bien droit, la poitrine en avant. Leur posture dit littéralement : « Je peux affronter le monde ! » Quand les gens ont peur, leur corps se replie sur lui-même, comme s'ils se protégeaient. Leur posture suit souvent les mouvements de leur visage, vers le bas. Les épaules s'affaissent, et leur corps donne l'impression de pouvoir s'écraser par terre.

Se mettre à l'écoute des sentiments des autres

Pour vous entraîner à décrypter les signes des émotions des autres, rendez-vous dans un espace public, comme un centre commercial, asseyez-vous sur un banc et regardez les gens. Remarquez les différences sur leur visage, leur façon de se tenir, s'ils sont pleins d'énergie et dynamiques, ou ralentis. Essayez de deviner ce que ressentent les autres. Si vous avez un ami plutôt doué pour lire les émotions des autres, emmenez-le avec vous, et vérifiez si vos impressions sur la vie émotionnelle des autres correspondent aux siennes. Repérez les indices que votre ami utilise, et voyez comme vos impressions et celles de votre ami sont identiques ou différentes.

Compréhension des sentiments des autres

Bien sûr, les gens ne veulent pas toujours que leurs émotions soient limpides. Nous pouvons faire beaucoup d'efforts pour cacher ce que nous ressentons, surtout quand nous nous trouvons en présence de personnes avec qui les relations sont compliquées. Votre époux pourrait gommer ses sentiments, et nier qu'il ressent quoi que ce soit quand vous lui demandez. Votre adolescent pourrait passer rapidement d'une émotion à l'autre — entre la peur et la honte face à votre désapprobation devant ses notes, et la colère de se faire punir à cause de cela — et vous dire rageusement que vous n'avez *aucune idée* de ce qu'il ressent ! Votre chef pourrait ressembler à un bloc de pierre impassible, ce qui semble dire qu'il est toujours dans le même état émotionnel : la colère.

LES DÉCLENCHEURS ÉMOTIONNELS

Émotion	Situation	Expression physique
Tristesse, abattement	Perte de quelque chose ou de quelqu'un d'important, sentiment d'impuissance et de désespoir.	Bouche, yeux, visage, tête tournés vers le bas, posture affaissée.
Peur, anxiété	Menaces à votre bien-être ou à celui des autres.	Visage empourpré, sourcils rapprochés, yeux grand ouverts, lèvres étirées horizontalement, corps replié sur lui-même.
Colère	Être blessé intentionnellement ou gratuitement, ou offensé par une autre personne.	Visage empourpré, sourcils abaissés et rapprochés, narines dilatées, mâchoire serrée, dents visibles.
Joie, bonheur	Gagner quelque chose d'important pour vous ou une personne que vous aimez.	Sourire qui crée des froncements aux coins des yeux, posture bien droite avec la poitrine sortie.

Avec ces personnes, essayez d'être à l'écoute de la situation environnante pour discerner ce qu'elles peuvent ressentir. Tout comme il semble y avoir des liens universels entre certaines expressions faciales et des émotions spécifiques, il semble y avoir des similitudes entre les cultures quant aux types de situations qui suscitent des émotions particulières, ce que j'ai résumé dans le tableau ci-dessus. La tristesse et l'abattement sont souvent les conséquences de la perte d'une chose importante pour vous, et d'un sentiment d'impuissance et de désespoir à l'idée de ne jamais la retrouver. La mort d'un être aimé est l'exemple typique d'un événement qui provoque de la tristesse dans la plupart des cultures. Mais quand vous perdez votre emploi, ou que vous n'obtenez pas de place dans la fac de votre choix, ou qu'une autre chose qui compte pour vous est perdue, vous pourriez vous sentir triste, aussi. Alors, si vous essayez de comprendre pourquoi une personne semble triste, cherchez une chose qu'elle a perdue. Par exemple, si votre adolescent paraît déprimé et morose la plupart du temps, peut-être est-il triste parce qu'il est désespéré à l'idée de n'être jamais populaire, ou parce qu'il se demande s'il n'accomplira jamais de choses importantes dans sa vie.

Au cours de la semaine prochaine, et en gardant ces associations à l'esprit, arrêtez-vous et évaluez deux fois par jour ce que vous estimez être les émotions de toutes les personnes avec qui vous avez interagi, en utilisant la fiche Comprendre les sentiments des autres, ci-dessous. Ensuite, essayez d'identifier les situations qui ont pu provoquer leurs émotions. Au bout du compte, votre objectif devrait être non seulement d'être capable de lire les émotions des autres, mais aussi de comprendre leurs sources. Comprendre non seulement ce que les autres ressentent, mais aussi la raison de ces émotions, vous aidera à réagir de manière appropriée et efficace.

COMPRENDRE LES SENTIMENTS DES AUTRES

Listez chaque personne rencontrée (et pas seulement croisée), puis écrivez ce que vous pensez que cette personne ressentait, et pourquoi.

Personne	Ce qu'il/elle ressentait	Pourquoi il/elle ressentait cela

Apprenez à comprendre vos propres émotions

Force émotionnelle n° 2

Les femmes comprennent leurs propres émotions et les sources de ces émotions.

Quand vous avez terminé votre liste de ce que les personnes ont ressenti dans leurs interactions avec vous au cours des deux derniers jours, recommencez et listez ce que vous avez ressenti lors de chacune de ces interactions, en utilisant la fiche Comprendre vos propres émotions, à la page 231. *Les émotions que vous avez ressenties sont-elles claires pour vous, ou hésitez-vous dans de nombreuses situations ? Comprenez-vous quelles ont été les sources de ces sentiments ? Une nouvelle fois, trouvez-vous cet exercice facile ou difficile ?* Si vous trouvez facile de reconnaître vos émotions et leurs sources, c'est une force importante — et elle vous aide à être en meilleure santé. Si vous estimez être souvent déboussolée par ce que vous ressentez et pourquoi, c'est une force que vous voudrez développer.

Exercices pour développer votre compréhension de vos propres émotions

Souvent, nous nous sentons submergés par une impression générale de détresse, mais ne savons pas pourquoi. Il nous est alors difficile de tolérer et de gérer nos émotions, et parfois cela nous pousse à agir hâtivement. Certains des exercices que vous avez faits pour développer votre force émotionnelle n° 1 peuvent s'avérer utiles pour mieux comprendre vos propres émotions. Néanmoins, il est peu probable que chaque fois que vous vous sentirez bouleversée, vous vous précipitiez devant le miroir pour analyser ce que font les muscles de votre visage.

Au lieu de cela, les indices de nos propres émotions résident dans nos *appréciations* de ce qui se passe dans nos vies. Les *appréciations* sont des interprétations des événements que nous vivons, de ce que les autres disent de nous, de nos souvenirs, de ce que nous imaginons pour l'avenir. J'ai dit plus haut qu'il existe des liens universels entre des situations particulières et des émotions spécifiques. C'est vrai pour les autres et pour nous-mêmes. Mais quand il s'agit de comprendre nos propres émotions, nous pouvons regarder non seulement la situation objective devant nous, mais aussi notre appréciation de celle-ci. Chaque personne apprécie différemment une même situation. En tant qu'individus, nous pouvons apprécier différemment des situations similaires — voire une même situation — au fil du temps. Quand vous étiez enfant, marcher sur le trottoir d'une grande ville peut vous avoir semblé menaçant, et vous avoir fait peur, mais en tant qu'adulte, vous estimez que c'est excitant et exaltant. Si votre mari perd son travail, vous pourriez considérer que sa perte est aussi la vôtre et être triste, mais si votre supérieur hiérarchique perd son travail, votre appréciation de la situation pourrait être « Youpi, ce crétin est parti ! », et vous pourriez en être heureuse.

COMPRENDRE VOS PROPRES ÉMOTIONS

Listez chaque personne rencontrée (et pas seulement croisée), puis indiquez les émotions que vous avez ressenties, et pourquoi.

Personne	Ce que j'ai ressenti	Pourquoi j'ai ressenti cela

Reconnaissance de vos appréciations

Si vous avez du mal à savoir comment vous vous sentez dans une situation, mettez-vous à l'écoute de ces pensées qui jouent en arrière-plan de votre esprit, comme une radio dans la pièce d'à côté. *Pensez-vous à ce que vous avez perdu dans une situation ? Ou pensez-vous qu'une situation est menaçante pour vous ou une personne que vous aimez ? Ou avez-vous l'impression d'avoir été intentionnellement lésée par une autre personne ?* Les indices de vos sentiments se trouvent dans votre appréciation de la situation — et plusieurs émotions se disputent peut-être votre attention. Par exemple, si votre fille est sur le point de quitter la maison pour aller à la fac, vous êtes peut-être inquiète pour sa sécurité (appréciation d'une menace), triste qu'elle ne soit plus à la maison (appréciation d'une perte), honteuse qu'elle ne puisse aller dans une autre université (appréciation d'une honte), mais aussi heureuse que votre mari et vous ayez plus de liberté en son absence (appréciation d'un gain). Vous ressentez peut-être un mélange d'émotions positives et négatives qui deviendront plus claires quand vous vous mettrez à l'écoute des appréciations qui se jouent dans votre esprit.

Revenez à la fiche Comprendre vos propres émotions et passez en revue chacune des situations mentionnées, et les émotions que vous avez ressenties. Quels genres d'appréciation pensez-vous avoir faits à chacune de ces situations ? Comment ces appréciations ont-elles mené à ces sentiments spécifiques ? Ensuite, remplissez de nouveau cette fiche pour suivre vos émotions et vos appréciations pendant quelques jours. Deux fois par jour, prenez un peu de temps pour réfléchir à vos expériences émotionnelles et aux appréciations que vous avez faites à ce moment-là. Vous verrez qu'avec un peu de pratique, cela devient un processus plus automatique, et vous comprendrez mieux ce que vous ressentez, et pourquoi.

Apprenez à exprimer vos émotions

Force émotionnelle n° 3

Les femmes savent quand et comment exprimer leurs émotions.

Pour évaluer votre niveau de force émotionnelle n° 3, choisissez une période de quelques jours pendant laquelle vous allez interagir avec un large éventail de personnes, y compris des membres de votre famille, des collègues et des amis. Par exemple, vous pourriez décider de commencer cet exercice un jeudi ou un vendredi, quand vous serez au travail, puis poursuivre pendant le week-end, quand vous passerez plus de temps en famille ou entre amis. En utilisant la fiche Exprimer vos émotions ci-dessous, notez si vous exprimez ou pas vos émotions lors des rencontres avec les personnes de votre vie. *Avez-vous fréquemment exprimé vos émotions aux autres, ou était-ce rare ? Quelles émotions sont faciles à exprimer, et lesquelles sont difficiles à exprimer ? Dans quelles conditions les avez-vous exprimées ou non ? Cela s'est-il produit plus souvent avec certaines personnes que d'autres ? Quand vous avez exprimé vos émotions, quelles en ont été les conséquences ? Étiez-vous sincère dans l'expression de vos émotions ? Est-il possible que vous exprimiez trop vos émotions aux autres ?*

EXPRIMER VOS ÉMOTIONS

Listez chaque situation dans laquelle vous avez soit exprimé vos émotions à une personne, soit étouffé ces émotions.

Situation, Et qui était impliqué	Émotions ressenties	Exprimées — ou non ? Si non, pourquoi ?

Exercices pour développer votre capacité à exprimer vos émotions

Les difficultés relatives à la force émotionnelle n° 3 sont souvent le résultat d'une incompréhension de vos émotions. Il est tout simplement difficile de montrer correctement ce que vous ressentez si vous ne savez même pas ce que vous ressentez et pourquoi. Donc, la première étape pour apprendre à exprimer vos émotions de manière plus entière et plus appropriée consiste à remplir la fiche Exprimer vos émotions ci-dessus. Grâce à cet exercice, vous accéderez peut-être à assez d'informations sur vos émotions pour que votre capacité à les exprimer devienne naturelle.

Parfois, nous comprenons ce que nous ressentons, mais nous nous sentons étouffés ou effrayés à l'idée d'exprimer ces sentiments devant certaines personnes. Vous avez peut-être peur que l'expression de vos émotions agace l'autre personne, ou diminue l'estime qu'elle vous porte. Vous avez peut-être l'impression de ne pas être autorisée à exprimer vos émotions, en particulier si l'autre personne est votre chef, une personne avec un statut supérieur ou une figure d'autorité. Pourtant, en retenant vos émotions à l'intérieur, vous pourriez amener l'autre personne à mal vous comprendre, ou l'empêcher de savoir si la situation devient très angoissante pour vous. Par exemple, disons que votre chef a l'habitude d'organiser des réunions à 17 heures le vendredi, juste au moment où vous, et la majorité du personnel, vous apprêtez à partir. Il est accro à son travail et sera au bureau jusqu'à 22 heures, il ne lui vient donc pas à l'esprit que tout le monde veuille partir à une heure raisonnable. Vous êtes en colère quand il agit ainsi, et le reste de l'équipe aussi. En fait, certaines personnes ont même démissionné, car elles ne supportaient plus le comportement du chef. En ne disant pas à votre chef que vous êtes frustrée de ses actions, vous développez un ressentiment qui va probablement s'échapper de manière contre-productive, et vous privez votre chef de la chance de changer de comportement, et peut-être même d'éviter le départ d'autres salariés.

Expression assertive

S'il y a des personnes avec lesquelles il vous est difficile d'exprimer vos émotions, inscrivez leur nom sur une liste.

Maintenant, classez ces personnes de la moins effrayante à la plus effrayante en ce qui concerne votre capacité à exprimer vos émotions devant elles. Commencez avec la personne la moins effrayante de la liste, et pendant les deux prochains jours, cherchez une occasion d'exprimer ce que vous ressentez à cette personne. Il peut s'agir d'un sentiment positif ou négatif, mais n'hésitez pas à exprimer des sentiments négatifs.

Quand vous essayez d'exprimer ce que vous ressentez, utilisez une communication assertive. C'est une communication qui dit à l'autre personne comment vous vous sentez et pourquoi la situation ou le comportement de la personne vous pousse à ressentir cela, mais sans prendre le ton de l'accusation ou de la confrontation. Si possible, dites à l'autre personne comment vous aimeriez que les choses changent. Si vous souhaitez dire à votre chef qu'organiser des réunions à 17 heures le vendredi vous énerve, vous pourriez déclarer :

Je me sens vraiment frustrée quand vous organisez une réunion de service à 17 heures le vendredi, car c'est la fin de la semaine et j'aimerais rentrer chez moi pour être avec ma famille. J'aimerais que nous puissions prévoir les réunions de service ordinaires plus tôt dans la journée.

Les éléments importants de cette déclaration sont : (1) vous prenez la responsabilité de ce que vous ressentez et l'exprimez (« Je me sens vraiment frustrée... ») ; (2) vous précisez le comportement ou la situation qui provoque ces émotions chez vous (« quand vous organisez une réunion de service à 17 heures le vendredi ») ; (3) vous expliquez pourquoi ce comportement vous énerve (« car c'est la fin de la semaine et j'aimerais rentrer chez moi pour être avec ma famille ») ; (4) vous suggérez une solution (« J'apprécierais que nous puissions prévoir les réunions de service ordinaires plus tôt dans la journée »). Toutes les déclarations assertives n'incluent pas tous ces éléments. Les parties les plus importantes de la déclaration assertive sont : l'expression de vos émotions et l'explication détaillée du comportement ou de la situation qui provoque ces émotions chez vous. La communication assertive cible votre émotion vis-à-vis d'un comportement, ce qui augmente les chances d'obtenir un changement de ce comportement (et votre chef ne sera pas préoccupé par le fait que vous pensez qu'il est odieux).

Au contraire, s'adresser à une personne en communiquant de manière non assertive, accusatrice ou agressive ne fait qu'augmenter ses défenses. Imaginons que vous exprimiez vos soucis en disant à votre chef :

Vous êtes vraiment irrespectueux d'organiser ces réunions à 17 heures le vendredi. À quoi vous pensez ?!

Ce genre de langage déclenchera probablement de la colère chez votre chef, et ne l'aidera pas à apprécier les sentiments de ses salariés. Vous l'insultez (« Vous êtes vraiment irrespectueux ») et suggérez qu'il fait exprès de vous énerver. De plus, vous ne présentez aucune solution. Au lieu de changer l'heure de la réunion comme vous le souhaitez, il pourrait répondre : « Eh bien, si vous étiez aussi dévoué à votre travail que moi, ça ne vous poserait pas de problème de donner un peu de votre précieux week-end à l'entreprise ! »

Commencez par vous entraîner à la communication assertive avec les personnes les moins effrayantes de votre liste. Vous pouvez même aller voir l'une d'elles avec qui vous êtes à l'aise et lui demander de l'aide pour cet exercice. Dites-lui que vous apprenez à utiliser la communication assertive pour exprimer vos émotions et vous concentrer sur les comportements et situations, et demandez-lui de vous donner son avis sur vos déclarations. *Avez-vous l'air trop agressive, ou trop douce ?* Remontez ensuite progressivement votre liste de personnes effrayantes.

Vous aurez peut-être envie de mettre en pratique ce que vous allez dire à ces personnes, en jouant des rôles avec quelqu'un en qui vous avez confiance. Vous n'avez pas à apprendre par cœur vos déclarations — cela pourrait vous perturber si vous paniquez en situation réelle —, mais retenez quelques-unes des choses les plus importantes que vous voulez dire à la personne en question.

Il peut être utile d'écrire ce que vous voulez dire afin de relire ces points juste avant de vous adresser à la personne.

Une mise en garde importante néanmoins : il existe bien des personnes à qui il est dangereux d'exprimer vos émotions. Si vous avez un mari violent, l'expression de vos émotions peut constituer un véritable danger pour vous et vos enfants. Si c'est votre cas, alors vous avez besoin d'aide pour sortir de cette situation, et ne pensez même pas à essayer d'arranger les choses en exprimant vos émotions.

À part cela, il y a d'autres situations dans lesquelles l'expression des émotions peut se payer très cher. Les femmes à des postes de direction ont souvent l'impression de devoir dissimuler leurs émotions pour maintenir une apparence de contrôle, et les femmes qui souhaitent progresser dans des milieux dominés par les hommes étouffent leurs émotions pour ne pas être perçues comme faibles. Ces femmes se retrouvent dans un cercle vicieux, dans lequel ne pas exprimer leurs émotions pousse les gens à les considérer comme des « salopes au cœur de pierre ». Pendant la primaire de la campagne démocrate de 2008, Hillary Clinton a été jugée par beaucoup comme froide et insensible, mais quand elle a répondu, les larmes aux yeux, à une question très chargée en émotions, de nombreuses personnes ont déclaré que cela confirmait qu'elle était trop sensible et fragile pour prendre la tête du parti.

Il serait peut-être bon de dresser une liste des pour et des contre de l'expression de vos émotions aux personnes tout en haut de votre liste. Qu'en retireriez-vous ? S'il ne s'agit que d'une catharsis, de lâcher prise et de dire à la personne ce que vous ressentez vraiment, demandez-vous si cela vaut vraiment la peine de prendre un quelconque risque que vous avez identifié en vous dévoilant à cette personne. Discutez de votre raisonnement avec un ami de confiance, afin qu'il puisse vous aider à évaluer si les risques sont réels ou imaginés, et que vous puissiez décider pleinement dans quel cas exprimer vos émotions, et dans quel cas les taire.

Apprenez à supporter la détresse

Force émotionnelle n° 4

Les femmes peuvent supporter la détresse et sont ainsi mieux équipées pour la soulager.

Repensez à la situation la plus bouleversante que vous avez vécue au cours du mois écoulé. Peut-être était-ce quand votre enfant s'est fait mal en jouant. Ou quand votre chef vous a crié dessus, ou qu'un contrat important n'a pas abouti. Ou peut-être que quelque chose de plus grave s'est passé, comme la saisie de votre maison, le décès d'un proche, ou un membre de votre famille qui a eu des démêlés avec la justice. *Avez-vous eu l'impression de ne pas pouvoir supporter un tel bouleversement ? Ressentez-vous toujours la même chose à l'égard de cette situation ? Votre détresse vous a-t-elle semblé incontrôlable et écrasante ? Ou avez-vous eu l'impression de pouvoir gérer cette détresse, même si vous ne le vouliez pas ?*

Nous traversons tous des moments où nous nous sentons submergés par des émotions négatives. Mais pour gérer efficacement les situations qui provoquent ces émotions, nous devons être capables de supporter ce que nous ressentons. Si vous gardez en général votre équilibre et continuez à bien fonctionner à la maison et au travail en période de détresse, alors vous avez une excellente force émotionnelle n° 4. Si votre réaction est : « Je ne peux pas le supporter », et que vous n'arrivez pas à faire ce que vous devez faire dans des situations de crise, alors c'est une force qui doit être consolidée.

Exercices pour développer votre capacité à supporter la détresse

Quand nous sommes bouleversés, notre corps réagit de manière prévisible. Notre rythme cardiaque s'accélère, notre pression artérielle augmente, et nous commençons à respirer plus rapidement. Notre estomac peut se serrer, et nos muscles se contracter. Au cours de l'évolution, les humains et autres animaux ont développé ces réactions physiques au stress, car elles nous préparent littéralement soit à fuir soit à attaquer férocement en cas de menace.

La plupart d'entre nous sont conscientes de ces réactions physiologiques face aux situations perturbantes, mais certaines personnes peuvent se sentir submergées par celles-ci. Le sang nous monte à la tête, notre cœur semble prêt à exploser de la poitrine. Nous avons l'impression d'étouffer et commençons à haleter. Nous avons la tête qui tourne et nos pensées sont confuses. De telles réactions extrêmes au stress sont probablement ancrées dans certaines personnes. Des études ont montré que les gènes jouent un rôle dans l'intensité des réactions physiologiques au stress. Mais vous pouvez reprendre un peu de contrôle sur les réactions de votre corps en changeant votre manière de penser et de vous comporter.

Relaxation physique

Quand nous nous rendons compte que nous sommes bouleversés, certains d'entre nous commencent par paniquer devant le fait même de l'être. « Oh non, je perds les pédales ! Mon cœur bat vite ! Je ne peux plus respirer ! Je ne devrais pas me sentir comme ça ! Qu'est-ce qui ne va pas chez moi ! » Bien sûr, ces pensées ne font qu'accélérer encore le rythme cardiaque et la respiration, augmenter la pression artérielle et confirmer notre peur de perdre le contrôle. L'effet boule de neige des pensées et des réactions corporelles peut causer une véritable crise de panique, ou tout du moins rendre notre détresse insupportable. Nous voulons alors juste fuir cette situation. Pour arrêter l'emballement une fois qu'il est lancé, il faut que vous fassiez exactement ce que vous n'imaginez pas pouvoir faire : vous détendre. Vous ne pouvez pas simplement vous ordonner de vous détendre (même si cela aide certaines personnes) ; il faut utiliser des exercices de relaxation pour ralentir les changements physiologiques qui accompagnent votre emballement affolé. Les thérapeutes ont développé des dizaines d'exercices de relaxation, mais vous n'en avez besoin que de quelques-uns — simples, mais efficaces — dans votre arsenal.

Respiration de six secondes

Lorsque vous commencez à vous sentir bouleversée, ou si vous êtes complètement submergée par la détresse, arrêtez tout, fermez les yeux et prenez une inspiration longue et profonde. Tenez-la pendant deux à trois secondes. Puis expirez lentement en vidant complètement vos poumons, en laissant vos épaules et votre mâchoire se relâcher. Sentez la relaxation envahir vos bras et vos mains. Répétez plusieurs fois. Cet exercice peut se faire n'importe où, et n'importe quand — y compris au beau milieu d'une situation perturbante —, mais reste incroyablement efficace pour vous détendre.

Relaxation de la tête, du cou et des épaules

Quand vous êtes bouleversée, votre cou et vos épaules sont parmi les premiers muscles à se contracter. Détendre ces muscles permet d'envoyer des vagues de relaxation vers les autres muscles, vous aidant à réduire la réaction de stress/détresse dans votre corps.

Quand vous sentez votre cou et vos épaules se tendre, contractez d'abord le plus possible les muscles de votre cou et de vos épaules, et tenez cette tension pendant cinq à dix secondes. Maintenant, relâchez complètement vos muscles, et sentez la tension vous quitter. Répétez cet exercice plusieurs fois, en vous concentrant sur la différence de sensation entre vos muscles tendus, et vos muscles détendus.

Une autre série d'exercices pour relâcher la tension dans les épaules, le cou et la tête consiste à les faire tourner doucement. D'abord, roulez doucement vos épaules vers l'avant et vers l'arrière. Concentrez-vous sur la sensation de détente de vos muscles pendant l'exercice. Puis faites rouler votre tête de gauche à droite, et d'avant en arrière en un mouvement circulaire. Répétez ensuite cette séquence dans l'autre sens. Faites bien cela très lentement pour ne pas vous froisser les muscles du cou. Répétez ces exercices de rotation plusieurs fois, jusqu'à ce que vous sentiez la tension diminuer.

Quand vous êtes stressée, les muscles de votre front se contractent, et vous serrez les dents. Pour relâcher votre front, levez les sourcils comme si vous étiez très surprise. Puis détendez vos sourcils en inspirant lentement, tenez la respiration quelques secondes, puis expirez lentement et complètement. Sentez le relâchement de la tension dans votre front. Si vos dents sont serrées, faites rouler votre mâchoire inférieure tout en respirant lentement et profondément.

Relaxation mentale

Les exercices ci-dessus peuvent ralentir vos réactions physiologiques, mais vous devez aussi arrêter vos pensées bouillonnantes pour apaiser votre détresse. Il y a trois étapes pour gérer ces pensées : *accepter, choisir, se concentrer.*

Vous utiliserez la fiche Supporter la détresse à la page 243 pour travailler sur ces étapes. Repensez à une situation récente qui vous a beaucoup bouleversée. Imaginez le mieux possible et en détail la situation, et essayez de retrouver ce que vous avez pensé et ressenti à ce moment-là.

Ensuite, il faut *accepter* d'être bouleversée par cette situation stressante ; c'est une réaction normale au stress. Comme je l'ai dit, notre corps est programmé par l'évolution à réagir en accélérant le rythme cardiaque et la respiration face à une situation stressante.

Mais certaines femmes se reprochent d'être bouleversées : « Je suis une vraie mauviette ! Je ne devrais pas réagir comme ça ! Je ne peux rien gérer ! » Ces pensées nourrissent notre détresse et nous poussent à fuir la situation au lieu de l'affronter. Si ce genre de pensées vous vient quand vous êtes bouleversée, notez-les dans « Mes pensées quand je suis bouleversée ». Puis, dans « Contre-pensées », écrivez : « J'accepte cette pensée comme une réaction normale au stress. » Réfléchissez à d'autres déclarations que vous pouvez utiliser pour contrecarrer vos pensées « Je ne peux rien gérer ». Le but est de vous dire à vous-même que vous allez accepter cette détresse plutôt que de la monter en épingle ou de vous reprocher de la ressentir.

Accepter qu'être bouleversée soit une réaction normale est juste la première étape. Maintenant, vous devez *choisir* d'affronter cette détresse plutôt que de la fuir. Réfléchissez à des choses que vous pouvez vous répéter quand vous êtes bouleversée, et qui affirment votre choix de rester pour faire face à la situation, et votre conviction d'y parvenir. Quelque chose comme : « Je choisis de rester ici et de gérer ceci, et je *peux* le faire ! » Sur le coup, cela peut être difficile pour vous de croire vraiment que vous pouvez affronter votre détresse. Mais quand cela se produit, essayez de faire un des exercices de relaxation physiques, puis dites-vous que vous pouvez y arriver ; à mesure que votre corps se détend et que vous reprenez le contrôle de ses réactions, vous commencerez à croire que c'est vraiment possible de supporter les situations bouleversantes.

Enfin, essayez de changer votre perspective, et de vous *concentrer* non plus sur votre corps et ses réactions, mais sur ce qui se passe dans votre environnement. Souvent, nous sommes tellement débordés par nos sentiments et pensées de détresse que nous ne nous rendons plus compte de ce que les autres disent, ou de ce qui se passe. Il nous est alors difficile de réagir efficacement.

SUPPORTER LA DÉTRESSE

Accepter

Écrivez les pensées qui vous rendent difficiles l'acceptation et la tolérance de vos sentiments :

....

....

....

Écrivez au moins une contre-pensée qui vous aidera à accepter vos sentiments :

....

....

....

Choisir

Écrivez une déclaration sur votre choix d'affronter la détresse :

....

....

Se concentrer

Écrivez une déclaration qui vous aidera à changer de perspective et à vous concentrer sur la situation et non plus sur votre détresse :

....

....

Alors, après avoir accepté que ce soit normal d'être bouleversée dans une situation, choisi de tenir bon et d'affronter la situation, changez consciemment de perspective pour vous *concentrer* en détail sur ce qui se passe. Que disent les autres personnes ? Comment agissent-elles ? Essayez de ne pas vous laisser aller à interpréter la situation, en pensant par exemple : « Je n'arrive pas à croire qu'elle soit si déraisonnable ! » ou « Ça ne va pas bien finir ! » Au lieu de cela, essayez de vous concentrer sur les détails concrets de la scène, jusqu'à la couleur de la chemise que porte votre interlocutrice, la manière dont elle bouge la tête, le type de mouvements qu'elle fait.

Pourquoi est-ce que je vous demande de faire cela ? Parce que les études menées par les psychologues Ozlem Ayduk et Ethan Kross ont montré que lorsque les gens adoptent une perspective « à distance » sur une situation difficile, en regardant la scène se jouer comme s'ils étaient une mouche sur un mur et en se concentrant sur les détails concrets de ce qui se passe, ils sont moins bouleversés et peuvent réagir plus efficacement. En revanche, quand les gens ont une perspective « immergée » dans la situation, se concentrant sur ce qu'ils ressentent plutôt que sur ce qui se passe réellement, leur détresse augmente et ils sont moins capables de réagir efficacement.

Apprendre à *accepter, choisir* et *se concentrer* en cas de détresse demande de la pratique. En psychothérapie, les patients font souvent des jeux de rôles en recréant des situations difficiles avec le thérapeute, en essayant de faire remonter des moments bouleversants afin de s'entraîner à utiliser ces compétences, en plus des exercices utiles de relaxation. Vous pouvez demander à un ami de confiance de faire la même chose. Donnez à votre ami les détails d'une situation dans laquelle vous vous êtes sentie submergée par votre détresse, et demandez-lui de jouer le rôle de votre interlocuteur — le responsable de votre détresse — alors que vous essayez de revivre la situation de votre point de vue. Mais, cette fois, essayez d'utiliser vos exercices de relaxation, et de mettre en pratique l'acceptation, le choix et la concentration plutôt que de vous laisser submerger. Vous pouvez aussi vous entraîner à ces réactions efficaces en prévision d'un événement qui sera à votre avis difficile, comme un entretien d'évaluation avec votre chef, ou une conversation que vous devez avoir avec votre ado sur un sujet très sensible entre vous, comme les règles de l'utilisation de la voiture familiale. Demandez à votre ami de jouer le rôle de l'autre personne et entraînez-vous à garder le contrôle de votre détresse en vous détendant, puis en acceptant, en choisissant et en vous concentrant. Cette approche peut être extrêmement utile pour vous préparer à des situations difficiles et vous éviter d'être aussi bouleversée que vous auriez pu l'être.

Apprenez à réguler vos sentiments

Force émotionnelle n° 5

Les femmes sont très douées pour réguler leurs sentiments.

Un facteur déterminant de notre capacité à supporter la détresse est de savoir comment réguler des sentiments de détresse, afin qu'ils soient diminués et non amplifiés. Quand vous repensez à l'événement difficile de l'exercice précédent, *comment avez-vous régulé vos sentiments ? Avez-vous consciemment et activement fait des choses pour vous sentir mieux et améliorer votre capacité à gérer la situation ? Ou avez-vous juste laissé les sentiments suivre leur cours jusqu'à ce qu'ils disparaissent d'eux-mêmes ? Avez-vous fait des choses qui vous ont probablement fait vous sentir encore plus mal, comme boire de l'alcool ou pleurer de façon incontrôlable pendant longtemps ?*

Une autre manière d'évaluer vos compétences en régulation de sentiments est d'imaginer qu'une situation vraiment difficile, et qui vous bouleverse beaucoup, survienne à la maison ou au travail. Ensuite, utilisez la fiche de Régulation des sentiments à la page 247 et cochez toutes les choses que vous feriez typiquement en réaction à vos sentiments dans cette situation difficile.

Maintenant, que vous ayez ou non coché les cases correspondantes, entourez les actions n° 4, 5, 6, 7, 8, 10, 11 et 13. Ces réactions sont susceptibles de réduire votre détresse et de vous aider à faire face plus efficacement.

Ensuite, que vous ayez coché ou non ces réponses-là, tracez un X à côté des cases n° 15, 18 et 19. Ces réactions peuvent vous réconforter à court terme, mais ont tendance à vous faire sentir moins bien à long terme. Le reste des actions — n° 1, 2, 3, 9, 12, 14 et 16 — a tendance à aggraver votre stress et à rendre encore plus difficile la gestion de situations difficiles.

Pour le moment, concentrez-vous pour déterminer si votre inclination naturelle est de minimiser votre détresse, de réduire votre stress à court terme avec des effets néfastes possibles plus tard, ou d'augmenter votre détresse. Dans la section suivante, je vous présenterai des stratégies pour augmenter le nombre de vos réactions apaisantes et diminuer celui des réactions qui provoquent de la détresse, afin que vous vous sentiez davantage capable de réguler vos émotions et d'affronter les situations difficiles.

RÉGULATION DES SENTIMENTS

Imaginez une situation très difficile qui vous bouleverse. Pensez à la manière dont vous réagiriez à vos sentiments dans cette situation. Cochez toutes les cases correspondantes à une réaction que vous seriez susceptible d'avoir.

❑ 1. J'étouffe mes sentiments pour qu'ils ne ressortent pas.

❑ 2. Je crie sur quelqu'un pour laisser sortir mes sentiments.

❑ 3. Je fais quelque chose d'extrême, comme conduire très vite sur l'autoroute, pour libérer mes sentiments.

❑ 4. Je vais marcher un peu ou je fais quelque chose d'agréable pour me calmer.

❑ 5. J'essaie de respirer lentement ou de relâcher mes muscles pour me calmer.

❑ 6. J'essaie de voir la situation autrement.

❑ 7. Je parle de la situation à une personne de confiance.

❑ 8. Je prends des mesures pour changer la situation.

❑ 9. Je me concentre sur le responsable de la situation.

❑ 10. Je prie ou médite.

❑ 11. Je fais du sport pour me sentir mieux.

❑ 12. Je me concentre sur l'intensité de mon mal-être.

❑ 13. Je prends conscience que ces sentiments finiront par passer.

❑ 14. Je m'énerve contre moi-même de n'avoir pas mieux géré la situation.

❑ 15. J'évite d'y penser.

❑ 16. Je m'inquiète en pensant à la situation.

❑ 17. Je me demande pourquoi ce genre de choses m'arrive à moi.

❑ 18. Je mange quelque chose que j'aime pour me sentir mieux.

❑ 19. Je bois de l'alcool pour me sentir mieux.

Exercices pour développer votre capacité à réguler vos sentiments

Les réactions aux sentiments qui ne sont ni constructives ni productives, telles que les n° 1, 2, 3, 9, 12, 14, 15, 16, 18 et 19 de la fiche Régulation des sentiments, ont tendance à se diviser en trois catégories. D'abord, certaines de ces réactions orientent votre attention sur vos sentiments de détresse dans une situation, et comme nous venons de le voir, ce genre de perspective « immergée » nourrit votre détresse, rendant plus difficile une réaction efficace. Deuxièmement, certaines réactions consistent à étouffer ces sentiments pour le moment — mais au bout du compte, vos émotions vont finir par exploser. En plus, une suppression chronique de vos émotions provoque l'usure de votre corps. Troisièmement, certaines des réactions qui augmentent la détresse impliquent une fuite dangereuse, comme la conduite rapide sur l'autoroute, ou peut-être la consommation d'alcool.

Au contraire, certaines actions augmentent votre capacité à supporter les situations difficiles et à réagir de manière appropriée. Parmi celles-ci, trouver des moyens de vous détendre, que ce soit au moment de la situation difficile ou en général, afin de ne plus vous sentir bouleversée aussi facilement ou aussi souvent. Nous avons étudié certaines stratégies spécifiques pour nous détendre dans les exercices pour supporter la détresse, plus haut dans ce chapitre. Les actions restantes qui diminuent la détresse se divisent en deux catégories : les stratégies de réappréciation, et les stratégies de résolution de problèmes.

Lorsque j'expliquais comment mieux comprendre vos émotions, j'ai écrit que les *appréciations* sont des interprétations d'une situation — pourquoi vous pensez qu'une chose s'est produite, ce que vous pensez que cela signifie, etc. Considérer une situation comme menaçante provoque des sentiments d'anxiété et de peur. Interpréter une situation comme une perte cause de la tristesse. Et croire qu'une personne vous a délibérément provoquée déclenche de la colère. Les réappréciations sont des tentatives pour envisager la situation sous une autre lumière, et qui amène moins d'anxiété, de tristesse ou de colère. De très nombreuses études prouvent que la réappréciation est un outil efficace pour réguler les sentiments.

Entraînement à la réappréciation

Vous pouvez apprendre à utiliser la réappréciation pour réguler vos sentiments en prenant l'habitude de vous demander, lorsque vous vous sentez bouleversée : « Comment suis-je en train d'interpréter cette situation ? Puis demandez-vous : « Comment voir autrement la situation ? » Par exemple, imaginez que votre mère vous appelle pour vous dire qu'elle et votre père ont décidé de ne pas venir chez vous pour Noël, alors qu'ils le font depuis plusieurs années. Elle dit qu'ils ne viennent pas, car les billets d'avion sont devenus bien trop chers. Pour autant, votre interprétation initiale est qu'elle n'a jamais aimé votre mari et qu'elle se sert du prix des billets comme d'un prétexte pour ne pas se trouver sous le même toit que lui pendant quelques jours. Cette appréciation vous met en colère, et vous vous sentez frustrée envers votre mère.

Mais demandez-vous : « Y a-t-il une autre façon de voir la situation ? » Vous pourriez simplement accepter la raison évoquée. Vous pourriez même vous demander si la situation financière de vos parents ne les pousse pas à se faire du souci pour leur argent. Peut-être que vos parents ont vieilli et commencent à avoir peur de voyager en avion. Ils se fatiguent facilement, votre père est perturbé et frustré quand il y a des retards, et les chevilles de votre mère gonflent en altitude. Ou peut-être n'est-ce pas votre mari qu'ils évitent en refusant de venir, mais votre tante Bénédicte, qui vient aussi pour Noël et rend votre mère complètement folle à force de se plaindre et de raconter avec moult détails atroces ses interminables procédures médicales. En imaginant plusieurs réappréciations, vous apaiserez un peu votre colère. Cela vous donnera l'espace émotionnel nécessaire pour demander calmement à votre mère s'il y a quoi que ce soit que vous devriez savoir, comme des problèmes d'argent, de santé, etc.

Repensez à un moment au cours de la semaine passée où vous vous êtes sentie bouleversée. Comme vous l'avez fait dans l'exercice précédent, faites remonter les pensées que vous aviez alors, comme si vous écoutiez la radio dans la pièce d'à côté. *Quelles étaient vos appréciations de la situation difficile ? Vous êtes-vous sentie menacée par quelque chose dans cette situation ? Avez-vous pensé que vous aviez perdu quelque chose d'important pour vous ? Avez-vous interprété le comportement d'une autre personne comme volontairement blessant à votre égard ?* Maintenant, gardez la même situation, mais demandez-vous : « Comment voir autrement cette situation ? » Ce n'est pas toujours facile au début de réussir à réapprécier une situation. Une manière de vous y aider est de vous demander : « Comment une autre personne pourrait-elle voir la situation ? » Si vous ne parvenez pas à envisager autrement la situation, vous pouvez demander de l'aide à une amie. Décrivez-lui la situation en détail, puis demandez-lui comment elle l'interpréterait. Le résultat pourrait être bien éloigné de votre interprétation. Si elle a la même appréciation que vous au départ, alors demandez-lui de réfléchir à d'autres manières d'envisager les choses.

Puis, au cours de la semaine prochaine, utilisez la fiche de Réappréciation qui suit pour vous entraîner à réévaluer des situations difficiles. Chaque fois que vous vous sentez bouleversée — que vous soyez énervée, triste, anxieuse, frustrée ou submergée — décrivez la situation dans la première colonne. Ensuite, écoutez ce qui se joue dans votre esprit, c'est-à-dire ce que sont vos appréciations ou interprétations initiales de la situation. Essayez alors de trouver au moins une réappréciation pour cette situation en vous demandant : « Comment voir autrement cette situation ? » Il est généralement utile d'utiliser cette fiche peu de temps après que la situation a eu lieu. Autrement, il peut être plus difficile de retrouver votre interprétation initiale, et de comprendre pourquoi elle vous a bouleversée.

Des études montrent que la pratique de la réappréciation à l'aide de fiches comme celle-ci peut améliorer considérablement votre capacité à réguler vos sentiments. En fait, les personnes souffrant de dépression peuvent la surmonter en apprenant la réappréciation dans le cadre d'une thérapie cognitive.

RÉAPPRÉCIATION

Situation :	*Votre appréciation initiale :* *Qu'avez-vous pensé qu'il se passait à ce moment-là ?*	*Vos réappréciations :* *Quelles autres interprétations pourraient expliquer la situation ?*

Après avoir utilisé la fiche de Réappréciation pendant plusieurs semaines, et quand vous serez sûre de votre capacité à imaginer une réappréciation pour chaque situation difficile que vous rencontrez, choisissez l'une des situations difficiles notées au cours de votre première semaine d'utilisation et accordez-vous trois minutes pour réfléchir à autant de réappréciations que possible. La semaine suivante, répétez l'opération, en essayant de trouver d'autres réappréciations. Au fur et à mesure que vous améliorerez votre capacité à utiliser la réappréciation, vous serez probablement moins susceptible de vous enliser dans votre appréciation initiale, et vous trouverez rapidement d'autres explications possibles à la situation.

Résolution des problèmes

Un autre outil formidable pour réguler vos sentiments consiste à adopter une approche de résolution de problèmes devant des situations difficiles. Pour résumer, au lieu de voir une situation comme une menace, une perte ou une provocation, essayez de l'envisager comme un problème qui doit être résolu. En vous concentrant sur la résolution du problème, vous détournez votre attention des sentiments négatifs vers les mesures à prendre pour mieux contrôler la situation ou la changer.

Comme pour la réappréciation, l'approche de résolution des problèmes n'est pas naturelle ou automatique pour beaucoup d'entre nous. Mais nous pouvons nous poser une simple question pour encourager notre changement de perspective, de la rumination à la résolution : y a-t-il quoi que ce soit que je puisse faire et qui pourrait changer la situation en mieux ?

Imaginez : votre fille vous propose constamment comme volontaire au collège pour plein d'activités, et ça vous rend complètement folle. Sa classe a besoin de gâteaux pour une fête, et elle vous inscrit pour faire des cupcakes. Ses amis et elle ont besoin d'un chauffeur pour les emmener et les ramener du match de basket-ball, et elle dit que vous êtes volontaire. Vous l'avez grondée à plusieurs reprises déjà, mais vous cédez toujours, et finissez par être en colère contre vous-même et contre elle. Y a-t-il quoi que ce soit que vous puissiez faire et qui pourrait changer la situation en mieux ? Lui crier dessus ne marchera pas, et vous ne voulez pas la laisser tomber avec ses amis pour le match de basket-ball. Mais vous voulez fixer des limites et l'amener à faire plus attention à ce qu'elle vous demande. Vous pourriez lui dire : « Je vais faire les cupcakes (ou vous conduire au match de basket), mais je vais te faire payer pour ce service. Je vais te retirer une petite somme de ton argent de poche pour chaque cupcake (ou chaque ami dans la voiture), et chaque fois que tu m'inscriras comme volontaire sans me le demander suffisamment à l'avance, je le déduirai de ton argent de poche. » Je suis sûre qu'elle comprendra la leçon assez rapidement.

L'approche de résolution de problèmes pour réguler ses sentiments est particulièrement appropriée dans les situations de crise. Si votre enfant tombe d'une structure dans une aire de jeux et se tord de douleur, vous devriez penser à comment prendre soin de lui plutôt que de vous concentrer sur votre peur. Si vous arrivez à l'aéroport pour partir en vacances en famille et que votre vol a été annulé, la meilleure façon de gérer vos sentiments est de passer en mode résolution de problèmes. Ça veut dire que vous ne restez pas plantée là, à crier après l'agent de la compagnie. Non, vous vous creusez la tête pour trouver comment transporter votre famille jusqu'à votre destination de vacances, et demandez l'aide de l'agent pour atteindre votre objectif. En général, si vous réussissez à rester concentrée sur la résolution de la crise plutôt que sur sa nature bouleversante, vous parviendrez à faire appel à la créativité et à la coopération des autres pour résoudre la situation.

Pour vous entraîner à résoudre des problèmes, revenez aux situations que vous avez listées sur la fiche de Réappréciation et, pour chacune d'elles, posez-vous la question suivante : « Y a-t-il quoi que ce soit que j'aurais pu faire dans cette situation pour l'améliorer ? » Ensuite, au cours de la semaine suivante, lorsque vous êtes confrontée à une situation pénible, posez-vous cette question et voyez si vous pouvez adopter une approche axée sur la résolution des problèmes. Cette stratégie ne fonctionne pas dans toutes les situations — il y a des problèmes qui ne peuvent être résolus, comme la perte d'un être aimé. Mais la grande majorité des situations se prêtent à la résolution de problèmes.

VOTRE GUIDE PRATIQUE

Les forces émotionnelles des femmes comptent parmi leurs plus grands atouts. Développer vos forces émotionnelles vous permet d'utiliser toutes vos autres forces plus pleinement. Avoir de bonnes forces émotionnelles peut aussi améliorer votre santé, car les émotions négatives chroniques que vous n'exprimez pas et que vous sentez incontrôlables peuvent user votre corps et causer des maladies. Aussi difficiles que puissent être certains des exercices de ce chapitre, leur réalisation peut être bénéfique dans tous les domaines de notre vie.

Voici un résumé des activités d'évaluation et des exercices pour développer vos forces émotionnelles :

DÉVELOPPER SES FORCES ÉMOTIONNELLES

Force spécifique	Activités d'évaluation	Exercices de renforcement
Force émotionnelle no 1 : Percevoir les sentiments des autres.	À la fin de chaque journée, listez les personnes avec qui vous avez interagi et les émotions qu'elles ont ressenties, à votre avis. À quel point est-ce facile ou difficile de savoir ce que les autres ressentent ?	**Exercice pour se mettre à l'écoute des sentiments des autres** (page 226) Rendez-vous dans un lieu public, comme un centre commercial, et observez les expressions sur le visage des gens, ainsi que leur posture. Essayez de deviner ce qu'ils ressentent. **Exercice de compréhension des sentiments des autres** (page 226) Apprenez les liens entre certaines situations et des émotions spécifiques. Puis entraînez-vous à analyser le type de situation dans lequel les autres se trouvent, et ce qu'ils peuvent logiquement ressentir.

Force spécifique	Activités d'évaluation	Exercices de renforcement
Force émotionnelle n°2 : Comprendre vos propres émotions.	À la fin de chaque journée, notez comment vous vous êtes sentie lors des interactions avec les autres. À quel point est-ce facile ou difficile de savoir ce que vous ressentez ?	**Exercice de reconnaissance de vos appréciations** (page 231) Pour chacune des situations où vous vous sentez émotive, réfléchissez aux appréciations que vous en faites et à la manière dont ces appréciations orientent et provoquent vos émotions.
Force émotionnelle n°3 : Exprimer vos émotions.	Pendant quelques jours, listez les situations dans lesquelles vous vous êtes sentie émotive devant une autre personne. Notez la fréquence à laquelle vous avez exprimé ces émotions, avec qui c'était facile, et avec qui c'était difficile.	**Exercice d'expression assertive** (page 234) Classez les personnes de la moins effrayante à la plus effrayante, en ce qui concerne l'expression de vos émotions. Puis, commencez avec la moins effrayante et cherchez une occasion de lui exprimer vos émotions. Remontez ensuite votre liste vers la personne la plus effrayante. Apprenez à communiquer vos émotions de manière assertive : décrivez précisément ce que vous ressentez et le comportement ou la situation à l'origine de ces émotions. Vous pouvez aussi suggérer une solution pour vous sentir mieux. Entraînez-vous à utiliser des réponses assertives pour exprimer vos émotions aux personnes qui vous entourent, en commençant par la moins effrayante, et en remontant la liste vers les plus effrayantes. Faites une liste des pour et des contre de l'expression de vos émotions face à certaines personnes, pour vous aider à décider s'il est pertinent ou non d'exprimer vos émotions.

→

Force spécifique	Activités d'évaluation	Exercices de renforcement
Force émotionnelle n° 4 : Supporter la détresse.	Repensez à la situation la plus bouleversante vécue le mois dernier. Dans quelle mesure avez-vous été capable de supporter cette détresse ? Est-ce que ça vous a paru trop dur, ou est-ce que vous avez pu gérer ?	**Exercices de relaxation physique** (page 239) Pratiquez la respiration de six secondes, et la relaxation de la tête, du cou et des épaules pour reprendre le contrôle de vos réactions physiologiques face à des situations stressantes. **Exercice de relaxation mentale** (page 241) Rappelez-vous une situation difficile passée, puis imaginez comment vous *accepteriez* vos émotions, *choisiriez* de faire face à votre détresse plutôt que de la fuir, et vous *concentreriez* sur ce qui se passe à ce moment-là plutôt que sur votre corps. Entraînez-vous à prendre une perspective « à distance » des situations difficiles, en vous concentrant sur ce qui se passe concrètement plutôt que sur vos propres réactions.
Force émotionnelle n° 5 : Réguler vos sentiments.	Évaluez les types de réactions que vous avez tendance à avoir dans les situations difficiles.	**Exercice d'entraînement à la réappréciation** (page 249) Entraînez-vous à formuler des réappréciations de situations difficiles en vous demandant : « Y a-t-il une autre manière d'envisager la situation ? » ou « Comment une autre personne pourrait-elle voir la situation ? » **Exercice de résolution des problèmes** (page 252) Entraînez-vous à adopter une approche de résolution des problèmes face aux situations difficiles en vous demandant : « Y a-t-il quoi que ce soit que je puisse faire pour améliorer la situation ? »

Chapitre 9

Mieux se lier aux autres : développez vos forces relationnelles

Les forces relationnelles — comprendre le point de vue des autres, écouter activement et patiemment, faire passer les besoins des autres d'abord — sont assez naturelles pour la plupart des femmes, et vous aurez donc l'impression que ce n'est pas un domaine qui nécessite beaucoup de travail. Le changement de perspective, l'écoute active, la patience et la mise en équilibre des besoins des autres sont des outils fondamentaux pour être un bon parent et un bon partenaire, et nous avons de nombreuses occasions de mettre en pratique et d'affiner ces compétences dans notre vie de famille. Même si c'est votre cas, vous auriez certainement avantage à vous exercer à trouver le juste équilibre entre l'empathie envers vos proches et vos amis, et la satisfaction de vos propres besoins et droits. De plus, vous pourriez découvrir que vous avez de formidables forces relationnelles dans certains contextes, comme en famille, mais que vous avez besoin de vous entraîner à mobiliser ces forces dans d'autres situations, comme au travail ou lors de vos activités bénévoles. Les forces relationnelles sont aussi importantes sur votre lieu de travail qu'avec votre famille ou vos amis, que vous soyez une salariée lambda ou que vous ayez un poste à responsabilités. Les forces relationnelles mènent à des négociations et à des partenariats plus fructueux et à une meilleure motivation des salariés, et développer ces forces peut vous aider à faire avancer votre carrière et à mieux diriger les autres.

Apprenez à être empathique

Force relationnelle n^o^1

Les femmes sont capables de se mettre à la place des autres.

Les gens capables de mettre temporairement de côté leur propre point de vue, qui ne supposent pas que les autres voient les choses comme eux, sont plus à même de prévoir et de répondre aux besoins et aux préoccupations des autres. Ainsi, se mettre à la place d'une autre personne — envisager ses motivations, objectifs, influences, priorités et émotions — est une compétence essentielle à la fois pour de bonnes relations personnelles et pour négocier des accords mutuellement satisfaisants.

Il est tout particulièrement difficile d'adopter le point de vue d'une autre personne quand nous sommes en conflit avec elle, ou que nous nous sentons lésés par celle-ci. Dans ces cas-là, nous avons tendance à nous dire, sur la défensive : « Je mérite d'obtenir ce que je veux ! » ou : « Comment ose-t-il me traiter comme ça ! », ou encore : « Je n'arrive pas à croire qu'elle se soit si mal comportée ! » Dans le chapitre précédent, j'ai expliqué comment mieux comprendre l'environnement émotionnel des personnes qui vous entourent. Il est temps maintenant de tester et de développer vos pouvoirs de changement de perspective — comprendre les objectifs et problèmes des autres pour trouver un terrain d'entente entre vous.

Pour évaluer votre niveau de force relationnelle n° 1, rappelez-vous toutes les situations au cours du mois passé dans lesquelles vous étiez en conflit avec une autre personne (par exemple, au sujet d'une vente ou d'un contrat), ou quand une autre personne vous a énervée, offensée ou blessée. Disons, par exemple, que votre chef a présenté un projet au conseil d'administration de l'entreprise et qu'il en ait accepté les félicitations — en oubliant d'admettre que c'était vous qui aviez trouvé le concept du projet et contribué pour moitié aux recherches pour préparer la présentation finale. Ou, imaginons que lorsque vous avez fièrement annoncé que vous aviez acheté une nouvelle voiture très bien notée, votre père vous a répondu que vous aviez pris une décision stupide, en laissant le concessionnaire vous faire payer trop cher. Si aucun incident de ce genre ne vous vient à l'esprit, pensez à une situation récente dans laquelle une personne proche de vous, comme un membre de votre famille ou une bonne amie, a été énervée, offensée ou blessée par une autre personne. Par exemple, peut-être que votre fille a été taquinée par une camarade qu'elle pensait être son amie.

Dans de telles situations, il est facile de se concentrer uniquement sur notre propre point de vue, ou celui de notre proche. Mais prenez quelques minutes pour réfléchir à ce qui a pu motiver l'autre personne. Était-elle motivée par des contraintes extérieures qui l'*ont poussée à agir ainsi ?* Par exemple, peut-être que votre chef n'a pas eu l'occasion de parler du travail d'équipe qui a permis de préparer le projet. Nous avons en effet tous assisté à des réunions pendant lesquelles nous ne sommes supposés que présenter une idée aux décideurs, et ce sont eux qui monopolisent la parole. *Peut-être n'a-t-il pas pu intervenir du tout. Est-ce possible qu'il ait mal compris tout ce que vous avez traversé ?* Si, dans le passé, vous avez généralement évité de vous attribuer le mérite de projets afin d'établir un esprit de camaraderie au sein de l'équipe, votre chef ne se rendra peut-être pas compte que vous auriez aimé que votre contribution soit mentionnée *parce qu*'elle était présentée devant le conseil, avec qui vous avez très peu de contact. Quels objectifs auraient pu le pousser à agir comme il l'a fait ? Peut-être que votre chef a son propre entretien d'évaluation bientôt, et que l'an dernier, on lui a dit qu'il devait faire preuve de plus d'innovation.

Si vous avez trouvé facile de répondre à ces questions, et de vous souvenir de prendre en compte le point de vue de l'autre personne au cours de la situation, alors vous devriez vous attribuer un « Excellent ! » pour cette compétence. Si, en revanche, il vous semble étrange, voire inappropriée, de vous inquiéter de ce que traversait l'autre personne, alors il serait souhaitable d'améliorer vos compétences en changement de perspective. Être capable de vous mettre à la place d'une autre personne ne veut pas dire que vous la laissez « gagner », ou que vous acceptez sa manière d'agir envers vous. Non, cela vous permet de réagir plus consciemment et plus efficacement à ce comportement, dans votre propre intérêt.

Exercices pour développer votre capacité à vous mettre à la place des autres

Entrer dans la tête des gens — voir le monde à travers leurs yeux, vous rendre compte des facteurs de stress et des obstacles qu'ils affrontent, comprendre comment leur histoire influence la personne qu'ils sont aujourd'hui — devrait être plus facile avec ceux que vous connaissez le mieux, en particulier les membres de votre famille. Vous les avez connus toute votre vie, ou presque, et avez une connaissance intime de nombreux événements fondamentaux de leur vie. Pourtant, il est étonnant de constater que nous avons souvent l'impression de ne pas savoir ce que traverse un être aimé, pourquoi il dit ce qu'il dit ou comment il peut se comporter si mal. De plus, avec les gens que nous côtoyons au quotidien, nous ne prenons souvent pas le temps de découvrir ce qui se passe dans leur vie à ce moment-là et qui pourrait influencer leur comportement. Nous sommes tellement occupés par nos activités que nous ne savons même pas que le travail de notre mari est devenu plus stressant ces dernières semaines, ou que notre enfant est harcelé à l'école.

Entrer dans la tête des autres

Ainsi, la maison est un bon endroit pour travailler votre capacité à vous mettre à la place des autres. Prenez l'exemple d'un incident qui s'est produit cette semaine, et au cours duquel vous avez été déconcertée par le comportement de l'un des membres de votre famille.

Au cours de la semaine qui arrive, dès qu'une personne proche de vous dit ou fait quelque chose qui vous surprend, demandez-vous : « Quelles pensées ou situations peuvent avoir influencé sa manière d'agir ? » Essayez vraiment de ne pas imposer votre propre point de vue sur son comportement, avec des pensées telles que : « Eh bien moi j'aurais... » Ce que *vous* auriez pensé ou fait n'est pas pertinent ici. Votre mission consiste à essayer de comprendre ce qui motive le comportement de l'autre personne. Avec de la pratique, vous constaterez probablement que vos réactions négatives initiales aux comportements des autres s'adoucissent. Vous remarquerez sûrement aussi que vous avez des conversations plus productives avec les autres et qu'ils sont plus disposés à coopérer avec vous.

Négociation à partir de perspectives multiples

Même si toutes les situations n'appellent pas un accord, la négociation est un domaine dans lequel il est vraiment payant d'apprendre à tenir compte du point de vue des autres. Comme je l'ai décrit au chapitre 4, des études montrent que les négociations dans lesquelles chaque partie tente de prendre la perspective de l'autre aboutissent à des accords plus satisfaisants pour tous.

Pensez à un conflit en cours dans lequel vous devez négocier ou parvenir à un accord commun. Par exemple, vous et votre adolescent devez partager une voiture et négocier le planning d'utilisation. Ou vous devez trouver un accord avec un autre service de votre entreprise pour vous répartir les responsabilités dans le cadre d'un grand projet commun. À l'aide de la fiche Négocier à partir de perspectives multiples ci-après, décrivez le conflit ou la question qui doit être négociée. Notez ensuite l'opinion de l'autre personne, y compris les divers points qu'elle pourrait soulever pour appuyer sa position. Puis classez ce que vous pensez être les objectifs ou les préoccupations les plus importants pour l'autre personne dans cette négociation — ce qu'elle souhaite le plus obtenir de la négociation, et ce qui est moins important pour elle.

Procédez ensuite de la même manière pour votre propre position — décrivez-la, y compris les points qui l'appuient. Classez vos objectifs et vos préoccupations, des plus importants que vous ne pouvez pas abandonner, jusqu'aux moins importants.

En remplissant cette feuille de travail, gardez à l'esprit que des facteurs externes peuvent influencer la position de l'autre personne dans cette négociation. Si, par exemple, le chef de l'autre service sait que son chef de projet principal traverse une crise à la maison, il ne le révélera pas en exposant sa position, mais cela affectera certainement ce qu'il est prêt à offrir et à concéder au cours de votre négociation autour du partage des ressources du projet.

NÉGOCIER À PARTIR DE PERSPECTIVES MULTIPLES

Décrivez le conflit :

....

....

Présentez le point de vue de l'autre :

Présentez votre point de vue :

Identifiez et classez, du plus important au moins important, les objectifs et les préoccupations de l'autre personne :	Identifiez et classez, du plus important au moins important, vos objectifs et préoccupations :
1.	
2.	
3.	
4.	
5.	
6.	
7.	
8.	
L'accord partagé :	

Maintenant, observez les deux listes. *Y a-t-il des points sur lesquels vous pourriez trouver un terrain d'entente ?* Entourez ces éléments dans vos deux colonnes. Ensuite, cherchez les domaines où vous pourriez trouver un équilibre entre les préoccupations de l'autre personne et les vôtres. *Y a-t-il une question parmi les trois préoccupations ou objectifs principaux de l'autre personne que vous êtes prête à concéder en échange de quelque chose que vous voulez ou dont vous avez besoin ?* Si oui, reliez les deux par une flèche. Maintenant, au bas de la fiche, décrivez l'accord commun possible sur tous ces points — les domaines dans lesquels vous avez trouvé un terrain d'entente ou les questions que vous pourriez concéder ou négocier.

Enfin, faites un véritable effort pour vous mettre à la place de l'autre personne. Imaginez que vous cédiez sur tous les points non résolus de la liste de l'autre personne — sans rien obtenir sur votre liste en échange. Que pourriez-vous y gagner ? Réfléchissez à cela en prenant en compte non seulement la négociation actuelle, mais celles à venir que vous pourriez avoir à faire avec cette personne, et les avantages que vous pourriez obtenir lors d'une prochaine négociation, si vous cédiez un peu pour celle-ci.

Au début, quand vous apprenez à négocier à partir de perspectives multiples, vous pourriez avoir du mal à envisager la position de l'autre personne, sans parler de comprendre les différents éléments qui composent son point de vue, et la manière dont la personne les classe entre eux par ordre d'importance. Si vous avez des difficultés, demandez à une amie de confiance de jouer le rôle d'un interlocuteur réaliste afin que vous puissiez entendre directement le point de vue d'une autre personne.

Apprenez à écouter les autres

Force relationnelle n° 2

Les femmes écoutent activement les autres.

Une des manières de savoir si vous avez besoin de développer votre force relationnelle n° 2 est de demander leur avis aux proches avec qui vous parlez régulièrement et sérieusement. Au cours d'un tête-à-tête avec votre mari ou partenaire, ou votre enfant, demandez-lui s'il pense que vous l'écoutez bien. Vous devrez vous efforcer d'être aussi peu sur la défensive que possible — ne répliquez pas si votre proche reste évasif ou vous dit carrément qu'il y a des moments où vous n'écoutez pas bien. Au contraire, taisez-vous et écoutez. Essayez de savoir (sans que ça tourne à l'interrogatoire) dans quelles situations vous avez tendance à bien écouter et dans quelles situations vous n'écoutez pas bien. Par exemple, il se peut que votre enfant sente que vous l'écoutez bien lorsque vous êtes à la maison et que l'ambiance est apaisée, mais que lorsque vous l'emmenez à l'école ou qu'il vous appelle au travail, vous êtes préoccupée et n'écoutez pas. Cela peut être compréhensible, mais les enfants communiquent souvent des choses importantes à des moments inopportuns, et si vous voulez savoir ce qui se passe avec eux, vous devez les écouter, peu importe ce que vous préfériez faire d'autre.

Au travail, nous avons tendance à être très motivés pour écouter nos supérieurs. Ce sont vos collègues et surtout vos subordonnés que vous risquez de ne pas bien écouter. Il peut être difficile de savoir si vous êtes une bonne oreille au travail, parce que les gens qui travaillent sous vos ordres peuvent être trop intimidés pour vous parler de vos problèmes d'écoute, et vos collègues peuvent ne pas vouloir attiser les conflits. Pour tester vos capacités d'écoute au travail, passez quelques jours à essayer d'écouter activement à des moments où d'autres personnes, en particulier vos collègues de même niveau hiérarchique ou vos subordonnés, parlent avec vous. *Est-il difficile de bien écouter ? Avez-vous l'impression de faire cela souvent ? Ou s'agit-il d'une nouvelle expérience surprenante, ce qui suggère que l'écoute est une compétence que vous devriez peut-être améliorer ?*

Exercices pour développer ses capacités d'écoute

Rien ne vous enseigne plus les avantages de l'écoute active que de la pratiquer et d'en constater les avantages vous-même. Essayez donc ces exercices pour vous motiver à écouter plus.

Exercice du silence

Si vous avez découvert que vous parlez mais n'écoutez pas beaucoup, passez un ou deux jours à faire semblant d'avoir une laryngite et d'être aphone. Interdisez-vous de parler, même quand vous le voulez vraiment. Pendant votre fausse laryngite, soyez attentive à ce que vous auriez pu rater si vous aviez parlé. Est-ce que vos enfants s'ouvrent et disent des choses que vous êtes surprise d'entendre ? Votre conjoint remplit-il l'air calme du dîner d'informations éclairantes sur ce qui se passe au travail ? Vos collègues et employés osent-ils faire part de nouvelles idées ou opinions qui vous étonnent ? Tenez un journal de ce que vous entendez, et que vous n'auriez probablement pas entendu si vous n'aviez pas gardé le silence. *Qu'est-ce que vous ou les autres avez tiré de votre écoute plus active ? Les autres étaient-ils plus assurés, ou avaient-ils davantage confiance en vous ? Est-ce que l'écoute vous a donné une idée de ce qu'ils vivent ?*

Maintenant, écrivez les avantages à écouter plus et à parler moins, sur des cartes individuelles.

Pour éviter de mélanger mentalement les cartes « Écoute active » avec vos cartes « Pensées négatives » du chapitre 6, choisissez des cartes de couleur différente, comme le bleu ou le jaune. Utilisez autant de cartes que nécessaire, mais essayez d'en tirer tous les avantages, chacun noté sur sa propre carte. Il serait bon de conserver ces cartes et de les garder à portée de main — relisez-les pour vous motiver à passer plus de temps à écouter activement à la maison et au travail, surtout lorsque vous savez qu'une conversation importante doit avoir lieu sous peu, et au cours de laquelle votre instinct pourrait vous pousser à parler plutôt qu'à écouter.

Exercice de l'élastique en caoutchouc

Réfléchissez à ce qui vous pousse à parler autant dans de telles situations. *Exprimez-vous vos opinions ou étalez-vous vos connaissances pour être bien vue ? Essayez-vous de contrôler la situation ?* Parfois, c'est une bonne idée. Si vous avez vraiment la meilleure solution à un problème au travail, il faut vous faire entendre et faire valoir votre point de vue pour le bien de l'entreprise et de votre propre carrière. Si vous croyez vraiment que votre époux ou partenaire, ou votre enfant, prend une mauvaise décision, vous devriez le lui dire. Mais si vous imposez constamment votre opinion ou si vous vous contentez de parler aux autres, il peut y avoir des conséquences négatives sur votre relation aux autres, sur leur désir d'écouter ce que vous dites, et sur le développement de leur indépendance et de leur assurance.

Donc, au cours de la semaine qui arrive, portez un petit élastique en caoutchouc autour du poignet, et chaque fois que vous vous surprenez en train de monopoliser une conversation, de ne pas écouter ce que les autres disent, ou de les interrompre, faites claquer l'élastique pour vous souvenir de rester silencieuse et d'écouter.

Apprenez à être patiente

Force relationnelle n° 3

Les femmes sont tolérantes et patientes.

Les tests pour savoir si vous êtes patiente sont les mêmes que ceux pour savoir si vous écoutez bien, parce que ces deux forces sont liées — vous ne pouvez pas écouter si vous êtes impatiente. Vous pouvez donc demander ouvertement aux gens qui vous entourent s'ils vous trouvent patiente ou impatiente avec eux. Encore une fois, préparez-vous à être désagréablement surprise. Nous pensons souvent être beaucoup plus patientes que les autres ne nous voient.

Un autre test consiste à vous observer pendant une semaine, à surveiller les moments où vous vous sentez frustrée ou agitée, comme si vous aviez envie de bondir de votre fauteuil — bref, impatiente. À quelle fréquence ces situations se produisent-elles ? En présence de qui ont-elles tendance à survenir ? Si, en une semaine, de telles situations ne se produisent pas, c'est que vous êtes une personne très patiente ! Si vous les traversez fréquemment, à la maison ou au travail, la patience est sûrement une force que vous devriez cultiver.

Karen a été choquée d'apprendre que sa famille ne la voyait pas comme quelqu'un de patient. Elle a demandé à son mari et à ses deux enfants s'ils la trouvaient patiente. Personne ne voulait répondre. C'est ce qui lui a d'abord fait comprendre que la réponse n'était pas : « Oui, tu es très patiente, Karen. » Elle a dit à sa famille : « Je vous promets de ne pas me fâcher. Je veux savoir quand je ne suis pas patiente pour m'améliorer. »

Finalement, sa fille lui a dit : « Maman, tu es très patiente le week-end, mais pendant la semaine, tu as toujours l'air pressée et tu nous demandes de nous dépêcher. Je sais qu'on est lents, mais tu ne me laisses même pas finir mes phrases parfois. Tu les finis pour moi pour qu'on puisse passer à autre chose. » Encouragé par l'honnêteté de sa fille, le mari de Karen, Joe, a ajouté : « Tu peux être si impatiente pendant la semaine que je n'ai pas l'impression de pouvoir te parler de ce qui s'est passé pendant ma journée. »

Karen a réfléchi à un million d'objections à ce que sa fille et son mari avaient dit. C'était son rôle d'emmener les enfants à l'école avant de se rendre au travail — ils semblaient toujours en retard ou oublier des choses, alors bien sûr, elle devait les presser. Et, quant à son mari, ne comprenait-il pas que le soir elle avait beaucoup de choses à gérer en même temps, comme la cuisine, la vaisselle, la lessive et aider les enfants à faire leurs devoirs ? Comment Joe pouvait-il s'attendre à ce qu'elle s'assoie et discute tranquillement de sa journée de travail ?

Mais Karen a décidé de réprimer ses protestations et a remercié calmement sa famille pour leur honnêteté envers elle. Puis elle s'est observée au cours de la semaine suivante et s'est rendu compte qu'elle se sentait *toujours* pressée et agitée avec ses enfants et son mari. C'était comme s'ils appuyaient sur le bouton « Lenteur » et se déplaçaient comme de vieilles tortues. Karen a aussi pris conscience que pousser son mari et ses enfants ne les faisait pas aller plus vite, mais créait de l'hostilité entre elle et eux. De plus, elle a raté quelques moments importants de la semaine à cause de son impatience : Joe a essayé de lui dire qu'il était inquiet de l'état de santé de ses parents, son fils avait du mal à comprendre de nouveaux concepts en sciences, sa fille était préoccupée par son apparence et restait plantée devant le miroir pendant une heure chaque soir. Karen a bien compris à la fin de la semaine que la patience était une capacité qu'elle devait vraiment développer.

Exercices pour développer la patience

Pourquoi êtes-vous toujours si pressée ? C'est la question que vous devriez vous poser si vous pensez être une personne impatiente. Vous pourriez répondre, comme Karen : « Parce qu'il y a tant à faire ! » Mais la question est alors de savoir si faire tout cela en vaut la peine, si vos relations — à la maison, au travail, avec vos amis — en pâtissent à cause de votre impatience. Si vos relations en pâtissent, alors vous devez réfléchir à la façon de réduire les tâches qui vous font vous sentir si pressée et sous pression, pour pouvoir ralentir, écouter et être présente pour vos proches.

Choix des priorités

Si vous êtes impatiente à la maison parce qu'il y a tout simplement trop de corvées, d'activités, etc., faites une liste de toutes ces tâches. Ensuite, asseyez-vous avec votre famille et classez-les en fonction de leur importance. Les devoirs seront en tête de liste, comme les courses alimentaires. Mais regarder la télévision ou ranger le garage sera (j'espère) tout en bas de la liste. Les cours de musique de votre fille sont en haut de la liste parce que c'est très important pour elle, mais vous voudrez peut-être mettre le repassage de ses vêtements plus bas sur la liste. Regardez s'il y a des activités en bas de la liste qui pourraient être complètement éliminées, ou du moins réduites. Demandez-vous aussi si vous vous souciez trop de tout faire parfaitement : vous poussez votre enfant à faire tous les devoirs facultatifs, et attendez de lui qu'il rende des exposés qui ont l'air d'être faits par des professionnels ; votre maison doit toujours ressembler à un intérieur de magazine de décoration ; vos repas sont tellement sophistiqués que vous pourriez concurrencer des restaurants gastronomiques. Tout cela est-il vraiment nécessaire ? En insistant sur la quasi-perfection dans certains domaines de notre vie, nous nous mettons beaucoup de pression, ce qui rend difficile la patience envers les autres qui ne comprennent peut-être pas ce besoin de perfection.

Si vous êtes impatiente au travail, commencez par déterminer qui est la cible la plus fréquente de votre impatience. Si l'une de vos salariées semble tout faire à la vitesse d'un escargot, demandez-vous si elle a besoin d'une formation supplémentaire ou d'un équipement particulier (comme un ordinateur plus rapide) pour faire son travail plus efficacement. Ou peut-être qu'elle est surchargée, et que vous devez travailler avec elle pour rationaliser ses tâches et établir des priorités afin qu'elle puisse accomplir les plus importantes dans les délais prévus. Si elle est juste lente (ou même paresseuse), vous aurez peut-être besoin de lui rappeler vos attentes et de savoir si elle est capable de les satisfaire.

Si vous voulez simplement que tout soit fait plus vite que la musique, alors réfléchissez à vos propres priorités et attentes. Avez-vous vraiment besoin de recevoir les projets avant la date limite ? Quels avantages tireriez-vous de cette manière d'agir ? Vous essayez peut-être d'assurer la bonne réputation de votre entreprise, pour son service de livraison rapide. Mais cela ne risquerait-il pas, par exemple, d'affecter la qualité du travail ou la loyauté de vos salariés, sans cesse contraints de travailler plus vite ? D'un côté, demandez-vous si certains projets méritent que vous soyez impatiente, parce qu'il y a beaucoup plus d'avantages que d'inconvénients à réaliser le projet rapidement. D'un autre côté, il peut y avoir d'autres projets qui ne méritent pas que vous vous pressiez, parce qu'il y a beaucoup plus de risques que d'avantages à accélérer le travail.

Relaxation

Dans tous les domaines de votre vie, vous pouvez améliorer votre patience en apprenant à vous détendre davantage. Revenez en arrière et passez en revue les exercices de relaxation au chapitre 8. Puis, lorsque vous vous trouvez impatiente, faites-les pour vous calmer et choisir d'être plus patiente. L'exercice de respiration des six secondes est particulièrement utile pour cela parce que vous pouvez le faire sans que personne s'en aperçoive. Lorsque vous êtes assise pour dîner et que votre mari vous parle de sa journée, mais que vous êtes pressée de faire la vaisselle, inspirez lentement, bloquez votre respiration pendant quelques secondes, puis expirez de nouveau tout en sentant votre corps se relâcher lentement. Pendant que vous soufflez, concentrez votre attention sur ce qu'il dit et sur la façon dont vous pouvez vous impliquer davantage dans cet échange avec lui.

Apprenez à faire passer les autres d'abord — raisonnablement

Force relationnelle n° 4

Les femmes sont capables de faire passer les besoins des autres avant les leurs.

C'est aussi une force dans laquelle les femmes se perdent dans les extrêmes, en l'exprimant trop, ou trop peu. Certaines femmes mettent de côté leurs talents, leurs intérêts et leurs besoins pour soutenir et encourager un partenaire, ou pour prendre soin d'un enfant ou d'un parent âgé, et finissent par se sentir insatisfaites, frustrées et amères. À l'opposé, certaines femmes poursuivent leurs propres intérêts et carrière avec une telle ténacité qu'elles refusent de voir la manière dont leurs activités affectent les autres, et ce à quoi elles renoncent dans leurs relations avec les autres au profit de ces activités.

Alors, comment savoir si vous avez trouvé le bon équilibre entre penser à vous et faire passer les autres d'abord ? Il n'y a pas de norme universelle. Toutes les femmes ont des valeurs et des normes différentes pour définir l'équilibre entre se concentrer sur leurs propres intérêts et se concentrer sur ceux des autres.

Pour déterminer quels sont vos critères (dans un monde idéal) et si vous les respectez, essayez cet exercice. Demandez-vous : *Y a-t-il quoi que ce soit que j'aimerais faire dans ma vie en ce moment et que je ne fais pas parce que je fais passer les besoins des autres en premier ?* Vous pourriez répondre que vous ne travaillez pas à plein temps parce que vous vous occupez de vos jeunes enfants ou de vos parents, ou que vous faites du bénévolat. Vous ne voyagez peut-être pas autour du monde parce que le travail de votre partenaire ne lui permet pas de voyager avec vous. Ou peut-être aimeriez-vous quitter votre travail et écrire un roman, mais l'entreprise que vous possédez emploie beaucoup de gens qui se retrouveraient au chômage si vous cessiez de travailler. Quelles que soient les circonstances particulières, demandez-vous : à quel point les intérêts auxquels je renonce sont importants pour moi ? Dans quelle mesure est-ce que je trouve important ce que je fais, par rapport à ce que je ferais si je poursuivais mes intérêts ? Si tous ces éléments sont aussi importants les uns que les autres, ou si vous accordez encore plus d'importance à ce que vous faites qu'à ce à quoi vous avez renoncé, vos valeurs semblent équilibrées et vous faites probablement passer les autres d'abord raisonnablement. Si cela vous fait beaucoup de peine de penser à ce à quoi vous renoncez par rapport à ce que vous obtenez en retour, alors vous faites peut-être passer les besoins des autres avant les vôtres de manière malsaine.

Exercices pour développer votre capacité à faire passer les autres d'abord raisonnablement

Si vous avez identifié des intérêts, talents et valeurs que vous négligez parce que vous faites passer les autres d'abord, et que vous les estimez trop importants pour y renoncer plus longtemps, il est temps de travailler sur votre force relationnelle n° 4.

Visualisation de l'équilibre

Sur la fiche d'Équilibre à la page 276, écrivez l'intérêt, le talent ou la valeur que vous ne mettez pas en avant parce que vous donnez la priorité aux autres. Ensuite, trouvez comment vous pourriez commencer à les mobiliser. Peut-être avez-vous abandonné votre emploi d'enseignante pour prendre soin de votre père, qui est atteint de la maladie d'Alzheimer. Sous « Ce que j'aimerais faire », notez « Enseigner », et sous « Comment commencer », vous pourriez écrire : « Prendre contact avec le rectorat » ou « Suivre une formation continue ».

Ensuite, listez les obstacles concrets à la poursuite de vos intérêts, comme ne pas avoir assez d'argent pour embaucher une aide à domicile pour votre père, en votre absence. Oubliez les inquiétudes que vous pourriez ressentir en pensant à ce que les autres diront de votre décision de faire passer vos propres besoins et désirs en premier. Ensuite, réfléchissez aux petites étapes gérables que vous pouvez franchir pour surmonter ces obstacles, en utilisant (si nécessaire) la fiche de Décomposition des obstacles, page 175, pour trouver au moins trois idées. Par exemple, vous pourriez appeler le centre communal d'aide sociale pour savoir s'il y a un accueil de jour près de chez vous, ou un service d'aidant à domicile quelques heures par semaine pour vous permettre de vous absenter afin de faire des choses importantes, comme suivre une formation.

Lorsque vous commencerez à mettre ces idées en pratique, les personnes dont vous avez fait passer les besoins d'abord vont peut-être s'opposer à votre choix de prendre du temps pour vous, au détriment du temps pour eux — peu importe la quantité. Par exemple, votre père pourrait dire qu'il n'est pas à l'aise à l'idée d'avoir un inconnu dans la maison, et qu'il veut que vous restiez à la maison avec lui tout le temps. Ce genre de reproches, plus encore que les obstacles concrets, est souvent ce qui nous empêche de trouver le juste équilibre entre nos propres besoins et les besoins de ceux que nous aimons. Pensez donc maintenant aux objections que d'autres pourraient soulever et ajoutez-les à la fiche d'Équilibre.

Il est important à ce stade que vous vous demandiez s'il n'y a pas des changements mettant en avant certains de vos besoins qui pourraient aussi profiter à l'autre personne. Si vous éprouvez du ressentiment à l'égard de votre père parce que vous vous sentez étouffée en restant à la maison et en prenant soin de lui, cela se répercutera probablement sur votre relation avec lui. Dans les faits, les aidants principaux deviennent même parfois hostiles et abusifs envers les personnes âgées qu'ils aiment, à cause du stress et de la frustration de devoir prendre soin d'eux à temps plein. C'est pourquoi les organismes de soins aux personnes offrent des services d'accueil ou d'aide qui permettent aux aidants principaux de prendre le temps dont ils ont besoin. Poursuivre votre intérêt pour l'enseignement peut être si gratifiant pour vous que vous ressentez une énergie et une joie renouvelées à partager avec votre père. Enfin, réfléchissez à au moins trois manières dont la satisfaction de vos besoins pourrait profiter aux personnes dont vous avez retiré les besoins de votre liste de priorités, et ajoutez-les à la fiche.

ÉQUILIBRE

Ce que j'aimerais faire :

....

....

Comment commencer :

....

....

Obstacles possibles :

....

....

Idées pour contourner ces obstacles :

1.
2.
3.

Objections possibles des autres :

....

....

Façons dont la poursuite de vos propres besoins profitera aux autres :

1.
2.
3.

Si vous êtes l'une des rares femmes à avoir fait basculer l'équilibre entre vos besoins et ceux des autres en faveur d'une poursuite personnelle de vos propres intérêts aux dépens des autres et que vous voulez rétablir cet équilibre, la question à vous poser est : « Laquelle de mes activités suis-je prête à abandonner pour faire passer les besoins des autres en premier ? » Les activités qui vous intéressent relativement peu ou qui n'ont qu'une faible valeur à vos yeux devraient être les premières à disparaître. Si vous êtes à la fois présidente de la chambre de commerce et du club de jardinage, la position de la chambre de commerce est probablement plus importante pour la pérennité de votre entreprise que le club de jardinage. Les femmes d'affaires sont particulièrement enclines à occuper des postes de direction dans le milieu associatif. Certains contribuent au succès de leur entreprise, d'autres reflètent d'importantes valeurs personnelles et d'autres encore ne sont que des accidents, des missions dans lesquelles elles sont tombées et qui ne les intéressent pas beaucoup. Identifier les activités que vous pourriez abandonner sans trop de conséquences peut vous permettre de libérer du temps à consacrer aux besoins des autres.

Vous éprouvez peut-être le besoin d'apporter des changements plus radicaux pour trouver un équilibre entre vos propres besoins et ceux des autres. Si votre enfant développe des problèmes physiques graves qui nécessitent des adaptations importantes dans son mode de vie, des visites fréquentes chez le médecin, des changements à l'école, etc., vous pourriez avoir l'impression de ne pas prendre correctement soin de sa santé tout en travaillant à temps plein. Quitter votre emploi est peut-être la bonne chose à faire, mais prenez le temps d'examiner les avantages et les inconvénients d'un bouleversement aussi important. Ce sont non seulement des coûts financiers, mais aussi des coûts pour votre bien-être, votre épanouissement intellectuel et votre carrière. Si vous pensez que vous pouvez y arriver, c'est génial. Mais il peut y avoir des changements plus modérés à réaliser pour vous donner le temps et l'espace nécessaires pour prendre soin des autres comme vous le jugez pertinent, tout en ne renonçant pas si radicalement à vos propres besoins.

VOTRE GUIDE PRATIQUE

Si vous êtes un peu fatiguée et vidée après avoir fait ces exercices, ou si vous n'avez pas l'impression que les changements arrivent assez vite, n'oubliez pas que développer cette force demande du temps et une pratique régulière. Vous essayez de rompre avec de vieilles habitudes, de toute une vie peut-être, ou tentez d'acquérir des compétences que vous n'avez jamais eues auparavant. Continuez à avancer petit à petit, jour après jour, et à utiliser la visualisation pour imaginer les résultats positifs vers lesquels vous vous dirigez, et vous y arriverez.

Voici un résumé des activités d'évaluation et des exercices pour développer vos forces relationnelles :

DÉVELOPPER SES FORCES RELATIONNELLES

Force spécifique	Activités d'évaluation	Exercices de renforcement
Force relationnelle n° 1: Se mettre à la place des autres.	Réfléchissez à une situation récente dans laquelle vous vous êtes sentie lésée par quelqu'un. À quel point a-t-il été facile ou difficile de comprendre ce qui a pu pousser cette personne à agir ainsi envers vous ?	**Exercice Entrer dans la tête des autres** (page 261) Au cours de la semaine prochaine, dès qu'un proche dit ou fait une chose qui vous prend par surprise, entraînez-vous à vous demander : « Quelles pensées, sentiments ou situations ont pu influencer la manière d'agir de cette personne ? » **Exercice de négociation à partir de plusieurs perspectives** (page 262) Imaginez que vous arrivez à un accord partagé en abordant un conflit en gardant à l'esprit le point de vue de l'autre personne.

Force spécifique	Activités d'évaluation	Exercices de renforcement
Force relationnelle n° 2 : Écouter les autres.	Demandez à vos proches si vous êtes douée pour écouter. Passez deux jours à essayer d'écouter les autres et demandez-vous à quel point c'est facile ou difficile pour vous.	**Exercice du silence** (page 266) Passez un ou deux jours à faire semblant d'avoir une laryngite et d'être aphone. Notez tout ce que vous entendez et que vous n'auriez probablement pas entendu si vous n'aviez pas été contrainte au silence. Décrivez comment votre écoute active a été bénéfique, aux autres comme à vous, sur des cartes « Écoute active », que vous pourrez consulter avant des conversations ou réunions importantes, pour vous motiver. **Exercice de l'élastique en caoutchouc** (page 267) Au cours de la semaine prochaine, portez un élastique en caoutchouc au poignet, et chaque fois que vous vous surprenez à monopoliser une conversation, à ne pas écouter ce que les autres sont en train de dire ou à les interrompre, faites claquer l'élastique pour vous souvenir de vous taire et d'écouter. Notez tout ce que vous entendez et que vous auriez raté si vous aviez parlé. Réfléchissez à ce qui vous pousse à parler tout le temps.
Force relationnelle n° 3 : Être patiente.	Demandez aux autres si vous êtes une personne patiente. Observez-vous pendant une semaine, à l'affût des moments où vous vous sentez frustrée, agitée et impatiente. Remarquez quand et avec qui vous avez le plus tendance à être impatiente.	**Exercice de choix des priorités** (page 270) Si vous êtes impatiente parce que vous avez l'impression qu'il y a trop de choses à gérer, faites une liste de vos obligations, activités, etc. puis classez-les. Trouvez des idées pour supprimer les tâches non prioritaires, afin de vous sentir moins pressée. Réfléchissez à vos attentes concernant le temps nécessaire pour faire une tâche, et au nombre de tâches que vous devriez faire. Réduisez-les autant que possible.

→

Force spécifique	Activités d'évaluation	Exercices de renforcement
		Exercices de relaxation (chapitre 8, pages 239 et 241) Pratiquez la relaxation lorsque vous vous sentez impatiente.
Force relationnelle n° 4 : Faire passer les autres d'abord — raisonnablement.	Demandez-vous : « Y a-t-il quoi que ce soit que j'aimerais faire dans ma vie en ce moment et que je ne fais pas parce que je fais passer les besoins des autres en premier ? » Puis : « À quel point les intérêts auxquels je renonce sont-ils importants pour moi ? Dans quelle mesure est-ce que je trouve important ce que je fais, par rapport à ce que je ferais si je poursuivais mes intérêts ? » Demandez-vous : « Ai-je significativement poursuivi mes propres intérêts au détriment des besoins des autres ? »	**Exercice de visualisation de l'équilibre** (page 274) Identifiez les activités ou intérêts que vous pensez sacrifier pour répondre aux besoins des autres. Trouvez des idées pour commencer à poursuivre ces activités et ces intérêts. Décomposez les obstacles en petites étapes à franchir pour équilibrer vos propres besoins avec ceux des autres. Identifiez les avantages pour les autres de donner la priorité à vos propres besoins afin de répondre à toute objection. Pensez à ce que vous seriez prête à abandonner ou aux activités non prioritaires que vous pourriez supprimer pour faire de la place aux besoins des autres.

PARTIE III
Libérez votre pouvoir

Chapitre 10

Diriger

Auparavant, nous pensions que les bons meneurs étaient des meneurs masculins — énergiques, directifs, décisifs — John Wayne dans un conseil d'administration. De plus en plus, les gourous du leadership soutiennent que le monde moderne a besoin d'un type de leader très différent, capable de faire surgir l'innovation face à une évolution technologique rapide, de travailler avec divers groupes de personnes, et d'encourager et de soutenir les autres, tout en leur permettant de s'investir. Bernard Bass, du Center for Leadership Studies de l'université de Binghamton à New York, a appelé cela le « leadership transformationnel ».

Les leaders transformationnels communiquent les valeurs, le but et l'importance de leur organisation. Ils sont optimistes et enthousiastes quant aux objectifs de leur organisation et motivent les autres à être tout aussi enthousiastes. Ils se concentrent sur le développement et l'accompagnement des autres. Ils gagnent leur respect et leur loyauté. Près de 40 études montrent que les leaders transformationnels sont des leaders plus efficaces — ils gagnent plus d'argent, fabriquent des produits plus performants et atteignent davantage d'objectifs fixés par leur organisation.

Les qualités d'un bon leader transformationnel vous semblent-elles familières ? Elles le devraient, car les forces fondamentales des femmes coïncident parfaitement avec ces qualités. En effet, la psychologue Alice Eagly, de l'université de Northwestern, a compilé près d'une cinquantaine d'études comparant les styles de leadership des hommes et des femmes et a constaté que, dans l'ensemble, les femmes avaient considérablement plus de chances de diriger en adoptant un style transformationnel. « Nous sommes face à un paradigme différent du leadership, et il s'appuie naturellement sur les forces des femmes », déclare Regina Sacha, vice-présidente des ressources humaines pour FedEx Custom Critical. « Le vent a tourné. Les compétences en leadership qui viennent naturellement aux femmes sont maintenant absolument nécessaires aux entreprises si elles veulent continuer à prospérer. »

Tout mettre sur la table

L'optimisme déterminé qui fait toute la force mentale des femmes fait naître une attitude positive chez tous ceux qui les entourent. En retour, ces attitudes positives, associées à la capacité des femmes d'entrevoir de nombreux chemins pour atteindre leurs objectifs, leur permettent d'être plus créatives et persévérantes dans la recherche de solutions aux problèmes. Leurs idées pour de nouveaux produits ou de nouvelles manières de les vendre ont tendance à être plus innovantes, car elles ne se préoccupent pas de « faire comme on a toujours fait ». Et l'optimisme des femmes donne envie aux autres d'être proches d'elles, de les aider, et d'imiter leur attitude positive et volontaire.

Rosa Parks est devenue une leader en refusant de faire comme on avait toujours fait, et en continuant de croire qu'elle pourrait être source de changement face aux immenses pouvoirs vent debout contre elle. Dans les années 1950, la ville de Montgomery, en Alabama, passa une loi qui exigeait que les Afro-Américains cèdent leur place dans les bus de la ville aux usagers blancs, sur décision du conducteur. Parks, comme la plupart des autres voyageurs afro-américains, s'était pliée à cette règle à plusieurs reprises, parce que c'était comme ça que cela se passait dans le Sud pendant la ségrégation. En effet, un jour de pluie, un conducteur de bus avait insisté pour que Parks descende après qu'elle avait payé son ticket et était rentrée par la porte arrière ; quand elle est descendue, le conducteur a fermé la porte et a démarré, la laissant marcher huit kilomètres sous la pluie.

Le 1er décembre 1955, Parks se trouvait dans la zone réservée aux voyageurs afro-américains lorsque plusieurs voyageurs blancs sont montés dans le bus. Le conducteur, celui-là même qui l'avait laissée seule sous la pluie alors qu'elle avait payé son ticket, est revenu à la charge pour qu'elle et trois autres Afro-Américains cèdent leur place aux voyageurs blancs. Les trois autres se sont déplacés, mais Parks a refusé. Elle a été arrêtée et jugée pour désordre public. L'incident a déclenché le boycott des bus à Montgomery, l'un des tournants du mouvement des droits civiques. Parks a raconté plus tard :

> Je ne voulais pas être maltraitée, je ne voulais pas être privée d'un siège pour lequel j'avais payé. Il était temps, il y avait une occasion pour moi de prendre position pour exprimer ce que je ressentais d'être traitée ainsi. Je n'avais pas prévu d'être arrêtée. J'avais bien assez à faire sans avoir à finir en prison. Mais quand j'ai dû faire face à cette décision, je n'ai pas hésité, car j'avais le sentiment que nous

> avions supporté cela trop longtemps. Plus nous cédions, plus nous acceptions ce genre de traitement, plus ils nous opprimaient.

Non seulement Rosa Parks a rejeté l'idée qu'elle et les autres Afro-Américains devaient suivre les règles et faire les choses comme elles avaient toujours été faites, mais elle avait aussi la conviction profonde et obstinée qu'elle pouvait changer le monde par ses actions. Son refus de renoncer à son siège dans le bus ne fut qu'un détail dans sa longue histoire de lutte pour les droits des Afro-Américains. Avant son arrestation, elle avait travaillé à la libération d'hommes afro-américains faussement accusés de viol et était secrétaire du président de la NAACP (Association nationale pour la promotion des gens de couleur) de Montgomery. Plus tard dans sa carrière, elle a fondé le Rosa and Raymond Parks Institute for Self-Development, pour encourager les jeunes à atteindre leur plus haut potentiel en apprenant la dignité, la fierté, le courage et la persévérance.

Parks était connue comme une « force tranquille ». Elle croyait en sa capacité à changer le monde, mais elle ne croyait pas à l'accroissement de sa propre puissance. La tendance des femmes à se concentrer sur l'accomplissement d'une tâche plutôt que sur leur propre mise en avant permet à chacun de rester concentré sur ce qui doit être fait. Les femmes s'ouvrent aux autres et forment des équipes dont les forces sont complémentaires. Par conséquent, les projets sont réalisés dans les temps, les résultats reflètent les plus grands efforts de chacun au lieu de déterminer qui a gagné la bataille pour être le premier, et le moral grandit au lieu de s'effondrer au cours du processus.

Les forces identitaires des femmes leur permettent de s'adapter face aux circonstances fluctuantes du marché du travail, et de leur entreprise ou organisation en particulier. Elles savent se montrer flexibles sans perdre de vue les objectifs principaux du groupe, ou leurs propres valeurs et intérêts. C'est une compétence fondamentale dans le monde d'aujourd'hui, en évolution rapide et diversifié, où les tendances de consommation vont et viennent à une vitesse incroyable, et où les entreprises qui réussissent doivent trouver un équilibre entre le besoin d'être compétitives à un niveau mondial et celui de répondre aux conditions commerciales locales.

Les rôles multiples des femmes créent un équilibre dans leur vie, leur évitant d'investir trop leur identité dans l'entreprise et leur offrant de nombreuses sources de force et de soutien. Cet équilibre les aide à rester émotionnellement *stables* et leur donne une perspective saine sur les pressions et la politique de leur lieu de travail. Parce que les identités des femmes sont intimement liées à leurs relations avec les autres, encourager les autres leur donne l'impression de s'encourager elles-mêmes. Cela fait d'elles des guides exceptionnels qui développent les talents de leurs subordonnés et n'ont pas peur d'attribuer aux autres le mérite qui leur revient.

Mary Kay Ash, fondatrice de l'entreprise milliardaire Mary Kay Cosmetics, est acclamée pour avoir réussi à pousser ses salariés à réaliser de grandes choses. Convaincue du bien-fondé de la Règle d'or (également appelée éthique de réciprocité), Ash a érigé une entreprise grâce à des femmes dont les compétences et talents étaient souvent négligés par les chefs d'entreprise traditionnels, et leur a appris à mobiliser leurs compétences et talents pour en tirer un bénéfice et un profit personnels.

Mais Ash respectait aussi la vie personnelle et familiale de ses employés, ainsi que leur contribution à l'entreprise, et a fait en sorte que ses salariés puissent concilier les exigences de leur vie personnelle avec celles de leur vie professionnelle. Prenons l'exemple d'Anne Newbury, une enseignante qui voulait être mère au foyer et qui a décidé de tenter sa chance chez Mary Kay Cosmetics en 1969. Elle a accédé au poste de directrice nationale indépendante des ventes de Mary Kay Inc. et a amassé des commissions totalisant plus de 7 millions de dollars. « Mary Kay nous a appris plus au sujet du leadership, de l'accompagnement et de l'encadrement que n'importe qui », a dit Mme Newbury. « J'aurais fait tout ce qu'elle m'aurait demandé de faire. Non seulement parce que je l'admirais et que je l'aimais, mais aussi parce que lorsque je repense à ce que ma vie aurait pu être si je n'avais pas croisé sa route, j'en tremble. Pas seulement financièrement, mais aussi émotionnellement et spirituellement. Elle m'a aidée à croire que je pouvais devenir tout ce que je rêvais de devenir. »

Les forces émotionnelles des femmes sont les fondements de leur efficacité en tant que dirigeantes. Une analyse récente de 48 études auxquelles ont participé plus de 7 000 personnes a montré que celles qui sont plus intelligentes sur le plan émotionnel — c'est-à-dire qui sont plus aptes à comprendre les sentiments des autres et leurs propres sentiments et à bien les réguler — réussissent mieux à des rôles de direction. La capacité des femmes à percevoir les sentiments des autres agit comme un baromètre qui leur permet de comprendre ce qui se passe avec ceux qui sont indispensables au succès de leur organisation.

Par conséquent, elles peuvent éviter les problèmes dès leur apparition, et reconnaître quand un employé a trouvé la place qui lui convient dans l'entreprise. Parce que les femmes comprennent leurs propres émotions, elles sont capables de faire le lien entre leurs humeurs et états d'esprit et une variété de facteurs déclencheurs. Lorsqu'elles sont perturbées par un souci au travail, comme lorsqu'un employé arrive en retard, elles arrivent à faire la part des choses entre leurs sentiments au sujet de cet incident et leurs sentiments envers d'autres aspects de leur vie, comme lorsque leur enfant avoue sur le chemin de l'école qu'il a oublié de faire ses devoirs la veille. Ainsi, les femmes sont en mesure de reconnaître leurs humeurs et de réagir de manière plus appropriée aux frustrations, par exemple en réprimandant l'employé en retard, mais sans trop s'énerver contre lui pour autant.

La capacité des femmes à exprimer leurs émotions signifie qu'elles peuvent faire l'éloge des autres lorsqu'il y a lieu de le faire, renforçant ainsi leur confiance et leur loyauté, ou au contraire exprimer leur déception, communiquant ainsi un besoin de changement. La capacité des femmes à supporter et à gérer leurs propres émotions signifie qu'elles peuvent tenir bon et faire face à des situations difficiles, ou qu'elles peuvent tolérer qu'un employé soit contrarié ou qu'il ait des problèmes personnels, puis prendre une grande respiration et se concentrer de nouveau sur leur travail.

Connie Jackson, directrice générale de la Fondation caritative des hôpitaux St. Bartholomew et Royal London, déclare : « Un leadership fort commence par la capacité à rassembler un groupe de personnes — qui n'ont peut-être rien en commun — et de les amener à adhérer à une vision d'eux-mêmes en tant que collectif qui peut garantir des résultats extraordinaires. » Les forces relationnelles des femmes permettent de construire des équipes de travailleuses dévouées, qui grandissent et s'épanouissent, et donnent le meilleur d'elles-mêmes au groupe. La capacité des femmes à se mettre à la place des autres signifie qu'elles apprécient à leur juste valeur les préoccupations et talents des salariés, et font en sorte de réduire les préoccupations et de renforcer les talents. La capacité des femmes à se mettre à la place des autres leur donne également un avantage dans les négociations commerciales et politiques, comme expliqué au chapitre 4. Les capacités d'écoute des femmes les amènent à recueillir davantage d'informations cruciales pour comprendre les problèmes actuels et anticiper les problèmes potentiels.

Susan Rice, directrice générale de la banque Lloyds TSB d'Écosse, l'énonce ainsi : « Pour apprendre, il ne faut jamais cesser de demander. Il faut poser des questions. Les gens avec qui je travaille me diront que lorsque je leur pose des questions, cela les aide à clarifier leur propre pensée et qu'en fait, ils en ressortent un peu plus lucides. Il faut beaucoup de confiance. Mon travail, à mon avis, consiste à définir une stratégie claire, à poser les bonnes questions et à encourager nos managers à devenir les experts de leur secteur. »

La patience des femmes leur évite de prendre des décisions précipitées ou de porter des accusations hâtives. Elles sont disposées à travailler avec des salariés qui ont du mal à acquérir de nouvelles compétences ou à réaliser de nouvelles tâches, et qui ont des exigences familiales ou des problèmes qui se répercutent sur leur travail. Les femmes ne se concentrent pas seulement sur leur profit personnel, mais aussi sur celui de tous les membres de l'équipe. Cet état d'esprit inspire la loyauté et l'envie de faire plus d'efforts pour l'organisation.

Les fruits des forces des femmes en tant que leaders

Les femmes utilisent leurs forces pour diriger et mener les autres, et changer les choses de mille et une manières chaque jour. Les femmes sont maintenant élues à des postes politiques en grand nombre, en partie parce que les gens estiment les femmes plus intègres que les hommes.

L'opinion des électeurs est soutenue par des preuves tangibles. Des études montrent que les femmes sont beaucoup moins susceptibles que les hommes occupant des postes similaires de commettre des crimes et des délits financiers, tels que le détournement de fonds, l'usage de faux, la fraude ou l'évasion fiscale. Elles montrent également que la plus grande intégrité des femmes est directement liée à leur volonté de faire passer les besoins des autres en premier.

Les femmes utilisent également leurs forces dans les affaires, en particulier en créant leur propre entreprise.

Les femmes rejettent souvent l'idée qu'elles sont des leaders. Pourtant, l'influence du travail des femmes pour faire évoluer leurs communautés, leurs entreprises et le monde est énorme. Les gens ont une vie meilleure parce que les femmes savent ce dont elles ont besoin, travaillent ensemble pour apporter des changements et incitent les autres à faire de même.

Comment menez-vous les autres vers un changement positif ? Pensez à vos rôles de leader officiels : êtes-vous cheffe d'entreprise ou encadrez-vous le travail d'autres personnes ? Aidez-vous à organiser des activités à l'école de votre enfant ou dans votre propre école, au sein de votre institution religieuse ou dans votre communauté ? Avez-vous des responsabilités politiques ? Pensez aussi à vos rôles d'influence informelle et à la manière dont vous guidez et orientez les membres de votre famille, vos amis et vos voisins. Le leadership, ce n'est pas seulement encadrer d'autres personnes. Le leadership comprend tout ce que vous faites pour apporter des changements en accord avec vos valeurs, vos objectifs et vos intérêts. Être un bon modèle pour vos enfants, c'est mener et être un leader. Apporter à manger à un voisin qui ne peut plus sortir, c'est être un leader. Écrire une lettre au rédacteur en chef de votre journal local, c'est faire preuve de leadership. Utilisez la fiche Rôles de leadership à la page suivante pour lister et vous rendre compte de toutes les façons dont vous dirigez dans votre vie quotidienne. Ne vous sentez pas contrainte à écrire une liste bien propre, ou à tout faire rentrer sur la page — obligez-vous à être aussi précise ou aussi expansive que possible pour décrire les rôles de leadership dans votre vie.

Après avoir dressé la liste de tous vos rôles de leadership, réfléchissez à de nouvelles façons d'exprimer vos valeurs, vos intérêts et vos objectifs. Que pourriez-vous commencer à faire et que vous ne faites pas pour le moment pour avoir une influence positive sur un problème que vous constatez ou pour créer de nouvelles opportunités pour vous-même ou pour les autres ? Utilisez vos pouvoirs de visualisation positive pour vous imaginer dans ces nouveaux rôles, en train de changer les choses et d'améliorer bien des vies.

RÔLES DE LEADERSHIP

1. Listez tous vos rôles de leadership officiels, comme cheffe d'entreprise, manager, responsable d'équipe, organisatrice d'activités, etc. :

....

2. Listez tous vos rôles de leadership informels — toutes les manières dont vous influencez votre famille, vos amis et voisins, au sein de votre communauté personnelle ou au travail :

....

3. Listez tous les nouveaux rôles de leadership (officiels ou informels) que vous aimeriez endosser pour combler vos intérêts, valeurs et objectifs pour vous et pour les autres :

....

Au cours de cette évaluation visant à déterminer en quoi vous êtes déjà une leader, vous avez peut-être pensé : « Mais je ne suis pas très douée pour émettre des remarques négatives » ou : « Je n'arrive pas très bien à gérer les autres quand ils sont contrariés, ou à faire face à des revers », ou toutes autres pensées négatives. Ou encore, au moment d'envisager de nouveaux rôles de leadership, vous avez peut-être hésité, craignant de ne pas avoir les compétences ou les forces nécessaires pour être efficace dans un rôle particulier. Vous pouvez utiliser les exercices de la partie II de ce guide pour améliorer votre efficacité en tant que leader en développant vos forces psychologiques uniques. Dans la suite de ce chapitre, je vais vous raconter l'histoire de plusieurs femmes dont l'efficacité en tant que leader a été minée par des faiblesses dans leurs forces mentales, identitaires, émotionnelles ou relationnelles. Ensuite, je partagerai mes conseils sur la façon dont elles pourraient se créer un programme de renforcement afin de devenir des leaders transformationnels efficaces.

Des problèmes de leader

Gwen a toujours été mécano. Elle a grandi entourée de quatre frères qui adoraient les voitures, et même si certaines filles n'arrivaient pas à comprendre son amour des voitures et que les garçons se moquaient d'elle, Gwen a insisté pour suivre des cours de mécanique au lycée, et a commencé à travailler dans la grande station-service de son oncle après son diplôme. Elle était si douée, si fiable et loyale que son oncle l'a finalement promue au poste de cheffe d'atelier, responsable notamment d'organiser le travail de cinq autres mécaniciens.

Malgré son immense talent pour la mécanique, cependant, Gwen doutait souvent de ses propres capacités, peut-être parce qu'on lui avait dit tellement souvent que les filles ne pouvaient pas être mécaniciennes. Gwen était particulièrement encline à se sentir incompétente lorsqu'elle travaillait sur les ordinateurs complexes à bord de nombreux modèles récents. Si ses tentatives initiales pour résoudre le problème ne fonctionnaient pas, elle avait l'impression d'être dans une impasse, se sentant dépassée et honteuse. Parfois, elle quittait même plus tôt le travail parce qu'elle ne savait pas quoi faire et qu'elle ne voulait pas qu'on la voie s'agiter dans tous les sens.

Au bout du compte, Gwen parvenait toujours à réparer la voiture, ce qui donnait confiance à son oncle. Mais maintenant que Gwen était cheffe d'atelier, sa tendance à désespérer face aux difficultés et son refus de demander de l'aide étaient plus durs à cacher. Les autres mécaniciens venaient la voir quand ils n'arrivaient pas à résoudre un problème. Si elle ne trouvait pas instantanément une solution, elle s'en voulait et se trouvait nulle.

Gwen avait clairement besoin de développer ses forces mentales en cherchant des moyens de contourner les obstacles, en demandant de l'aide si nécessaire, et en faisant preuve d'un optimisme déterminé. Voici comment elle pourrait utiliser les exercices de renforcement de sa force mentale.

Tout d'abord, elle devrait passer quelques jours à réfléchir aux pensées qui lui viennent lorsqu'elle se sent bloquée par un problème. Elle s'entendrait probablement dire des choses comme : « Je ne sais pas quoi faire ! Je suis incompétente ! Ils vont se rendre compte que je ne suis qu'une impostrice ! Je vais me faire virer ! » Gwen pourrait les écrire sur des cartes « pensées négatives », puis chercher des contre-pensées pour chacune d'entre elles, par exemple : « L'autre mécanicien ne sait pas quoi faire non plus, c'est pour ça qu'il est venu me voir » ; « Ce n'est pas parce que je ne trouve pas la réponse dans la seconde que je suis incompétente » ; « Je ne suis pas une impostrice » ; « Si je ne sais pas comment faire quelque chose, je peux chercher ». Gwen devrait garder ces cartes de pensées et contre-pensées dans son tiroir au travail et les sortir régulièrement *avant* que l'un des mécaniciens ne vienne lui parler d'un problème, pour reprendre confiance.

Pour gérer le sentiment d'être coincée dans une impasse lorsqu'elle est face à un problème qu'elle ne peut résoudre immédiatement, Gwen doit s'entraîner à décomposer chaque problème en plus petites parties, et se concentrer pour trouver des solutions possibles à ces petits problèmes, en les prenant un par un. Elle pourrait par exemple élaborer un plan global d'approche face à un problème inconnu :

1. Écrire les symptômes du problème.
2. Trouver ce que ces symptômes pourraient signaler.
3. Réfléchir à laquelle de ces hypothèses correspond le mieux à la configuration particulière des symptômes de cette voiture.
4. Réfléchir aux tests à effectuer pour déterminer l'hypothèse correcte.

Il s'agit en grande partie de procédures que Gwen utilise implicitement pour résoudre des problèmes, mais lorsqu'elle se sent dépassée, elle n'y pense pas, alors les formaliser par écrit l'aidera sûrement.

Enfin, Gwen doit vraiment surmonter sa réticence à demander de l'aide. Elle pourrait réfléchir à qui serait la personne la moins menaçante pour cela, que ce soit son oncle ou l'un des mécaniciens particulièrement sympathique. Ensuite, elle devrait établir un plan précis pour demander de l'aide à cette personne, même si elle pense qu'elle pourrait au bout du compte résoudre le problème toute seule. Elle pourrait se répéter ce qu'elle dirait dans sa tête, puis devrait se récompenser d'avoir posé la question, quelle qu'en soit l'issue. Comme Gwen se sent incompétente lorsqu'elle travaille avec des ordinateurs de voiture, elle pourrait s'inscrire à un cours d'informatique automobile pour améliorer ses connaissances et se sentir plus à l'aise dans ce domaine. Gwen pourrait aussi être plus motivée pour demander de l'aide en se disant qu'elle améliorerait probablement le fonctionnement de la station-service en créant une ambiance et une structure où tous les mécaniciens travaillent ensemble, plutôt que seuls, à la résolution des problèmes.

Comment pourriez-vous développer vos forces mentales et améliorer votre leadership au travail, au sein de votre communauté ou de vos activités bénévoles ? Si vous n'êtes pas optimiste quant à vos capacités, commencez par examiner comment vous vous découragez à cause des pensées qui vous viennent à l'esprit. Ensuite, contrecarrez ces pensées en les bannissant ou en créant des contre-pensées. Si vous avez du mal à contourner les obstacles, essayez de les décomposer en plus petits éléments, puis réfléchissez à des actions que vous *pouvez* entreprendre pour les surmonter. Si vous êtes obsédée par l'idée de faire les choses à votre façon, au lieu de rester concentrée sur l'accomplissement de la tâche, engagez-vous à vous concentrer sur l'esprit d'équipe et la coopération plutôt que sur votre statut au sein du groupe. Et si vous avez du mal à demander de l'aide, forcez-vous à le faire quand même — d'abord avec une personne peu menaçante, puis avec les gens qui sont plus effrayants à approcher.

Vous considérer vous-même comme une leader

Les difficultés rencontrées par les femmes pour mettre en œuvre leurs forces identitaires dans des rôles de leadership découlent souvent d'un manque d'expérience, ou d'un inconfort à l'idée d'être poussées vers des postes d'autorité sur les autres. « Je ne me vois pas vraiment comme une leader » est une phrase que vous entendrez souvent de la part d'une femme promue au travail ou à qui l'on demande de diriger une organisation. Chaque femme a le droit de choisir de ne pas être une leader, mais aucune femme ne devrait avoir l'impression qu'elle n'a pas le droit d'être une leader. Les femmes peuvent surmonter les faiblesses de leur identité en tant que dirigeantes en se rappelant leurs valeurs et intérêts fondamentaux, et en considérant leur rôle de leader comme un moyen de combler ces valeurs et ces intérêts.

Les femmes rencontrent aussi des problèmes de leadership lorsqu'elles sont trop guidées par leurs relations, au point de se laisser exploiter ou d'essayer de rendre tout le monde heureux. Cela peut se manifester dans leurs relations avec les personnes qu'elles sont censées diriger, ainsi que dans leurs tentatives d'équilibrer leurs rôles familiaux et de leadership, comme ce fut le cas pour Sandra.

Au début de la trentaine, après avoir déjà enseigné, Sandra s'est lancée dans des études supérieures dans le secteur de l'éducation. Elle ne savait pas exactement ce qu'elle souhaitait faire une fois son diplôme en poche, mais elle estimait que c'était une bonne idée de l'avoir si jamais elle ne souhaitait plus enseigner. Sandra s'est concentrée sur les métiers administratifs, et elle a trouvé ses études si intéressantes qu'elle a continué jusqu'au doctorat. Lorsque son collège a cherché un nouveau principal adjoint, Sandra a décidé de postuler et a obtenu le poste. Elle était encore en phase d'adaptation quand un cancer a été diagnostiqué chez le principal et que celui-ci a dû être en arrêt-maladie. On a demandé à Sandra de prendre son poste en intérim et, même si elle était réticente, la hiérarchie l'a encouragée à accepter afin de maintenir une certaine continuité dans l'administration pendant l'absence du chef d'établissement.

Sandra a rapidement développé un problème d'identité. Elle se considérait toujours comme l'une des enseignantes, et elle était amie avec plusieurs d'entre eux, mais son poste de principale l'obligeait parfois à prendre des décisions qu'ils n'appréciaient pas. Quand cela se produisait, certains lui faisaient des reproches : « Tu as changé » ou : « Je pensais que tu comprendrais notre point de vue. » Sandra avait surtout du mal à faire des remarques négatives aux enseignants qu'elle connaissait depuis des années.

À la maison, la vie de Sandra était aussi source de stress. Son mari, Phil, travaillait beaucoup, ce qui obligeait Sandra à aller chercher ses deux enfants, à les amener à leurs cours de sport ou de musique, et à préparer le dîner pour toute la famille. Elle avait réussi à jongler avec tout cela quand elle était enseignante, mais en tant que cheffe d'établissement, elle ne pouvait pas partir au beau milieu de l'après-midi pour faire le taxi pour ses enfants.

C'était une grande chance pour Sandra d'être nommée principale par intérim, mais elle allait finir par s'effondrer, et s'épuiser professionnellement et personnellement si elle ne renforçait pas ses forces identitaires. Elle se sentait déchirée entre son identité en tant qu'enseignante et son identité en tant que principale. Un des moyens de résoudre ce conflit a été de se demander : « Quelles valeurs ou quels intérêts fondamentaux suis-je en train de satisfaire en tant que cheffe d'établissement ? » Au fond, Sandra voulait aider les enfants à apprendre, à développer leurs compétences scolaires dès le plus jeune âge afin qu'ils puissent les renforcer au lycée et à l'université. Elle était profondément convaincue qu'une éducation solide des plus jeunes leur donnait les clés essentielles pour atteindre leurs buts ultimes dans la vie. Cela avait fait d'elle une enseignante appréciée et efficace. Maintenant, en tant que principale, Sandra avait la chance de pouvoir améliorer la qualité de l'éducation des enfants à l'échelle beaucoup plus large du collège entier. Elle avait besoin de considérer ses interactions avec les autres enseignants — les décisions qu'elle prenait et les remarques qu'elle leur faisait — à la lumière de ces valeurs fondamentales. Cela l'aiderait à être suffisamment motivée pour faire ce qu'elle avait à faire, et lui permettrait d'être plus convaincante et de mieux défendre son point de vue.

Sandra devait aussi reconnaître qu'elle se préoccupait bien trop de ses relations avec les autres, et craignait d'entrer en conflit avec les enseignants de l'école. Rester concentrée sur ses objectifs primordiaux d'amélioration de l'éducation des enfants devrait aider Sandra à dépasser son envie de rester toujours en bons termes avec les enseignants. Lorsqu'elle est en désaccord avec les enseignants qui lui sont subordonnés, elle pourrait exprimer son point de vue en fonction de leurs objectifs communs d'éducation des enfants plutôt que de se concentrer sur son malaise face à la situation. Sandra devrait aussi commencer à se créer un réseau de pairs — d'autres chefs d'établissement, qui seraient peut-être des femmes ou qui seraient devenues directrices après avoir été enseignantes dans la même école.

Ces pairs pourraient l'aider à affûter sa vision d'elle-même en tant que cheffe d'établissement et lui donner des conseils pratiques pour gérer les défis au travail, y compris les enseignants qui n'apprécient pas ses décisions. Enfin, Sandra voudra peut-être avoir une conversation franche et honnête avec certains enseignants de son école au sujet des changements dans leur relation, en reconnaissant que ceux-ci ne sont pas toujours confortables, mais qu'ils renforcent leur amitié initiale, en mettant en avant leurs intérêts communs au service des enfants.

Le souhait de Sandra d'éviter les conflits a également été primordial dans sa bataille pour équilibrer ses multiples rôles, au lieu de confronter son mari à la nécessité de faire sa part dans la gestion familiale. Se concentrer sur ses objectifs principaux devrait l'aider à avoir le courage de parler avec Phil.

Elle pourrait commencer par dire que même si le poste de principal intérimaire est temporaire, elle veut travailler dans l'administration de façon permanente, et qu'ils doivent donc trouver une solution à long terme. Sandra pourrait aussi dire que c'est pour elle une question d'équité de mettre en place une division des charges plus égalitaire maintenant que sa carrière est plus contraignante.

Enfin, Sandra devrait faire le point sur les nombreuses choses qu'elle fait pour sa famille et sur ce qu'elle fait uniquement pour elle-même, afin de trouver un juste équilibre. Ses cours de sport sont importants parce qu'elle veut rester en forme et en bonne santé. C'est aussi une des rares choses qu'elle fait entièrement, et c'est ce qui les rend précieux. Sandra devrait trouver des idées pour intégrer ces séances dans son emploi du temps régulier, en organisant par exemple un cours réservé au personnel dans le gymnase après la classe.

Si, comme Sandra, vous avez du mal à vous considérer comme une leader et que, par conséquent, vous ne travaillez pas efficacement avec les autres, vous pouvez également utiliser les exercices de renforcement présentés au chapitre 7, pour développer vos forces identitaires. Demandez-vous quels talents, intérêts et valeurs fondamentales vous souhaitez exprimer dans votre rôle de leader. Puis repensez aux autres rôles que vous avez joués dans votre vie pour voir comment vous avez poursuivi ces talents, ces intérêts et ces valeurs fondamentales. Vous rendre compte de la continuité entre vos rôles précédents et vos rôles actuels de leadership vous aidera à vous sentir moins éloignée de vos nouveaux rôles et vous rappellera pourquoi ils sont importants. Ils vous aideront aussi à gérer les personnes que vous dirigez maintenant en communiquant les valeurs et les objectifs qui vous tiennent à cœur ainsi que votre vision de la manière dont le groupe peut répondre à ces valeurs et ces objectifs.

Si un nouveau rôle de leader crée un déséquilibre dans votre vie en accaparant tout votre temps et votre énergie, évaluez quels autres rôles vous n'êtes pas prête à abandonner et établissez un plan concret pour trouver un meilleur équilibre de vie. S'il y a un déséquilibre entre l'importance que vous accordez à vos propres besoins et à ceux des autres, réaffirmez les valeurs et les objectifs qui vous ont menée à ce poste de leader, puis réfléchissez à un plan pour équilibrer ces valeurs et objectifs avec les besoins des autres.

Les émotions comme outils pour diriger

Lorsque les femmes sentent qu'elles ont besoin de travailler sur leurs forces émotionnelles pour améliorer leur leadership, c'est en général parce qu'elles se sentent trop émotives et qu'elles veulent mieux contrôler leurs émotions. Ce fut le cas de Claire, 25 ans, cheffe de campagne d'un candidat démocrate au Sénat américain. Elle était passionnée par son travail, même si elle était la seule personne rémunérée du bureau qu'elle dirigeait, car son candidat n'avait pas beaucoup de moyens. Devoir principalement s'appuyer sur des bénévoles rendait Claire folle. Ils arrivaient en retard, ou ne venaient pas du tout. Bon nombre d'entre eux avaient du mal à suivre les consignes, et faisaient ce qu'ils voulaient plutôt que les tâches qui leur étaient assignées, ou débattaient entre eux des questions au lieu d'aller à la rencontre des citoyens pour les convaincre de voter pour leur candidat. Souvent, Claire perdait son sang-froid et criait sur un bénévole, qui ne revenait plus jamais. Quand elle ravalait sa colère, Claire avait l'impression qu'elle allait exploser, et laissait parfois échapper quelques remarques désobligeantes. À l'approche du jour de l'élection, Claire arrivait de moins en moins à gérer les hauts et les bas de la campagne. Lorsque son candidat se portait bien dans les sondages ou prononçait un discours inspirant devant une foule, son moral remontait. Mais quand les sondages étaient à la baisse ou que les journaux leur étaient défavorables, elle se décourageait.

La passion de Claire pour son candidat était honorable, mais son manque de force émotionnelle minait son efficacité en tant que cheffe de campagne. Pour mieux contrôler sa colère à l'égard des bénévoles, Claire devrait développer et mettre en pratique une communication assertive, pour leur faire comprendre leur responsabilité dans l'accomplissement de tâches importantes, afin d'assurer la victoire du candidat. Elle devrait commencer sa campagne d'affirmation de soi avec le bénévole le moins fragile et le moins susceptible de réagir (et peut-être celui qu'elle craindrait le moins de perdre), avant d'aborder des personnes avec qui elle pourrait avoir plus de mal à s'affirmer.

Imaginons par exemple qu'un bénévole nommé Rick passe plus de temps à discuter avec ses collègues qu'à appeler des électeurs potentiels. Claire pourrait décider de lui dire : « Rick, j'ai remarqué que vous n'arriviez pas à aller au bout de votre liste d'appels, la plupart du temps. Je comprends que ce soit un travail fastidieux, mais nous voulons tous les deux gagner cette élection. Je peux avoir un engagement de votre part de terminer vos appels avant de vous tourner vers d'autres tâches dans le local électoral ? » Elle devrait d'abord le répéter, seule ou avec un ami, en s'entraînant à poser la question d'une voix posée, mais ferme. Puis, un soir où elle se sent calme, elle devrait approcher Rick et lui transmettre son message. Si Rick répond qu'il pense qu'on lui assigne trop d'appels ou qu'il préférerait une autre tâche, Claire pourrait répondre : « Les appels sont vraiment la tâche la plus importante que nous avons à ce stade de la campagne. Pouvons-nous nous mettre d'accord sur un nombre raisonnable d'appels à passer en une soirée ? » Si elle parvient à convaincre Rick de chiffrer ce qu'il juge raisonnable, il se sentira plus obligé d'atteindre cet objectif. Et il serait préférable pour la tension artérielle et le contrôle émotionnel de Claire de laisser Rick passer moins d'appels, et d'avoir confiance dans le fait qu'il les passera bien, plutôt que de continuer à espérer qu'il en passe autant que les autres et de découvrir en fin de soirée que les appels n'ont pas été passés du tout.

Claire peut utiliser de nombreux exercices différents pour améliorer la gestion de ses propres émotions en dents de scie au sujet de la campagne. Elle devrait d'abord accepter que ses sentiments profonds à l'égard de cette campagne la bouleversent parfois, puis choisir d'apprendre à mieux réguler ses émotions, et enfin se concentrer sur l'élaboration de nouvelles stratégies pour y faire face. Ensuite, elle pourrait mémoriser certains exercices de relaxation et les utiliser lorsqu'elle se sent perturbée. Elle pourrait se mettre à l'écoute des pensées qui la bouleversent autant en tenant un journal de ces pensées pendant une semaine. Elle pourrait découvrir qu'elle imagine le pire en cas de défaite : « Tout ce qui compte pour moi sera perdu ! » Ensuite, elle pourrait développer des réappréciations — des contre-pensées à ses pensées défaitistes — et les noter : « Je peux trouver d'autres moyens de défendre mes valeurs même si on perd cette élection. »

Claire devrait réfléchir concrètement à ce qu'elle ferait pour continuer à défendre ses valeurs fondamentales, si son candidat perdait. L'objectif est d'avoir un ensemble d'idées pour continuer à avancer vers ses objectifs et valeurs une fois la campagne terminée, peu importe son issue. Cela atténuera ses sentiments à l'égard de la campagne, ce qui facilitera la gestion de ses émotions lorsque les choses ne se passent pas bien.

Pour développer vos propres forces émotionnelles et devenir une bonne leader, vous devez d'abord savoir choisir le bon moment. Vous pouvez vous mettre à l'écoute des émotions des autres en restant plus souvent silencieuse et attentive, et apprendre ainsi les liens entre les indices subtils tels que les expressions du visage, et les émotions qu'elles expriment. Vous pouvez vous mettre à l'écoute de vos propres émotions en observant les pensées qui les suivent. Cela vous permettra de mieux comprendre pourquoi vous réagissez trop ou trop peu dans certaines situations. Ensuite, vous devez choisir comment vous allez réagir aux émotions des autres et aux vôtres. Nous pensons souvent que les émotions sont automatiques et incontrôlables, mais nous avons en fait bien le choix de la manière dont nous y réagissons. Apprendre à exprimer de manière assertive vos émotions et à réagir aux émotions des autres grâce à la communication assertive fait grandir l'honnêteté et la confiance au sein des organisations. Élaborer de nouvelles stratégies pour réguler votre état émotionnel vous donne le sentiment de mieux contrôler toute situation qui puisse se présenter, y compris celles où vous êtes en position de leader.

La leader relationnelle

Les forces relationnelles des femmes sont parmi leurs plus grands atouts quand elles se trouvent à des postes de leaders. La plupart des femmes sont incroyablement douées pour se mettre à la place des autres, que ce soit au travail, dans des organisations politiques ou collectives, ou des groupes spontanés réunis autour d'une cause commune. Elles écoutent patiemment les autres, donnent de la valeur à leurs points de vue et s'efforcent de trouver des solutions mutuellement satisfaisantes aux problèmes.

Pour autant, toutes les femmes ne sont pas aussi douées. Prenons par exemple Fran, cadre de 43 ans au sein d'un grand cabinet comptable. Les supérieurs et les collègues de Fran la considèrent comme extrêmement intelligente et compétente.

Pourtant, malgré ses nombreux succès, Fran n'a jamais été promue associée. D'autres cadres de même niveau, tous des hommes, ont été promus alors qu'ils avaient moins d'ancienneté et moins de réussites, mais Fran était passée à côté d'une promotion à maintes reprises. Les associés principaux, semble-t-il, avaient un problème avec l'aggressivité de Fran envers ses collègues. Fran estimait que pour réussir au sein de son entreprise, elle devait se montrer plus forte que ses homologues masculins. Les associés principaux estimaient que Fran ne se préoccupait que de son propre succès et non de celui de l'entreprise. Ils avaient aussi l'impression, à juste titre, qu'elle ne pouvait pas inspirer ses collègues parce qu'ils avaient tendance à se méfier d'elle, et à l'éviter.

Fran avait un allié loyal parmi les associés principaux : Don, qui appréciait le style franc et direct de Fran. Un jour, il l'invita à déjeuner pour parler de son style dur. « Écoute Fran, je pense juste que tu pourrais te détendre un peu et te mettre à la place de tes interlocuteurs. Je veux que tu sois promue, mais ça n'arrivera pas tant que les autres associés ne se sentent pas à l'aise dans la même pièce que toi. »

Elle n'aimait pas l'idée de devoir changer sa façon d'interagir avec ses collègues, mais a admis qu'elle devrait s'y résoudre pour espérer être promue. Comment Fran pourrait-elle changer sa manière d'être avec les autres tout en restant fidèle à elle-même ? Fran avait des lacunes dans toutes ses compétences relationnelles : elle n'essayait même pas de se mettre à la place des autres, et restait totalement concentrée sur elle-même dans la plupart des interactions ; elle n'écoutait pas les autres et était extrêmement impatiente ; enfin, elle se mettait tellement en avant elle-même, oubliant les autres, que les gens ne lui faisaient plus confiance. Tout d'abord, Fran devrait déterminer dans quelles situations ses faiblesses apparaissent le plus souvent. Elle pourrait le faire en consignant dans un journal les principales interactions de la semaine à venir, en observant quels types de situation l'agacent et comment les autres réagissent à ses débordements. Elle se rendrait probablement compte qu'elle ne s'en prenait pas aux autres qu'occasionnellement — c'était tous les jours, parfois plusieurs fois par jour. Souvent, ses accès de colère visaient des gens qui travaillaient trop lentement à ses yeux.

Fran devrait alors trouver des moyens d'en finir avec ses crises d'impatience et d'égoïsme. Pour mieux comprendre et prendre conscience des conséquences de ses accès de colère sur les autres, elle pourrait les noter pendant quelques jours, en se demandant chaque fois : « Qu'est-ce qui a pu pousser cette personne à agir ainsi ? » Sa réponse initiale pourrait être « l'incompétence », mais elle devrait approfondir son questionnement : « Quelles autres pensées, motivations, influences ou situations ont pu mener à ses actions ? » Si Fran prend l'habitude de se mettre à la place des autres, cela lui permettra d'être plus patiente et de mieux comprendre quand faire passer leurs besoins ou leurs intérêts avant les siens.

Pour améliorer encore sa capacité à être patiente et à faire passer les besoins des autres avant les siens, quand c'est raisonnable, Fran doit faire le point sur ses priorités et ses objectifs. Bien sûr, elle veut être promue, mais veut-elle le faire en blessant les autres et en ruinant toutes ses relations ? Le fait d'être si méchante lui permet-il vraiment d'atteindre son objectif ? Concrètement, Fran devrait se demander : « Quelles conséquences ont mes accès de colère sur les autres ? » et « Comment pourrais-je réagir différemment pour avoir un meilleur résultat ? » Fran sait qu'être impatiente avec sa secrétaire et crier après elle la fait pleurer — et aucunement avancer le travail. Elle pourrait s'imaginer en train de parler calmement avec sa secrétaire pour déterminer quels projets, parmi la dizaine en cours, peuvent être reportés afin que le rapport puisse être terminé. De même, Fran devrait se construire une image d'elle-même agissant plus calmement, avec plus d'empathie envers les autres, tout en restant très efficace au travail. Cela peut la motiver à faire une pause, à souffler un peu et à tenir compte des besoins et des opinions des autres avant de foncer en ne considérant la situation que de son propre point de vue.

Fran souffre de ce que la psychologue Alice Eagly appelle une « inadéquation des rôles de genre » : un décalage entre son style personnel et le style que la société impose aux femmes. Les supérieurs de Fran l'évaluaient négativement parce que sa personnalité naturellement agressive était considérée comme inappropriée pour une femme. Certes, c'est injuste et c'est une forme de discrimination fondée sur le sexe. Malheureusement, c'est souvent ainsi que le monde fonctionne. En reconnaissant ce fait, Fran peut améliorer ses forces relationnelles et obtenir cette promotion restée longtemps hors de sa portée.

De même, vous pouvez développer vos forces relationnelles pour être une meilleure leader, que vous ayez tendance à être trop concentrée sur vous-même, comme Fran, ou sur votre envie de plaire aux autres et de leur satisfaire. Vous pouvez améliorer vos compétences de changement de perspective en prenant l'habitude de vous demander quels genres de pensées ou de situations pourraient être à l'origine du comportement des personnes que vous dirigez. Vous pouvez améliorer vos compétences d'écoute en restant simplement silencieuse plus souvent, et en faisant attention à ce que vous ratiez, plutôt que de vous sentir toujours obligée de parler et de donner des consignes au travail. Une plus grande patience peut naître de la prise de conscience que la vitesse n'est pas toujours ce qui compte le plus au travail. Même si le développement de la coopération et de la bonne volonté parmi les membres d'une équipe peut prendre un peu de temps, ses bénéfices vont bien au-delà de la question du respect d'une date limite. Si, d'un côté, comme Fran, vous vous concentrez totalement sur votre profit personnel au détriment des autres, vous devez vous rendre compte que cela peut se retourner contre vous, comme cela a failli se produire avec la promotion de Fran. D'un autre côté, si vous laissez les autres abuser de vous à des fins personnelles, vous devez clarifier vos propres intérêts et objectifs, et établir des plans concrets pour les défendre, en utilisant les exercices d'affirmation du chapitre 9.

Ce qu'il faut retenir, c'est que vous êtes une leader, probablement d'une manière dont vous n'êtes pas consciente, et que vous *méritez* d'être une leader. De plus, le monde a *besoin* de vous comme leader. Il a besoin de vos talents pour améliorer le fonctionnement des entreprises, des communautés, des familles et des individus. Il a besoin d'entendre vos valeurs et vos opinions au moment où nous cherchons comment travailler tous ensemble. Imaginez-vous en tant que leader. Puis *devenez* une leader efficace en mobilisant toutes vos forces mentales, identitaires, émotionnelles et relationnelles.

Chapitre 11
Élever des enfants

Élever des enfants est à la fois extrêmement difficile et incroyablement merveilleux. Juste au moment où vous allez vous arracher les cheveux à cause du dernier acte incompréhensible commis par votre enfant, vous apercevez ces beaux yeux, ce joli sourire, vous entendez ce rire chantant. Et votre cœur fond. Parfois, vous vous demandez pourquoi vous avez toujours voulu des enfants — et vous entendez un « Je t'aime, maman, je t'aime » en le bordant dans son lit le soir, ou vous frissonnez quand votre ado atteint un des objectifs les plus importants de sa vie, et que vous êtes là pour y assister.

Toutes les forces psychologiques des femmes sont mises à profit dans leur travail de mères. Chaque jour, les femmes utilisent leurs forces mentales pour résoudre avec créativité les problèmes auxquels leur famille est confrontée. Les femmes adoptent une attitude positive et volontaire à l'égard de leurs enfants, se posant comme modèles et en développant leur sentiment de compétence et d'auto-efficacité. L'optimisme déterminé des femmes les aide également à garder un espoir constant et persistant lorsqu'elles se battent pour trouver les ressources dont leurs enfants ont besoin pour survivre et s'épanouir.

Leur capacité à se concentrer sur l'accomplissement d'une tâche plutôt que d'imposer leur manière de faire aide les femmes à traverser les conflits d'autorité dans lesquels les enfants traînent souvent leurs parents. Quand un enfant dit : « Pourquoi ne puis-je pas attendre le dimanche soir pour faire mes devoirs ? C'est à ce moment-là que tous les autres enfants le font », une femme qui puise dans ses forces mentales évitera de répondre : « Parce que je l'ai dit » et se concentrera sur les moyens d'atteindre le but que l'enfant trouvera acceptable : « Tu es épuisé le dimanche soir et tu sais que tu ne peux pas faire de ton mieux pour tes devoirs. Tu les ferais plus vite et mieux le samedi matin. Et tu pourrais te détendre le reste du week-end. »

La capacité des femmes à envisager de nombreux chemins vers leurs objectifs peut aider les enfants à garder une approche flexible et axée sur la résolution de problèmes lorsqu'ils font face à des obstacles. La psychologue Carol Dweck a constaté que lorsque les adultes répondent aux enfants qui ont du mal avec une tâche en les guidant pour qu'ils trouvent des solutions de rechange, les enfants restent plus positifs quant à la tâche à accomplir, imaginent de nouvelles idées pour résoudre le problème et essayent jusqu'à ce qu'ils y parviennent. En revanche, lorsque les adultes réagissent aux difficultés des enfants en les critiquant, les enfants sont plus susceptibles d'abandonner la tâche et de se sentir nuls. « Peut-être pourrais-tu trouver une autre façon de faire » est beaucoup plus motivant que : « Qu'est-ce qui te prend si longtemps ? »

Comprendre qu'il existe de nombreuses manières d'atteindre le succès aide aussi les femmes à prendre conscience que leurs enfants sont différents les uns des autres — et différents de leurs parents — et qu'ils peuvent emprunter dans la vie des chemins très variés vers le bonheur. Pour les hommes, cela peut parfois être plus difficile à réaliser et à reconnaître. Alors que les femmes et les hommes investissent parfois trop de leur identité dans leurs enfants, les hommes ont tendance à le faire en s'attendant à ce que leurs enfants, en particulier leurs fils, suivent leur trace — professionnellement, en politique, dans leur mode de vie, ou même dans leur vision du monde.

Insister pour que votre enfant poursuive la carrière ou le même style de vie que vous avez choisi peut créer un conflit immense, et qui pourrait durer toute la vie.

Le parent compréhensif

La relation parent-enfant est compliquée et en constante évolution. Les besoins fondamentaux des enfants, leur capacité à communiquer ces besoins et leur désir d'indépendance ou de sécurité semblent varier d'un jour à l'autre. Un jour, vos enfants sont des bébés, complètement dépendants de vous, uniquement capables de s'exprimer par un langage grossier fait de pleurs et de sourires. L'instant d'après, ils deviennent des bambins qui veulent « faire tout seuls » et parlent une langue que seul un parent peut comprendre. Vous traversez les années relativement calmes de l'enfance et tombez de haut sur les montagnes russes de la puberté (et un langage grossier d'un genre très différent). « Maman, tu me fais honte » et « T'es tout le temps sur mon dos ! » pourraient être suivis quelques heures plus tard par : « Maman, tu peux me masser le dos ? »

Les forces identitaires des femmes les aident à traverser les nombreux bouleversements et phases que vivent les enfants de la petite enfance à l'âge adulte, en passant par l'enfance et l'adolescence. Avoir des rôles multiples aide les femmes à équilibrer leur identification à leurs enfants avec des investissements dans d'autres domaines, comme le travail ou les activités bénévoles, de sorte que leur estime de soi ne dépende pas trop des exploits de leurs enfants. Avoir des rôles multiples donne aussi aux femmes une soupape de détente face aux pressions de l'éducation des enfants. Beaucoup de femmes sont soulagées d'aller au bureau pendant quelques heures, où elles peuvent faire de l'exercice et être appréciées pour leurs talents intellectuels — et parler de sujets plus sophistiqués que celui de savoir s'il est acceptable de manger un paquet de chips entier avant le dîner. En cultivant une identité personnelle profonde, stable, mais flexible, les femmes prennent conscience de la façon dont la personnalité, les talents, les intérêts et les valeurs d'une personne — bien plus que, disons, son nom de famille — peuvent former une continuité au cours d'une vie, et leur permettre de grandir et de se transformer au fil des étapes. Parce que les femmes se créent une identité basée en grande partie sur les rôles sociaux, elles comprennent que leurs choix personnels affecteront leurs enfants, directement et indirectement. Par exemple, les femmes qui buvaient beaucoup d'alcool ou fumaient au lycée ou à la vingtaine ont tendance à prendre des habitudes de vie plus saines en devenant mères, à la fois parce qu'elles ont la responsabilité de prendre soin de leurs enfants et parce qu'elles veulent être des modèles positifs.

De plus, les recherches montrent que les forces émotionnelles des femmes ont une influence immense sur le développement des compétences de leurs enfants dans ce domaine. La relation parent-enfant est un ballet d'émotions, dans lequel parents et enfants mènent la danse, ou suivent le mouvement à tour de rôle, réagissant avec plus ou moins d'aisance aux gestes de l'autre. Quand les enfants sont des bébés, les parents roucoulent au moindre signe d'attention de leur enfant, ce qui conduit à un moment au premier sourire et à des tentatives de verbalisation de la part de l'enfant, qui veut leur répondre. Au fur et à mesure que les enfants grandissent, la danse devient plus complexe, mais implique toujours que parents et enfants partagent les hauts et les bas de leurs émotions et de leurs intérêts, s'expriment mutuellement leurs sentiments, s'enthousiasment et se calment les uns les autres. Les enfants dont les parents sont plus réceptifs et plus compétents dans cette danse grandissent en meilleure santé émotionnelle et sont capables de prendre de bonnes décisions concernant leur comportement.

Être capables de supporter la détresse et de gérer les émotions aide les mères à désamorcer les crises qui surgissent inévitablement avec les enfants. Qu'il s'agisse d'un bobo au genou, d'un mauvais bulletin de notes ou d'une histoire d'amour ratée, les mères savent faire preuve d'empathie, tout en restant calmes, et aider leurs enfants à surmonter cette crise. Dans leurs relations quotidiennes avec leurs enfants, la sensibilité et la sagesse des femmes dans l'expression et la régulation de leurs émotions ont aussi été largement prouvées. Selon la psychologue Nancy Eisenberg de l'université d'Arizona, quand les parents réagissent de façon rassurante aux émotions de leurs enfants, ces derniers améliorent leur capacité à gérer un large éventail de facteurs de stress. Dans le cadre d'une étude, Eisenberg a suivi 180 enfants d'âge scolaire et leur mère pendant deux ans. Au cours de la première évaluation, mères et enfants ont regardé une série d'images représentant des scènes positives et négatives, et les chercheurs ont évalué l'expressivité émotionnelle de la mère alors qu'elle parlait de ces images avec ses enfants. Les enfants dont les mères ont exprimé une plus grande chaleur (souriant et riant, demandant à leurs enfants ce qu'ils pensaient de la scène, répondant positivement aux expressions de leurs émotions) avaient tendance à mieux réguler et exprimer leurs propres émotions ; ces enfants faisaient aussi preuve de plus de persévérance pour surmonter les obstacles. De plus, les enfants dont les mères étaient particulièrement chaleureuses ont continué à faire preuve d'une grande capacité à réguler leurs émotions et à faire face à des situations stressantes deux ans plus tard. Ainsi, en étant émotionnellement expressives, en s'adaptant aux émotions de leurs enfants et en canalisant ces émotions de façon appropriée, les mères aident leurs enfants à devenir eux-mêmes plus intelligents émotionnellement.

Les mères se servent de leur capacité à exprimer leurs émotions pour féliciter leurs enfants quand ils réussissent et se comportent bien, tout en posant des limites et des règles claires.

Les forces relationnelles des femmes — leur capacité à écouter, à être patientes et à se mettre à la place des autres — leur donnent le courage et la patience nécessaires pour naviguer et trouver leur chemin dans le labyrinthe du développement de leurs enfants. Les femmes comprennent quelles forces peuvent être à l'origine du comportement de leurs enfants, et elles prennent leurs réactions aussi peu personnellement que possible. La maîtrise des forces relationnelles s'avère particulièrement précieuse pour les mères d'adolescents. Des recherches récentes suggèrent que les zones du cerveau qui aident les personnes à réguler leurs émotions continuent de se développer au cours de l'adolescence et jusque dans les premières années de l'âge adulte. Ainsi, les jeunes adolescents sont inondés d'hormones, ce qui les rend lunatiques et augmente considérablement leurs envies sexuelles, bien avant que les régions préfrontales de leur cerveau, qui contrôlent la prise de décision et aident à réguler leurs impulsions, ne se développent pleinement. Cette déconnexion entre les hormones des adolescents et leur capacité à contrôler leurs impulsions peut expliquer en grande partie les problèmes qu'ils rencontrent.

En prenant le temps de comprendre l'état d'esprit d'un adolescent, les femmes offrent bien plus qu'un refuge sûr contre les malheurs du collège et du lycée. Les adolescents dont les parents ne sont pas capables de faire la part des choses entre leurs besoins concurrents — autonomie personnelle d'un côté, et une relation intime et fiable avec leurs parents de l'autre — sont plus à risque de développer des problèmes de santé mentale. Leur patience et leur capacité à se mettre à la place de leurs enfants permettent aux mères de surmonter l'irritabilité et la confusion que ressentent tous les enfants lorsque leur corps change rapidement et qu'ils luttent pour comprendre qui ils sont.

Au chapitre précédent, je vous ai expliqué comment les femmes peuvent améliorer leurs forces dans chaque domaine — forces mentales, identitaires, émotionnelles et relationnelles — pour devenir de meilleures leaders. Dans ce chapitre, je veux me concentrer sur les défis spécifiques auxquels les parents sont souvent confrontés, et sur la manière dont les femmes peuvent utiliser et développer leurs forces pour relever ces défis plus efficacement.

Gérer les crises inévitables avec les enfants

La plupart du temps, nous arrivons à nous débrouiller en tant que parents malgré des faiblesses évidentes dans nos forces psychologiques. Vous n'êtes peut-être pas douée pour communiquer de manière assertive votre point de vue, mais si vous avez des enfants faciles à vivre et qui comprennent implicitement vos valeurs et vos règles, vos difficultés à vous affirmer peuvent être sans importance. Vous pouvez être émotionnellement instable et incapable de savoir ce que ressentent les autres, mais si votre famille est suffisamment calme et tolérante, vous pouvez vous en sortir.

Les faiblesses de toutes sortes ont tendance à se manifester sous l'effet du stress. On sait que de minuscules fissures peuvent faire s'écraser des avions lorsque ceux-ci sont soumis à une pression intense ou répétée. De même, quand des crises surviennent en famille, les lacunes dans vos forces psychologiques peuvent menacer de vous faire tomber, vous ou votre famille. Pourtant, vous pouvez réparer les fissures de vos forces psychologiques, même au cœur d'une crise, en utilisant les exercices de développement des forces dans la première partie de ce livre. Permettez-moi d'illustrer mon propos par l'histoire de Maura et de son fils, Eddie.

À 28 ans, Maura vivait à San Diego, avec son fils de 6 ans, Eddie, et s'occupait de lui à temps plein. Eddie avait toujours été un enfant plein d'énergie. Petit, il était généralement gentil, et ne semblait jamais faire exprès d'effrayer ou d'énerver Maura ; dès qu'il se rendait compte qu'il avait fait quelque chose de mal, il venait facilement lui dire pardon. Mais l'énergie d'Eddie ne pouvait être contenue, et Maura devenait parfois émotionnellement folle face à ses agissements. Pendant ses crises d'anxiété et de frustration, elle criait à Eddie de bien se tenir, ce qui le faisait pleurer, replié sur lui-même. Elle s'effondrait alors elle-même, l'appelait, le serrait dans ses bras et se mettait à pleurer elle aussi. Maura avait beaucoup de fissures dans ses forces émotionnelles, surtout en ce qui concerne la tolérance et la régulation de sa propre détresse, et dans l'expression appropriée de ses émotions face à Eddie.

Quand Eddie est entré à l'école primaire, Maura a commencé à recevoir des appels de ses enseignants, qui se plaignaient, car il perturbait souvent la classe en courant alors qu'il était supposé être assis calmement. Maura se sentait complètement incapable de gérer cette crise. Elle n'avait aucune idée de ce qu'il fallait faire, et ne pouvait pas réfléchir et voir au-delà de ses propres sentiments. Inévitablement, l'un des enseignants a suggéré qu'Eddie souffrait du trouble déficitaire de l'attention avec hyperactivité (TDAH) et qu'il devrait prendre des médicaments pour se contrôler. En secret, Maura avait espéré qu'une pilule réussirait à contrôler Eddie, car elle ne pensait pas pouvoir le faire elle-même. Maura a donc emmené Eddie chez le pédiatre pour une évaluation. Au lieu de diagnostiquer un TDAH, le pédiatre a dit à Maura : « Écoutez, Eddie n'a aucun problème médical. Il a juste besoin de plus de discipline. Je ne veux pas dire qu'il doit être puni plus sévèrement. Je veux juste dire que vous devez apprendre à appliquer des règles raisonnables avec lui pour qu'il puisse commencer à contrôler son propre comportement. Il est parfaitement capable de ça. »

Maura était abasourdie, déçue et complètement bouleversée. Comment allait-elle faire pour qu'Eddie contrôle son comportement ? En six ans, elle n'avait pas réussi à le faire, et il n'y avait aucune raison de penser qu'elle réussirait maintenant. Pendant quelques jours, elle a essayé d'oublier les remarques du pédiatre, mais après un autre appel de l'enseignant d'Eddie, Maura s'est rendu compte qu'elle devait faire quelque chose pour améliorer ses forces en tant que parent. Elle ne pensait pas pouvoir le faire toute seule — Maura voyait bien qu'elle devait demander de l'aide — alors elle a rappelé le pédiatre et lui a demandé de l'orienter vers un psychologue pour enfants, ce qu'il a fait avec plaisir.

La semaine suivante, Maura et Eddie se sont rendus chez le Dr Robin Whitehall, une psychologue de 35 ans spécialisée dans le suivi des enfants au comportement perturbateur, pour une évaluation. Whitehall a commencé par demander à Maura d'observer les moments où le comportement d'Eddie était le plus incontrôlable, et dans quelles situations il était le plus capable de se contrôler, à l'aide d'un journal, heure par heure. Elle a aussi demandé à Maura d'écrire comment elle avait réagi à Eddie dans ces situations. Ce journal était un outil pour aider Maura à comprendre la réponse à la question : « Où et quand ai-je des problèmes? » Après quelques semaines, Maura a commencé à remarquer un schéma dans son propre comportement. Quand Eddie se mettait à courir partout, elle commençait par le supplier en lui disant des choses comme : « Eddie, chéri, ne cours pas dans la cuisine. Maman essaie de préparer le dîner. » Quand il n'acceptait pas sa demande, Maura perdait patience et se mettait à crier de vagues menaces, comme : « Je t'ai dit d'arrêter ça, Eddie, ou sinon ! » Si Eddie continuait, Maura finissait par hurler : « Je t'ai dit de sortir d'ici ! Tout de suite ! » Et alors Eddie s'enfuyait en pleurant, suivi peu après par Maura, qui pleurait et se confondait en excuses.

Maura a apporté son journal à la séance suivante avec le Dr Whitehall et a avoué que même si elle reconnaissait cette tendance dans son comportement avec Eddie, elle ne savait pas comment réagir autrement. Whitehall a donc encouragé Maura à réfléchir au genre d'interactions qu'elle aimerait avoir avec son fils. Maura a passé un certain temps à créer une image positive d'elle et d'Eddie jouant ensemble au parc, discutant de sa journée à l'école et travaillant ensemble sur un projet. Puis Whitehall a demandé à Maura de raconter une situation récente au cours de laquelle elle s'était fâchée contre Eddie. Maura a d'abord été réticente, ne souhaitant pas raviver ces sentiments d'impuissance et de désespoir. Elle a fait confiance à leur psychologue, cependant, et après un certain temps, elle a pu recréer la dernière situation difficile avec Eddie, s'imaginant patiente, parlant avec lui calmement, et Eddie faisant ce qui lui était demandé.

Ensuite, le Dr Whitehall a aidé Maura à réfléchir à trois petites étapes qu'elle pourrait franchir pour améliorer sa patience avec Eddie. Tout d'abord, ils ont décidé que Maura avait besoin de garder son calme quand Eddie se montrait rebelle : Whitehall a montré à Maura des exercices de relaxation rapides qu'elle pouvait faire en toutes circonstances pour ralentir ses réactions émotionnelles et éviter de se sentir dépassée. Il s'agissait d'une respiration lente et profonde, en serrant puis desserrant les poings, en restant concentrée sur le relâchement de la tension au moment d'ouvrir la main. En faisant ces exercices, Maura se répétait le mot « calme » lentement et tranquillement.

Puis, le Dr Whitehall a suggéré à Maura d'imaginer comment répondre à Eddie en utilisant la communication assertive, autrement qu'en suppliant ou en criant des menaces. Au début, Maura ne trouvait pas ce qu'elle pourrait faire différemment, mais avec un peu d'encouragement, elle a réussi à s'imaginer dire simplement et calmement à Eddie ce qu'elle voulait qu'il fasse — et quelles seraient les conséquences s'il n'obéissait pas. Il lui a fallu un peu d'entraînement (Maura a répété ce qu'elle dirait, avec Whitehall jouant le rôle d'Eddie), mais Maura a finalement trouvé les bons mots : « Eddie, je veux que tu ailles jouer dans le salon pendant que je prépare le dîner. Sinon, je t'emmène réfléchir un peu dans ta chambre. »

Enfin, la psychologue a suggéré que la troisième stratégie de changement pour Maura devait être la mise en place de mesures disciplinaires si Eddie ne lui obéissait pas. La réaction classique de Maura, qui s'excusait en pleurant d'avoir crié sur Eddie, ne faisait que renforcer son mauvais comportement. La psychologue et Maura ont donc répété ce qui se passerait si Eddie refusait d'arrêter de courir dans la cuisine. Encore une fois, après un peu d'entraînement, Maura a trouvé quoi dire : « Eddie, tu n'as pas fait ce que maman t'a demandé, alors monte dans ta chambre tout de suite et tu y restes quinze minutes. » Quand le Dr Whitehall a félicité Maura pour ses réalisations, elle s'est sentie immensément fière. Mais quand Whitehall a demandé : « Et s'il n'allait pas dans sa chambre à ce moment-là ? », Maura s'enfonça dans son siège, vaincue. La psychologue a poussé Maura à revenir vers l'image positive de son interaction avec Eddie. Maura s'est vite rendu compte qu'elle avait besoin d'énoncer une conséquence en cas de désobéissance d'Eddie et de s'y tenir. Dans sa visualisation de la scène avec Eddie, elle a dit : « Eddie, si tu ne vas pas dans ta chambre pendant quinze minutes, tu seras privé de ton heure de télé ce soir avant de dormir. » Maura savait que ce serait une menace puissante, parce que Eddie adorait cette heure de télévision chaque soir.

Le Dr Whitehall a encouragé Maura à remarquer ce qu'elle ressentait envers elle-même et ce qui lui traversait l'esprit lorsqu'elle a commencé à changer sa façon de répondre à Eddie. Maura s'est rendu compte qu'au début elle se sentait coupable et craignait que sa fermeté ne nuise à la relation. Mais par la suite, Maura s'est dit que sa relation avec Eddie n'était plus positive depuis un certain temps, car sa colère face à la rébellion de son fils avait grossi. De plus, le manque de contrôle d'Eddie gênait ses progrès à l'école et les relations avec ses camarades. Cela a renforcé l'envie de Maura de s'en tenir aux stratégies de changement qu'elle avait élaborées. En quelques mois, la relation entre Maura et Eddie avait complètement changé. Il avait un meilleur comportement à la maison, ce qui s'est traduit par un comportement plus approprié à l'école.

Maura a fait appel à une professionnelle pour l'aider à surmonter ses faiblesses parentales. Le Dr Whitehall l'a aidée à améliorer significativement ses forces émotionnelles en évaluant les types de situations qui lui causaient le plus de problèmes, en se servant des images positives pour comprendre comment elle voulait interagir avec Eddie, et en utilisant plusieurs petits exercices et l'approche par étapes pour réussir à faire de son image positive une réalité. Ainsi, la relation entre Maura et Eddie s'est améliorée, et la jeune mère est devenue plus confiante dans ses compétences parentales, arrêtant de penser avec désespoir qu'elle ne serait jamais capable d'aider Eddie à contrôler son comportement.

Si vous faites face à une crise semblable à celle de Maura, vous n'avez peut-être pas les moyens de faire appel à un professionnel. Mais vous pouvez utiliser les évaluations et les exercices de la première partie pour concevoir votre propre programme de développement de vos forces. N'oubliez pas de vous demander d'abord : « Où et quand ai-je des problèmes ?» pour évaluer les situations précises qui vous bouleversent ou dans lesquelles vous avez le plus de mal à être efficace avec votre enfant. Demandez-vous ensuite : « Quelle est mon image positive du changement ? » afin de fixer des objectifs pour vous-même et pour votre relation avec votre enfant. Enfin, concentrez-vous sur : « Quelles petites étapes puis-je entreprendre en vue de ce changement positif ? » Savourez ensuite les améliorations de votre relation avec vos enfants, ainsi que de leur santé et de leur bien-être, qui sont les conséquences des petites étapes franchies.

Changer vous-même pour aider vos enfants à changer

Aussi cliché que cela puisse paraître, les parents sont des modèles pour leurs enfants. Par exemple, les études montrent que le comportement des parents en matière de consommation d'alcool influence considérablement celle de leurs enfants. Lorsque les enfants voient leurs parents boire beaucoup, ils sont plus à risque d'imiter ce comportement et de devenir eux-mêmes de gros buveurs. D'un côté, les enfants qui entendent leurs parents parler d'agissements malhonnêtes, comme de fraude fiscale ou de vol de fournitures de bureau, sont plus susceptibles de trouver acceptable le manque d'honnêteté. D'un autre côté, lorsque les enfants voient leurs parents changer positivement en améliorant leurs forces mentales, identitaires, émotionnelles et relationnelles, ils peuvent changer positivement aussi.

Après ses études supérieures, et alors qu'elle commençait à rédiger sa thèse, Traci a déménagé à New York avec son fiancé Jim, qui venait d'accepter un emploi prometteur dans la finance. La rédaction de sa thèse est devenue beaucoup plus difficile lorsque Traci a eu son premier enfant, Steven. C'était un bébé relativement facile, mais allaiter Steven toutes les deux heures chaque nuit épuisait Traci. Pendant la journée, elle emmenait Steven dans les parcs et les aires de jeux pour s'échapper de l'appartement et lui faire respirer un peu d'air frais. Deux ans plus tard, leur deuxième enfant, Emily, est née, puis un troisième enfant, Clark, est né deux ans plus tard. Traci était vraiment débordée avec trois enfants de moins de 7 ans. Mais elle adorait être mère. Elle savourait chaque étape franchie par ses enfants — leurs premiers mots, premiers pas, première rentrée en maternelle. Traci voulait ce qu'il y a de mieux pour ses enfants, et le poste très bien rémunéré de Jim à Wall Street en donnait les moyens au couple. Elle a passé d'innombrables heures à faire des recherches sur les écoles privées, à visiter des établissements, à discuter avec des directeurs et enseignants, et à parler avec d'autres mères des avantages et des inconvénients des différentes écoles.

À mesure que ses enfants grandissaient, Traci passait de plus en plus de temps à se battre avec eux au sujet de leurs notes, des vêtements qu'ils avaient le droit de porter, de leurs amis et activités extrascolaires. Traci croyait sincèrement au potentiel de ses enfants et elle n'allait pas les laisser gâcher leurs talents. Chaque enfant jouait de plusieurs instruments et participait à un sport à l'école ou en club. Lorsque leurs notes baissaient dans une matière, Traci établissait un horaire d'étude rigoureux, engageait des professeurs particuliers et se rendait dans la classe de l'enfant pour observer l'approche pédagogique de l'enseignant. Le comportement de Traci n'était pas très différent de celui des mères de l'école privée élitiste où allaient ses enfants. Il y avait un véritable esprit de compétition parmi les mères — c'était à celle dont les enfants recevaient le plus d'honneurs, jouaient dans l'orchestre symphonique, jouaient le plus de minutes comme attaquants dans l'équipe de football, et ainsi de suite. Traci s'était laissée happer par cette culture. Au lieu d'écouter les préférences de ses enfants et de prendre en compte leurs points de vue, elle a imposé sa propre image de ce qu'ils devraient être dans chaque domaine de leur vie.

Elle a laissé les succès et les échecs de ses enfants remplacer ses succès et ses échecs. Par conséquent, elle les supervisait beaucoup trop, insistant pour qu'ils mènent leur vie selon ses règles à elle, au lieu de faire des efforts pour les aider à combler leurs propres rêves, et poursuivre leurs propres intérêts.

Les conflits pour savoir qui dirigeait leur vie sont devenus plus féroces à l'adolescence. Son aîné, Steven, alors âgé de 13 ans, a annoncé qu'il voulait aller en internat, juste pour échapper aux griffes de sa mère. L'idée qu'un de ses enfants ne vive pas à la maison a créé un trou noir dans l'esprit de Traci — qu'est-ce qu'elle allait faire, *qui serait-elle*, si ses enfants n'étaient pas là ?

Pour marquer sa rébellion, la fille de Traci avait adopté une attitude extrêmement névrotique à l'égard de presque tout dans sa vie. « Je suis stupide ! » disait Emily quand elle obtenait une note qui n'était pas parfaite. « Je suis moche ! » se plaignait-elle, et insistait pour acheter d'autres vêtements. Malgré tous ses efforts, Emily ne s'améliorait plus ni en musique ni en sport, ce qu'elle interprétait comme « je n'ai pas de talent ». Certains signes indiquaient qu'Emily était en train de développer un trouble de l'alimentation. Elle mangeait beaucoup au dîner, puis disparaissait dans la salle de bains. Le poids d'Emily chutait clairement : même si elle grandissait, les vêtements qui lui allaient l'année d'avant pendaient encore sur elle comme des sacs trop larges.

Un jour, alors que Traci se disputait avec Steven, car il avait eu une note médiocre en maths, Steven a crié : « Maman, achète-toi une vie ! Tu n'es qu'une saleté de tyran et je te déteste ! » Steven s'est précipité hors de la pièce, laissant Traci silencieuse, perplexe.

Elle a passé la nuit à y penser, sans fermer l'œil. Était-elle vraiment l'une de ces mères tyranniques et surinvesties qui ne laissaient pas leurs enfants être eux-mêmes ? Ses enfants ne vivaient-ils pas leur vie comme ils le voulaient ? Traci s'est demandé ce qu'ils feraient si elle ne programmait pas toutes leurs activités et a pris conscience qu'elle ne savait pas vraiment quelles seraient leurs préférences. Elle a essayé d'imaginer comment ça se passerait si elle laissait ses enfants faire les activités de leur choix, ou si elle ne s'asseyait pas avec eux tous les soirs pendant qu'ils faisaient leurs devoirs, pour s'assurer que tout était parfaitement fait. Elle s'est rendu compte qu'elle ne savait pas ce qu'elle ferait elle-même. Que signifierait pour elle « avoir une vie » ? Elle avait depuis longtemps abandonné l'espoir de terminer sa thèse de doctorat. Toutes ses activités étaient orientées vers les enfants, ou Jim et son travail. Elle était effrayée à l'idée qu'elle ne savait pas qui elle était, à part la mère de ses enfants et la femme de Jim.

Les choses devaient changer. Traci devait changer. La première chose à faire était de mieux comprendre qui étaient ses enfants, quels étaient leurs véritables intérêts, leurs joies et leurs soucis. Quand les enfants se sont levés le lendemain matin, ils ont vu que leur mère n'avait pas l'air bien du tout — ses yeux étaient rouges et gonflés, le teint pâle et les traits tirés. Elle a décidé de ne pas leur dire qu'elle avait été debout toute la nuit, mais plutôt qu'elle était malade. Au lieu de courir dans l'appartement pour superviser l'habillage des enfants et s'assurer qu'ils avaient bien mis leurs affaires dans les cartables, Traci leur a gentiment demandé de se préparer pendant qu'elle prenait un autre café. « Maman doit vraiment être malade », a dit Steven aux deux autres.

Alors que les enfants étaient à l'école, Traci leur a écrit à chacun une lettre dans laquelle elle s'excusait de ne pas être à l'écoute et leur disait qu'elle souhaitait savoir ce qu'ils voulaient idéalement faire comme activités ou à l'école. Elle leur a demandé d'énumérer ce qu'ils aimaient vraiment à propos de l'école et de leurs activités, et ce qu'ils n'aimaient pas. Elle a expliqué clairement qu'elle était prête à ce qu'ils abandonnent certaines activités si celles-ci ne les intéressaient pas, ou s'ils étaient trop stressés à l'idée de faire trop de choses. Ensuite, elle a fait une sieste.

Quand les enfants sont rentrés de l'école ce jour-là, ils ont lu les lettres et sont restés bouche bée. « Tu rigoles, n'est-ce pas ? » a demandé Steven à sa mère.

« Non, je le pense vraiment. Il y avait un fond de vérité dans ce que tu m'as dit hier, Steven, même si tu l'as dit très grossièrement. Je veux savoir ce que vous voulez, et je veux apprendre à rester en retrait ! »

Steven était méfiant, et Emily confuse.

« Maintenant, dis-moi ce qui est important pour toi. »

« Je ne suis pas sûr, je te dirai. » Steven ne voulait pas encore s'engager dans quoi que ce soit avant de comprendre ce que sa mère manigançait.

Emily était restée silencieuse pendant la conversation, et Traci a décidé de ne pas la presser. Plus tard dans la soirée, elle est montée dans la chambre d'Emily pour discuter. « Chérie, je suis vraiment désolée de t'avoir autant poussée. Tu sembles bouleversée ces derniers temps. » Emily pleura sans bruit, sans répondre. D'habitude, Traci lui aurait posé plein de questions, mais cette fois-ci, elle s'est assise au bord du lit et a caressé les cheveux d'Emily.

« Maman, je suis dans un sale état et j'ai si peur. Je fais ce truc avec la bouffe dont ils ont parlé en cours de biologie. J'ai vraiment faim au dîner, alors je mange, mais après j'ai peur de grossir et je vais vomir dans la salle de bains. C'est comme si je ne pouvais pas m'en empêcher. Je commence à sentir que je ne contrôle plus rien, et vomir m'aide à me sentir un peu mieux. Mais c'est dégoûtant ! »

« Les autres filles sont vraiment méchantes. Elles sont toutes si minces et savent tellement comment s'habiller. Peu importe ce que je fais, je n'arrive pas à m'intégrer. Elles m'insultent et sortent des trucs de mon casier. L'autre jour, l'une d'elles m'a frappée dans les toilettes des filles. »

Traci l'a interrompue, incapable de se retenir. « Pourquoi tu ne me l'as pas dit quand ça s'est passé, Emily ? »

« Parce que je savais que tu serais venue à l'école et que tu en aurais fait tout un plat, maman, et que les autres filles se seraient encore plus moquées de moi », dit Emily. Sa réponse a coupé Traci dans son élan. Son attitude tyrannique avait conduit ses enfants à lui cacher des choses, les obligeant à se débrouiller seuls plutôt que de la laisser les aider.

« Y a-t-il quelque chose que tu aimes dans ton école ? » a décidé de demander Traci.

Emily répondit : « Non, rien. Les enfants sont méchants, les professeurs sont ennuyeux et les cours sont trop difficiles. Je me sens toujours stupide par rapport aux autres. » Emily en était là, inscrite dans l'école privée la mieux cotée de la ville, malheureuse. Et Traci n'en avait rien su. Emily lui avait caché tout ce qu'elle ressentait. « Je sais que tu veux qu'on y aille, maman, mais je ne suis pas faite pour ça. Je ne suis pas assez douée. »

Traci a senti qu'on lui arrachait le cœur. Au bout de quelques secondes, elle a dit : « Emily, si ce n'est pas la bonne école pour toi, nous devons en trouver une qui te convient mieux. Tout le monde a sa place quelque part, et peut-être que ce n'est juste pas l'endroit qu'il te faut. » Emily s'est réjouie à l'idée de pouvoir changer d'école.

Le lendemain, Traci a décidé de travailler sur sa propre vie. « Steven dit que j'ai besoin de m'acheter une vie, se dit-elle. Il a raison, mais par où commencer ? » Elle a repensé aux années qui avaient précédé la naissance des enfants et à ce qu'elle aimait faire à l'époque. Son amour de la littérature l'avait amenée à se lancer dans un doctorat et, bien qu'elle ait eu la chance de lire des livres et d'y penser avec un œil critique, elle n'avait pas vraiment envie de devenir écrivaine. Quand les enfants étaient petits, elle avait aimé trouver des livres pour eux et leur apprendre à lire par eux-mêmes. Elle avait même fondé un club de lecture pour eux et leurs copains, mais qui s'était arrêté quand les enfants ont été pris par d'autres activités. Traci avait prévu de parler à l'une des autres mères de l'école, et qui travaillait dans l'édition, des emplois ou activités bénévoles qui existaient autour de la littérature jeunesse.

Traci était également très sportive avant la naissance de ses enfants. Ces dernières années, elle allait surtout à la salle de sport pour combattre les signes du vieillissement. Tout le plaisir de bouger avait disparu. Alors, Traci a appelé son club de sport pour se renseigner au sujet des équipes féminines et a découvert qu'il y avait une équipe de volley-ball. Elle a pris rendez-vous avec l'entraîneur pour discuter de la possibilité d'entrer dans l'équipe.

Il a fallu à Traci quelques semaines d'efforts pour se taire et écouter ses enfants, leur demander leur avis plutôt que d'imposer le sien, et faire en sorte qu'Emily rejoigne une école qui semblait plus appropriée pour elle, avant que Steven ne revienne vers elle. Un soir, tard, après son retour du premier entraînement avec sa nouvelle équipe de volley-ball, Steven est venu lui parler dans la cuisine. « Maman, je suis fier de toi, commença-t-il… Tu veux vraiment changer. Je ne pensais pas que c'était pour de vrai, et je ne suis toujours pas sûr que ça va durer, mais c'est bien pour l'instant. » La conversation s'est arrêtée là. Steven a laissé sa mère sans voix et est allé se coucher. Au cours des semaines suivantes, il était nettement moins grincheux avec elle et lui a même glissé qu'il avait le béguin pour une fille appelée Kelly.

Le manque d'identité et de forces relationnelles de Traci a bien failli ruiner sa relation avec ses enfants, et peut-être même leur vie. Son sens de soi était lié au choix de l'école fréquentée par ses enfants et à la façon dont ils se comparaient à leurs camarades d'un point de vue scolaire et social. Au milieu de tout ça, elle avait perdu la trace de qui elle était, à part la mère de ses enfants. Elle avait complètement ignoré l'avis de ses enfants sur leurs choix de vie pour les conformer à l'image des enfants parfaits que sa culture imposait. Pour les rendre parfaits, et donc la rendre parfaite, elle avait supervisé à l'excès, et avec impatience, chacun de leurs gestes. Ainsi, les enfants vivaient des vies inauthentiques — ils n'étaient pas ceux qu'ils voulaient être, mais étaient ballottés entre le désir d'être ce que leur mère voulait qu'ils soient et la lutte contre cette même tendance. La santé mentale et physique d'Emily en pâtissait, et Traci perdait son lien avec Steven.

Traci a procédé à des changements radicaux dans sa vie et sa relation avec ses enfants en avançant par petites étapes. D'abord, elle a commencé à écouter. Elle a donné aux enfants la possibilité de lui dire ce qu'ils aimaient et ce qu'ils n'aimaient pas, quels étaient leurs soucis et quels changements ils souhaitaient dans leur vie. Elle a essayé de se mettre à leur place, en imaginant leur univers de leur point de vue. Et elle leur a permis d'apporter des changements importants dans leur vie, même ceux qui allaient à l'encontre du « bon cursus » pour les enfants de leur groupe social.

Deuxièmement, Traci a décidé d'avoir une vie à elle. Elle a renoué avec les intérêts et les valeurs qu'elle avait avant de devenir mère et a réfléchi à ceux qu'elle aimerait poursuivre maintenant. Elle a fait des plans concrets pour créer des rôles et des activités dans sa vie en dehors du rôle de mère. Moins d'un an après avoir décidé de reprendre sa vie en main, Traci travaillait comme éditrice dans une maison d'édition spécialisée dans les livres pour enfants.

Si vous craignez que la façon dont vous menez votre vie ne soit pas un bon modèle pour vos enfants ou qu'elle les empêche de devenir des personnes indépendantes et heureuses, alors faites le point sur vos forces psychologiques qui doivent être améliorées. Demandez-vous si, comme Traci, vous avez besoin de développer vos forces identitaires afin de vivre une vie équilibrée et riche qui inclut vos enfants, mais qui ne se base pas uniquement sur eux. Votre manière de vous exprimer ou de réguler vos émotions est-elle un modèle positif pour vos enfants ? Ou bien vos forces émotionnelles sont-elles trop fragiles, de sorte que vous réprimez parfois vos émotions et refusez d'être sincère, et qu'à d'autres moments vous perdez tout contrôle sur elles ? D'après le comportement que vous avez envers vos enfants, apprennent-ils la patience et la capacité à se mettre à la place des autres, ou l'impatience et l'égocentrisme ? Lorsque vous prenez des décisions familiales, mettez-vous l'accent sur le travail d'équipe et sur la satisfaction des intérêts de chacun autant que possible ? Ou êtes-vous autocratique, persuadée de savoir ce qui est le mieux pour tout le monde ?

Une fois que vous avez fait le point et identifié les forces à développer, imaginez ce que pourraient être votre vie et celle de votre famille si vous étiez plus forte. Ensuite, utilisez les exercices du programme de développement des forces pour avancer étape par étape vers cette nouvelle famille plus positive.

Utiliser les forces pour aider nos filles

L'une des relations les plus riches et les plus explosives qu'une mère puisse avoir est celle qui la lie à sa fille adolescente. Les adolescentes peuvent voir leur mère comme l'incarnation de tout ce qu'elles ne veulent *pas* devenir et comme le principal obstacle à leur liberté de faire les choses à leur manière. Mais, à côté de cela, les adolescentes ont besoin d'une relation intime avec leur mère, et elles la souhaitent ardemment, pour leur offrir de la stabilité au fil des immenses bouleversements que vivent leur esprit et leur corps, et pour les aider à faire les bons choix. Toutes les forces d'une femme sont mises à rude épreuve dans sa relation avec sa fille adolescente.

Les filles ont tendance à développer les mêmes forces que leur mère. Bien qu'il puisse y avoir une composante génétique à ce phénomène, mes collègues et moi avons observé des mères et des enfants interagissant dans nos laboratoires et avons constaté que les mères communiquent à leurs enfants des messages forts sur la façon de gérer les situations difficiles, et les filles comprennent ces messages bien plus que les fils. Parfois, les mères montrent comment affronter les situations difficiles avec confiance et détermination, et comment trouver des idées pour résoudre les problèmes. D'autres fois, leurs réactions sont des modèles d'impuissance et d'émotions incontrôlables face à la difficulté. Parce que les techniques de gestion et de régulation que les mères enseignent à leurs filles, directement et indirectement, sont résumées dans le comportement de leurs filles, l'une des étapes les plus importantes pour développer les forces de nos filles est de reconnaître nos propres forces et faiblesses — c'est-à-dire les messages que nous envoyons à nos filles — et de développer les domaines qui ne sont pas suffisamment forts.

Au cours des quarante dernières années, à mesure que les femmes ont affiché plus d'assurance, revendiquant leurs droits au travail, à l'éducation et à la contraception, les filles ont pris de l'assurance, dépassant le niveau que leurs modèles adultes avaient atteint. Les filles écoutent les messages non seulement de leurs mères, mais aussi de leurs tantes, de leurs sœurs aînées, de leurs grands-mères, de leurs enseignantes, de leurs responsables d'activités, et des personnalités médiatiques.

Les mères, bien sûr, sont celles qui ont le plus de contact avec leurs filles et, par conséquent, le plus d'occasions de les soutenir et de leur inspirer des changements positifs. Les mères ont le pouvoir d'aider leurs filles à tracer une route saine à travers les années difficiles et dangereuses de l'enfance et de l'adolescence. Prenons Patti, par exemple, une petite blonde aux yeux bleus de 16 ans, originaire de Boise, dans l'Idaho. Patti avait perdu le contact avec ce qu'elle pensait et ressentait, totalement concentrée sur ce qu'il fallait faire pour devenir populaire. Elle trouvait que le lycée était un endroit déroutant et désespérant. Le problème, ce n'étaient pas les cours — elle réussissait bien dans la plupart des matières —, mais plutôt les autres élèves. Patti avait l'impression que tout le monde savait comment s'habiller, se comporter, à qui s'adresser et dans quelles activités extrascolaires s'impliquer alors qu'elle se débattait, sans rien y comprendre. Chaque mois, elle essayait un nouveau programme de magazine qui promettait de la rendre plus jolie, plus mince et plus populaire. Et, chaque mois, elle se sentait nulle parce qu'elle n'arrivait pas à appliquer ces programmes ou les trouvait inefficaces.

Il y a peu, au cours d'un week-end, Patti et sa meilleure amie Megan sont allées à une fête chez un des élèves les plus populaires du lycée, dont les parents étaient absents. Un jeune s'est approché de Patti et lui a offert un verre. Finalement, Patti a bu quatre verres ce soir-là, et elle était très saoule. Sa mère, Julie, a retrouvé Patti assise par terre dans la cuisine, une larme roulant doucement sur sa joue. Julie a d'abord eu très peur : « Chérie, que s'est-il passé ? Qu'est-ce qui ne va pas ? »

Julie a alors senti l'haleine alcoolisée de Patti. Sa première réaction a été la colère, la rage même. Le père de Julie avait été alcoolique, et sentir l'alcool sur Patti, c'était pour elle la réalisation de son pire cauchemar. Heureusement, les forces émotionnelles de Julie étaient bien développées, et elle les a mobilisées pour réagir face à sa fille de manière à se lier à elle, plutôt que de l'éloigner. Julie a pris une grande respiration, fermé les yeux, et s'est dit : « Ce n'est pas mon père. C'est ma fille. Reste calme, Julie ! »

Patti a commencé à raconter sa soirée à Julie : « Il y avait ce garçon. À une fête. » Patti s'est mise à pleurer plus fort, et a caché sa tête entre ses mains. Julie a pensé, horrifiée, que Patti avait été agressée sexuellement, et a voulu demander le nom du garçon. Mais, encore une fois, elle s'est retenue, a pris une nouvelle respiration, et a demandé : « D'accord, et que s'est-il passé ? »

« Il est venu me voir et m'a offert un verre. Je n'avais pas vraiment envie de boire, mais il était mignon, et je ne voulais pas qu'il pense que j'étais débile. Alors j'ai dit oui. Et nous avons continué à parler, et j'ai continué à boire. Maman, j'ai envie de vomir ! S'il te plaît, aide-moi, j'ai la tête qui tourne ! »

Julie a demandé calmement : « Quelque chose d'autre s'est-il passé avec ce garçon ? »

« Non, au bout d'un moment il est parti parler à une autre fille. Megan m'a ramenée à la maison. Oh, maman, quoi que je fasse, les garçons ne s'intéressent jamais à moi ! »

Julie a compris immédiatement que Patti n'était pas alcoolique — elle était plutôt triste de ne pas être plus populaire avec les garçons. Elle a couché Patti, consciente que ce n'était pas le bon moment pour avoir une conversation profonde.

Le lendemain, Patti était sobre et extrêmement reconnaissante envers sa mère de ne pas s'être fâchée, et Julie s'est assise pour discuter avec elle. Julie savait que Patti devait travailler à recentrer son identité sur ses valeurs et intérêts fondamentaux, plutôt que de chercher à être populaire. Elle pensait qu'une première petite étape pourrait consister à aider Patti à trouver des moyens positifs de rencontrer d'autres jeunes, et de s'exprimer. Elle a demandé à sa fille : « Chérie, peut-être pourrions-nous réfléchir à des activités que tu pourrais faire pour rencontrer plus de garçons. As-tu des idées ? Je me demande s'il y a d'autres choses que tu pourrais faire, que tu aimerais faire, et qui te donneraient plus d'occasions de rencontrer des garçons qui ont les mêmes goûts que toi. » Julie avait astucieusement mis Patti au défi d'élaborer des stratégies créatives pour changer.

« Eh bien, j'aime écrire. J'ai pensé rejoindre l'équipe du journal de l'école. Et j'aime chanter. Mais je ne sais pas comment entrer dans la chorale. Et ils ne voudront sûrement pas de moi de toute façon. » Julie est restée patiente et a encouragé Patti à demander l'aide des autres en disant : « Y a-t-il quoi que ce soit que tu puisses faire aujourd'hui pour en savoir plus sur le journal ou la chorale de l'école ? »

« Je suppose que je pourrais demander aux profs qui supervisent ces clubs, a répondu Patti. Je pourrais aussi me renseigner auprès de certains élèves qui en font partie. » Elles ont alors fait un plan pour déterminer comment Patti approcherait ces gens à l'école lundi.

Quelques mois plus tard, Patti faisait partie de la chorale et écrivait pour le journal du lycée. Elle rencontrait plein d'autres adolescents, filles et garçons, qui partageaient les mêmes intérêts qu'elle. Patti a remarqué qu'elle ne ressentait plus l'envie de comprendre « les règles » qui obsédaient tant de ses camarades, et se sentait au contraire fière de faire ce qui lui plaisait, plutôt que juste ce qui pourrait la rendre populaire.

Pour aider sa fille, Julie a mobilisé toutes ses forces. Elle a utilisé sa *flexibilité mentale* pour trouver comment Patti pourrait s'impliquer avec des camarades dans des activités positives. Elle est restée fermement fidèle à ses valeurs au sujet de l'alcool, mais elle a aussi reconnu son immense désir d'aider Patti à tirer des leçons de cette situation. Elle a fait appel à ses *forces émotionnelles* pour contrôler sa colère et reconnaître les émotions déroutantes que Patti ressentait. Elle a utilisé ses *forces relationnelles* pour garder le contact avec Patti, même lorsque celle-ci se comportait mal.

Nos filles ont la liberté de faire des choix pour leurs études ou leur carrière que leurs grands-mères n'auraient jamais imaginés possibles. En même temps, nos filles subissent d'énormes pressions pour être sexuellement actives, pour essayer les drogues et l'alcool, et pour affamer leur corps pour qu'il corresponde à des modèles impossibles. En tant que mères, grands-mères, tantes, enseignantes et amies, nous pouvons aider les jeunes femmes d'aujourd'hui à trouver leur chemin dans un monde de libertés et de pressions qui semblent sans limites, en exerçant nos propres forces et en nourrissant les leurs. À mesure qu'elles deviendront des leaders, des mères et des amantes fortes et efficaces, elles serviront de modèles inspirants et de mentors pour leurs propres filles — et elles aideront à former une nouvelle génération de leaders fortes et confiantes, prêtes à changer le monde.

Élever des enfants peut être source d'immenses joies, mais ce n'est pas facile. Depuis des millénaires, les femmes utilisent leur patience, leur créativité et leur empathie pour élever leurs enfants dans un environnement chaleureux, bienveillant et sûr, et pour surmonter tous les obstacles au développement sain de leurs enfants. Vous pouvez mobiliser toutes vos forces en tant que femme pour mettre au point de nouvelles techniques afin de favoriser des relations riches et profondes avec vos enfants, et de créer des environnements dans lesquels ils pourront vraiment s'épanouir et grandir.

Chapitre 12
Aimer

Les femmes sont très douées en amour. Qu'il s'agisse d'amour conjugal ou d'autres liens amoureux, d'amitiés proches ou de liens avec des frères et sœurs ou d'autres membres de la famille, les femmes utilisent leurs forces mentales, identitaires, émotionnelles et relationnelles pour construire des relations résilientes, intimes et mutuellement satisfaisantes.

Les relations intimes et profondes sont essentielles au bien-être mental et physique. Comme nous l'avons vu dans mon étude sur les personnes récemment endeuillées, celles qui avaient des relations solides avec leur famille et leurs amis, et qui étaient soutenues, souffraient moins de dépression et d'anxiété et réussissaient mieux à reconstruire leur vie dans les deux années suivant le décès. Lorsque les gens se rassemblent en temps de crise, comme pour un deuil, les relations peuvent grandir et s'épanouir, car chaque personne estime l'autre à un niveau plus profond.

Avoir de bonnes relations peut aussi être positif sur votre santé physique. Les personnes ayant de bonnes relations ont un système cardiovasculaire et immunitaire plus sain, prennent mieux soin d'elles-mêmes, se remettent mieux après une chirurgie, font mieux face au cancer et vivent plus longtemps. En revanche, les personnes qui n'ont pas assez de bonnes relations — celles qui sont socialement isolées ou qui ont des relations qui ne sont pas positives et qui ne se sentent pas soutenues — sont plus souvent malades, se rétablissent plus lentement en cas de maladie et meurent plus jeunes. De plus, les personnes qui ont de mauvaises relations ont tendance à prendre moins soin d'elles-mêmes, par exemple quand il s'agit de suivre les ordres des médecins ou de cesser de fumer.

Puisque les nombreuses forces des femmes leur confèrent une compétence particulière pour entretenir des relations fortes, être en relation avec une femme semble avoir des effets encore plus positifs que d'entretenir une relation avec un homme. Les femmes déclarent offrir plus de soutien dans le cadre des relations conjugales que les hommes, et recevoir moins — et leurs maris sont d'accord avec cette évaluation. La psychologue Margaret Clark de l'université de Yale a constaté que les gens en général considèrent que les femmes de leur vie sont plus altruistes dans leur manière de vivre leurs relations, s'occupant du bien-être des autres et répondant aux besoins et désirs des autres sans poser de conditions préalables. Les femmes sont vues comme plus sensibles et intéressées par les besoins des autres, et plus capables de comprendre autrui. Par conséquent, les gens agissent de manière plus altruiste envers les femmes que les hommes de leur vie, faisant un peu plus d'efforts pour s'occuper d'elles quand c'est nécessaire. C'est vrai pour tous les types de relations : avec les amis, les frères et sœurs, les parents et la famille au sens large.

Par ailleurs, et peut-être parce que les identités propres des femmes sont tellement imbriquées dans leurs relations avec les autres, elles sont plus à risque de subir des effets négatifs sur leur santé en cas de conflit, dans une relation. Lorsqu'on a demandé à des couples hétérosexuels mariés, dans le cadre d'une étude, de parler d'un sujet de désaccord entre eux, le rythme cardiaque des hommes comme des femmes a augmenté avec le niveau de conflit, et leurs réponses immunitaires ont chuté. Néanmoins, en moyenne, les effets du désaccord au sein du couple étaient plus intenses chez les épouses que les époux. Dans une autre étude qui a suivi 189 femmes et hommes atteints d'insuffisance cardiaque congestive pendant quatre ans, les chercheurs ont remarqué que ceux qui avaient un mariage plus heureux avaient un taux de survie plus élevé que ceux qui rencontraient des difficultés dans leur mariage. Là encore, l'impact de la qualité du mariage sur la survie était plus important chez les femmes que chez les hommes.

Dans ce chapitre, j'explorerai pourquoi et comment les forces mentales, identitaires, émotionnelles et relationnelles des femmes les rendent si douées pour aimer les autres, au bénéfice des hommes et des femmes de leur vie. Ensuite, je vous dirai comment vous pouvez améliorer vos forces pour construire des relations plus fortes et plus satisfaisantes avec vos amis, vos amants et les membres de votre famille.

Être généreuse en amour

L'une des principales forces mentales des femmes est l'optimisme, et les optimistes ont tendance à avoir des relations formidables. La force mentale qu'est l'optimisme des femmes est à l'origine d'amitiés plus durables, d'une plus grande satisfaction dans les relations amoureuses, et réduit la probabilité de dissolution de ces relations. L'optimisme des femmes peut aussi amener les autres à les soutenir davantage. Les optimistes sont plus appréciés par les autres — ils sont simplement plus agréables à côtoyer que les pessimistes. Par conséquent, les gens peuvent avoir davantage envie d'être leurs amis et être plus disposés à les aider en cas de besoin.

Les optimistes ont tendance à être généreux dans leurs jugements des autres, ce qui aide à construire des relations positives. Par exemple, lorsqu'un conjoint rentre tard du travail, une épouse optimiste lui accordera le bénéfice du doute, imaginant ce qui peut se passer indépendamment de sa volonté : « Il doit être coincé dans les embouteillages, mais je suis sûre qu'il sera à la maison dès que possible. » Cela prépare le terrain pour un retour à la maison plus chaleureux que si une femme fulmine toute seule : « Il n'essaie même pas de rentrer à la maison à l'heure. »

Une étude récente sur les couples qui sortent ensemble depuis peu a confirmé que les optimistes ont tendance à voir le meilleur chez leur partenaire. Les optimistes percevaient leurs partenaires comme plus encourageants, et leurs relations comme plus satisfaisantes, par rapport aux pessimistes. Les partenaires des optimistes, pour leur part, considéraient aussi que leur moitié optimiste les soutenait beaucoup, et eux aussi étaient très satisfaits de leur relation. Il semble que l'optimisme crée une dynamique réciproque au sein de la relation. Dans cette même étude, lorsque les chercheurs ont demandé aux couples de discuter d'une question conflictuelle entre eux, ils ont constaté que les optimistes et leurs partenaires s'étaient engagés plus positivement dans la résolution du conflit au fil de la conversation et, par conséquent, se sont dits plus satisfaits de l'issue du conflit.

L'optimisme déterminé des femmes, qui les pousse à considérer de nombreux moyens d'atteindre un objectif, leur permet de rester investies dans leur relation, même en période difficile.

Les femmes se tournent souvent vers d'autres personnes pour les aider à résoudre des problèmes dans leurs relations intimes. Les femmes se tournent vers leurs amies pour mieux comprendre le comportement de leur compagnon et laisser s'exprimer leurs frustrations. Ces conversations entre femmes ont tendance à être très intimes, leur donnant le sentiment d'être pleinement acceptées et comprises. Les gens, à leur tour, semblent plus disposés à apporter un soutien émotionnel et pratique aux femmes qu'aux hommes, en partie parce qu'ils considèrent les femmes comme plus susceptibles de leur rendre la pareille.

Le fait de s'inquiéter et de se sentir responsables des autres peut certainement devenir un fardeau pour les femmes, mais la plupart d'entre elles parviennent à équilibrer les aspects sociaux de leur identité avec leurs besoins et intérêts personnels. La psychologue Caryl Rusbult, de l'université Libre des Pays-Bas, a montré que cet équilibre personnel et relationnel est une caractéristique essentielle pour une relation réussie. Un parfait équilibre n'est pas toujours possible — parfois vous devez faire plus attention à vos propres besoins qu'à ceux de votre partenaire, comme lorsque vous avez une échéance importante au travail qui vous oblige à rester tard et à travailler le week-end. Dans d'autres occasions, les besoins de votre partenaire sont plus importants que les vôtres, par exemple s'il tombe malade. Rusbult a découvert que les couples en bonne santé sont capables de faire pencher la balance en faveur de l'équilibre personnel ou relationnel pendant un certain temps, puis de rétablir l'équilibre en consacrant plus de temps et d'attention à l'aspect qui a été négligé. Par exemple, si vous avez passé les deux dernières semaines à travailler énormément pour respecter une échéance, vous pouvez proposer à votre partenaire de passer un long week-end pour vous retrouver.

Pour s'assurer de ne pas trop sacrifier à leur amour, les femmes cultivent une identité personnelle dynamique et flexible qui reste au cœur de leur identité, même si les relations qui contribuent à la définir évoluent. Lorsqu'un couple déménage d'une ville à une autre, lorsque les parents vieillissent et ont besoin d'aide, ou lorsque les relations s'arrêtent par un décès ou un divorce, les femmes peuvent puiser dans leur essence profonde pour continuer d'être en paix et en confiance.

Une identité personnelle forte permet aussi aux femmes de faire de bons choix pour elles-mêmes en temps de crise.

Créer des liens plus forts

Les émotions nous signalent et signalent aux autres que quelque chose d'important s'est produit ou est sur le point de se produire. Ainsi, la capacité des femmes à percevoir les émotions des autres et à se mettre à leur place leur permet de répondre avec empathie, ce qui renforce la confiance et la gratitude au sein de leurs relations. Disons, par exemple, que votre meilleure amie a été particulièrement grincheuse ces derniers jours. Si vous percevez avec justesse que son comportement est dû à un mélange de tristesse et de colère à la suite d'un entretien d'évaluation professionnelle qui s'est mal passé, vous pouvez réagir en accueillant sa colère et en lui assurant qu'elle peut améliorer ses résultats pour l'avenir. En retour, il est probable qu'elle sera moins grincheuse et vous sera reconnaissante de la comprendre et de la soutenir. Si, au contraire, vous n'avez aucune idée de ce qui explique sa réaction, votre instinct pourrait simplement vous pousser à vous éloigner et à l'éviter jusqu'à ce que son humeur s'améliore. Cela ne risque pas de l'aider, ni de renforcer votre relation.

De même, les forces des femmes pour comprendre, exprimer et réguler leurs émotions sont des atouts énormes dans leurs relations avec les autres. La capacité à montrer avec justesse vos émotions aux autres crée des relations basées sur la confiance et la compréhension mutuelle. Même deux étrangers réunis dans le cadre d'une étude se sentent plus proches l'un de l'autre lorsqu'une personne révèle quelque chose d'émotionnel à son sujet. Dans les relations déjà établies, la divulgation de vos sentiments entraîne une intimité et une proximité accrues. Les femmes ont tendance à partager plus d'informations émotionnelles dans leurs relations que les hommes ; en effet, lorsque les hommes confient des informations émotionnelles à leur sujet, c'est plus souvent à des femmes qu'à des hommes.

Parce que les femmes comprennent et expriment leurs émotions, les autres sont mieux équipés pour leur venir en aide. Les femmes signalent clairement quand elles sont tristes, et les autres savent comment les réconforter. Elles signalent quand elles ont peur, et les autres savent les protéger et les calmer. Lorsque les femmes interagissent avec des personnes qui ne perçoivent pas bien les émotions des autres, cette capacité à savoir ce qu'elles ressentent et le signaler clairement donne aux autres l'occasion de réagir d'une manière qui sera utile et positive pour leur relation.

Exprimer des émotions positives dans le cadre d'une relation est particulièrement bon pour la relation. Les gens aiment entendre qu'ils sont estimés et aimés, et que vous aimez être avec eux. Les femmes sont plus à l'aise pour montrer leurs sentiments dans les relations amoureuses. Cela crée une bulle positive autour de la relation. Cela aide aussi les autres à être eux-mêmes positifs.

Parfois, il faut aussi savoir exprimer des émotions négatives dans le cadre de nos relations. Ne pas le faire peut être malhonnête et provoquer une mauvaise communication entre les personnes. Les personnes qui savent mieux exprimer leurs émotions négatives de manière appropriée ont des réseaux sociaux plus larges et des relations plus fortes avec les autres. Bien sûr, il est important que l'expression des émotions négatives se fasse sans menace ni accusation, et au moment opportun. Les personnes qui parlent constamment de leur tristesse, de leur colère ou de leur peur, sans être à l'écoute des tentatives des autres pour les aider, finissent par être mises à l'écart et rejetées. Mais la capacité de faire savoir à votre partenaire ou à votre amie que vous êtes frustrée ou malheureuse, et pourquoi, lui donne la possibilité de vous soutenir, de faire amende honorable ou de dissiper les malentendus avant qu'ils ne dégénèrent en problèmes graves.

Leur capacité à supporter la détresse et à réguler les émotions permet aux femmes de garder la tête froide en cas de conflit, de chercher une solution plutôt que de fuir ou de jouer la stratégie du « mur de granit ». Les relations durables ne se caractérisent pas par l'évitement des conflits ou l'expression d'émotions négatives, mais par la disposition à s'engager de façon constructive dans un conflit. Autrement dit, les couples qui restent ensemble n'ont pas peur de se disputer. Ils ne fuient pas le conflit et ne ravalent pas leur frustration ou leur colère l'un envers l'autre lorsqu'elles sont fortes. Ils peuvent accepter leur propre détresse et celle de leur partenaire, suffisamment pour poursuivre une conversation conflictuelle jusqu'à parvenir à une solution mutuellement satisfaisante. Ils savent aussi quand il faut ajouter des remarques positives au conflit, confirmer ce que pense le partenaire et exprimer leur optimisme quant à la possibilité de résoudre le conflit. Le chercheur John Gottman a constaté que les hommes ont plus de mal que les femmes à supporter et à réguler des niveaux élevés d'excitation émotionnelle et physique causés par ces conflits, et qu'ils sont plutôt plus susceptibles que les femmes de se mettre en retrait et de se replier sur eux-mêmes.

La richesse émotionnelle qui naît de la disposition des femmes à être émotives et à laisser les autres montrer leurs émotions ajoute de la couleur et du piquant à leurs relations. Les gens se sentent reconnus, compris et acceptés par les femmes. C'est en partie parce que les femmes perçoivent bien leurs émotions, mais aussi parce que la force relationnelle des femmes à se mettre à la place des autres et à les écouter ouvre de nouvelles voies de communication et d'intimité.

Se mettre à la place des autres aide les femmes à imaginer et à comprendre leurs actions et leurs influences, et leur permet d'expliquer avec plus de générosité les comportements des autres. Au lieu de blâmer ou d'accuser, elles se rendent compte de la possibilité de malentendus ou de soucis extérieurs qui peuvent avoir contribué au comportement d'une autre personne. Dans une série d'études, les psychologues Ximena Arriaga et Caryl Rusbult ont demandé à des couples d'amoureux d'imaginer un scénario dans lequel leur partenaire a un comportement choquant, comme ceci :

Vous vous sentez négligé(e) par votre partenaire, qui a été très occupé(e) dernièrement. Vous prévoyez néanmoins un dîner ensemble bientôt, ce que votre partenaire accepte à contrecœur. Votre partenaire arrive pour le dîner avec une demi-heure de retard, n'est pas prêt(e) à dîner, expliquant qu'il ou elle doit annuler le dîner à cause d'un projet à rendre le lendemain.

On a demandé à la moitié des participants de visualiser l'incident de leur propre point de vue, en tenant compte de ce qu'ils ressentiraient et de ce à quoi ressemblerait la situation pour eux-mêmes. On a demandé à l'autre moitié des participants de visualiser l'incident du point de vue du partenaire, en tenant compte de ce que le partenaire ressentirait et de ce à quoi ressemblerait la situation pour leur partenaire. Ceux qui ont adopté le point de vue du partenaire ont déclaré ressentir plus d'émotions positives et étaient plus disposés à se réconcilier avec le partenaire. Ils ont aussi fait preuve de plus de générosité dans leur évaluation des motivations de leur partenaire à agir ainsi, remarquant : « Mon partenaire ne se comporte pas délibérément mal — ce sont des choses qui arrivent » au lieu d'adopter une perspective égocentrique : « Mon partenaire n'essaie pas assez de prendre en compte mes besoins et sentiments. » Vu les avantages émotionnels et relationnels qui en ressortent, il n'est pas surprenant que les études montrent que les femmes sont plus motivées que les hommes à se mettre à la place des autres.

Le talent des femmes à se mettre à la place des autres contribue également à leur capacité de faire passer les besoins des autres d'abord, raisonnablement. Par exemple, dans le contexte d'une dispute animée, les gens disent souvent des choses blessantes, ce qui motive leur interlocuteur à répondre par d'autres commentaires blessants, et le conflit s'amplifie. Pour résoudre ces interactions difficiles, il faut qu'un des acteurs s'éloigne de cette hostilité coup pour coup et agisse d'une manière plus constructive et conciliante. La capacité des femmes à se mettre à la place des autres leur permet de laisser de côté leur propre intérêt dans un conflit pour tenir compte de l'intérêt à long terme de la conservation de la relation, et des besoins et préoccupations de leur partenaire. Ce comportement plus conciliant n'est pas seulement un moyen d'éviter la confrontation, mais réduit aussi la tension dans le couple et augmente les chances de résoudre le conflit.

Avoir un partenaire qui tente activement de se mettre à votre place semble également aider les gens à communiquer plus clairement et à résoudre les conflits. Lorsque vous faites confiance à votre partenaire pour ne pas tirer de conclusions hâtives sur votre comportement, sachant qu'il essaiera de comprendre ce qui vous arrive, vous êtes plus motivé à bien vous comporter et à respecter la confiance de votre partenaire. Les relations dans lesquelles l'un des partenaires ou les deux ont une grande capacité à se mettre à la place de l'autre sont plus saines et satisfaisantes pour les deux partenaires.

Enfin, les forces relationnelles d'écoute et de patience nourrissent les relations. L'écoute vous offre un aperçu du point de vue de votre partenaire ou de votre ami et montre que vous vous intéressez suffisamment à la personne pour être attentive. Dans les études où l'on observe des couples amoureux parler entre eux, les femmes ont tendance à être plus attentives que les hommes à ce que dit leur partenaire. L'écoute active permet une intimité plus profonde, et cela a été prouvé : c'est un excellent prédicteur qu'un couple restera ensemble et sera heureux au fil du temps. La patience aide les femmes à rester avec leurs amis et partenaires quand elles vivent des changements personnels, comme la crise de la quarantaine qui les pousse à acheter une voiture de sport coûteuse. La patience, associée à la capacité à se mettre à la place des autres, aide les femmes à pardonner aux autres pour les torts qu'elles ont subis, et la capacité à pardonner est fortement liée au niveau d'intimité des relations et à leur longévité. Lorsque les femmes sont capables de pardonner les transgressions de leur partenaire, le couple se dispute moins et leur mariage est plus satisfaisant. Bien sûr, certaines transgressions sont moins excusables que d'autres. Le pardon est un choix, et les femmes doivent faire appel à toutes leurs forces mentales, identitaires, émotionnelles et relationnelles pour décider si ce choix est le bon dans une situation particulière.

Même dans les meilleures relations, il y a en général des choses que nous aimerions changer. Nous pourrions vouloir plus d'ouverture et d'honnêteté dans notre relation. Nous aimerions être aimés davantage ou recevoir plus d'affection. Nous aimerions changer une habitude de notre partenaire ou une des nôtres. Parfois, il y a des problèmes plus graves dans les relations, comme la méfiance ou même l'aversion. Dans la prochaine section, je parlerai de la façon dont les femmes peuvent utiliser leurs forces psychologiques pour tirer le meilleur parti de leurs relations.

Faire ressortir le meilleur ou le pire chez les autres

Le célèbre sculpteur Michel-Ange pensait que le processus de sculpture consistait à effriter la couche supérieure de la pierre pour révéler la véritable forme cachée en dessous. Ainsi, face à un bloc de marbre de Carrare, Michel-Ange vit, dissimulée à l'intérieur, la forme de son *David* et commença son travail pour libérer la silhouette prise dans la pierre. De même, dans toute relation, qu'il s'agisse d'un mariage ou d'une autre relation amoureuse, d'une amitié ou d'un lien familial, nous pouvons choisir de regarder au-delà de l'extérieur rocheux pour voir la véritable personnalité et les comportements de notre partenaire, et prendre le temps de creuser jusqu'à cette sphère psychologique. Les psychologues Steve Drigotas, Caryl Rusbult et leurs collègues ont qualifié ce processus de « phénomène Michel-Ange ». Nous espérons que notre processus de « sculpture » révélera nos partenaires, amis et famille, leur permettant ainsi de montrer leur meilleur visage — la personne qu'ils peuvent et veulent être, dans l'idéal.

Parfois, néanmoins, nos interactions avec les autres ne font ressortir que le pire en eux — la mesquinerie, l'hostilité, l'égoïsme. Au cœur de nombreuses relations compliquées se trouve l'idée que quelque chose ne va pas chez l'autre, que la forme sous la pierre est fondamentalement défectueuse, et qu'il est de la responsabilité de la personne de changer. Nous disons à nos amis : « Il est si irritable tout le temps » ou « Il ne semble se soucier de personne d'autre que de lui-même » ou encore « Ça me rend folle quand il… » (terminez la phrase avec l'habitude la plus agaçante de votre partenaire). Souvent, nous nous plaignons à notre partenaire de ce qui ne va pas chez lui, dans l'espoir qu'il comprenne enfin et que cela le pousse à changer. Au lieu de cela, tout ce que nous obtenons, c'est une dispute, de la colère et une attitude sur la défensive.

En effet, parfois, les gens qui nous entourent ont besoin de changer. Mais nous voyons rarement comment nous faisons ressortir et renforçons les mauvais côtés des autres, et nous échouons à faire ressortir et à récompenser leur bon comportement, dans notre manière de réagir et dans les attentes que nous avons d'eux.

Quand ils se sont mariés il y a dix-huit ans, Elena et Mark étaient follement amoureux.

Au fil du temps, alors qu'ils travaillaient tous les deux tout en fondant une famille, le plaisir et la passion de leurs premières années de mariage se sont érodés. Au lieu de discuter jusqu'au petit matin, le couple passait son temps à coordonner les emplois du temps, à négocier les tâches ménagères et la garde des enfants, et à poser les jalons de fréquentes disputes au sujet de l'éducation des enfants. Mark croyait plus à la discipline qu'Elena, et elle trouvait qu'il était trop strict avec les enfants et attendait trop d'eux. Mark pensait qu'Elena laissait tout passer aux enfants, et il n'aimait pas qu'on lui dise constamment ce qu'il faisait de mal en tant que père. Quand les enfants sont devenus adolescents, le foyer était surtout un lieu de tension et de discorde. Mark rentrait du travail, frustré par un échange ou un problème qu'il n'arrivait pas à résoudre. Il était donc tout disposé à réagir de façon excessive à une remarque sarcastique de l'un des enfants, ou face à une facture qu'Elena avait oublié de payer et qui était maintenant en retard. Elena rentrait du travail en s'attendant à un conflit, prête à se mettre en colère et sur la défensive dès la première critique de Mark.

Mark cherchait peut-être un peu la petite bête ou la bagarre en se plaignant par exemple des vêtements éparpillés à côté du panier à linge, mais Elena jetait de l'huile sur le feu en lui répondant d'une manière sarcastique. Elle ne pouvait s'empêcher de voir Mark comme une personne hypercritique ; elle voyait tout ce qu'il faisait par ce prisme-là, et elle réagissait en conséquence. Cela faisait ressortir le pire chez Mark — y compris des critiques injustes envers les enfants et des accusations injustes contre Elena, comme quoi elle serait contente d'élever des souillons.

Si Elena veut briser ce schéma et, plus généralement, améliorer sa relation avec Mark et l'ambiance familiale, elle devra faire appel à ses forces en tant que femme. Premièrement, Elena doit déterminer où et quand ses interactions avec Mark posent le plus de problèmes. Si elle tenait un journal pendant quelques jours, ou qu'elle repensait à des cas précis au cours des dernières semaines, elle se rendrait compte que les moments les plus difficiles se produisent les soirs de semaine. Ces jours-là, Mark et elle sont généralement fatigués par le travail et ont encore un dîner à préparer, une lessive à faire, des factures à payer, et ainsi de suite. Les soirées sont donc tout sauf relaxantes — en fait, elles regorgent d'occasions de dispute. Le samedi, Elena et

Mark font leurs tâches ménagères chacun de leur côté, et ne se retrouvent qu'aux matchs des enfants, après quoi ils rentrent à la maison pour manger des restes pour le dîner. Le dimanche, la famille essaie de faire des choses ensemble, comme de la randonnée. Puis, le dimanche soir, au moment de se préparer pour retourner à l'école et au travail le lendemain, les critiques et les disputes ressurgissent souvent.

Les soirs de semaine et le dimanche soir sont donc clairement les moments où Elena pourrait voir le plus d'occasions de changement. Pour déterminer le genre de changement qu'elle souhaite voir se produire, Elena doit faire preuve d'une immense créativité pour créer une image plus positive, non seulement de ce à quoi elle souhaite que les soirs de semaine ressemblent ou de sa relation avec Mark et les enfants, mais aussi de Mark lui-même. Quand elle imagine aujourd'hui Mark dans sa tête, elle voit un homme hypercritique et hostile. Mais qu'en est-il de l'homme amusant et aimant qu'elle a épousé ? Est-il possible que ces facettes de Mark soient encore là, cachées sous la surface laide et sévère qu'Elena voit habituellement ces jours-ci ? Les plus grandes qualités de Mark ressortent parfois bien, lorsque la famille est réunie le dimanche pour une activité relaxante et agréable. Dans ces moments-là, Mark aime plaisanter avec les enfants, les laisse lui apprendre de nouveaux trucs de skate, montrant clairement qu'il les aime vraiment.

Nous avons plus tendance à faire ressortir le meilleur de notre partenaire, sa forme idéale, quand nous avons une image de la meilleure version de lui qui correspond à la vision qu'il a de lui-même. C'est là que les capacités d'écoute des femmes, et leur talent pour se mettre à la place des autres, peuvent s'avérer extrêmement utiles. La première mesure qu'Elena devrait prendre, c'est se remémorer les derniers soirs de semaine où les choses ont été tendues entre elle et Mark, et se demander : « Qu'est-ce qui a pu se passer au travail, ou qu'a-t-il pu penser ou ressentir, et qui l'a poussé à agir ainsi ? » Elle se rendrait alors peut-être compte que chaque fois qu'une dispute a éclaté le soir, Mark était rentré particulièrement fatigué. Elena pourrait alors se demander : « Si Mark imaginait à quoi il aimerait que ses soirées ressemblent, et comment il préférerait agir, que montrerait sa visualisation ? » En d'autres termes, le soir, Elena pourrait essayer de se mettre à l'écoute de l'image positive que Mark aurait de ses soirs de semaine et de lui-même. Cette image impliquerait probablement qu'on lui pose des questions sur sa journée et qu'on l'écoute quand il en parle, de pouvoir blaguer avec les enfants et de se détendre dans une atmosphère chaleureuse, où tout le monde se soutient.

Au cours des deux jours suivants, Elena pourrait mettre à profit ses capacités d'écoute pour observer les interactions entre Mark et le reste de la famille le soir, en faisant claquer un élastique autour de son poignet chaque fois qu'elle a envie d'aboyer sur Mark en réponse à quelque chose qu'il dirait. Cela lui permettrait de recueillir beaucoup plus d'informations sur la dynamique familiale et d'établir un objectif réaliste et positif de ce que pourraient devenir les interactions avec Mark et la famille.

Au cours de ses observations, Elena remarquerait probablement que, chaque soir, elle se concentre beaucoup sur les tâches familiales et qu'elle perd patience quand Mark veut parler de sa journée parce qu'ils ont tant de choses à faire. Pour devenir plus patiente et ouvrir les portes de la communication avec Mark, elle pourrait énumérer toutes les tâches familiales et réfléchir sérieusement à celles qui doivent être faites les soirs de semaine, déjà bien remplis, et à celles qui pourraient être différées. Plus important encore, Elena devrait prendre du recul et reconnaître que la priorité absolue est de créer une ambiance moins stressante le soir, afin que les membres de la famille aient le temps de discuter entre eux et que le niveau de stress baisse.

Pour être plus patiente le soir, Elena doit aussi trouver des moyens de se détendre entre la fin de son travail et le retour de Mark et des enfants à la maison. Pour l'instant, elle travaille jusqu'au moment d'aller chercher vite fait un des enfants ou de rentrer à la maison pour préparer le dîner. Elle rentre chez elle énervée, avec souvent le poids du stress du travail sur ses épaules. Elle a besoin de trouver du temps entre le travail et la maison, et de meilleures façons de gérer son stress et ses émotions. Pendant cette période « soupape », Elena pourrait pratiquer des exercices de méditation, utiliser son tapis de course, ou simplement s'asseoir avec une tasse de thé et un magazine. En faisant le petit effort de se détendre avant que tout le monde n'arrive à la maison, elle serait mieux équipée pour être patiente avec tout le monde au moment de décompresser.

Elena a bien fait tous ces exercices et quand elle a écouté attentivement ce qui se passait dans la famille pendant quelques jours, elle a entendu sa propre voix critiquer continuellement Mark sur sa façon d'interagir avec les enfants, ses habitudes agaçantes et ses plaintes concernant le travail. Elle a reconnu qu'une grande partie de sa frustration et de sa colère à l'égard de Mark venait de ces pensées dans sa tête autant que de ce qu'il disait ou faisait réellement. Elle était surprise de voir à quel point ses propres critiques silencieuses étaient devenues dures et déraisonnables et comment elles la faisaient réagir de manière excessive envers Mark.

Elle a laissé une frustration déteindre sur d'autres, ce qui l'a poussée à critiquer Mark pour des actes ou des commentaires complètement innocents. Elena a noté ces pensées négatives sur des cartes. Pour certaines des cartes, elle a inventé des contre-pensées. Par exemple, elle a eu l'idée : « Il ne fait que se plaindre des enfants » et a ensuite généré les contre-pensées : « Il les félicite aussi souvent » et « Ce qu'ils font *est* parfois mal, et ils devraient être rappelés à l'ordre ». Elle a senti ses émotions passer de l'agacement et de la colère à l'appréciation et à la compréhension au fur et à mesure qu'elle générait ces contre-pensées.

Pour d'autres critiques, en revanche, sa contre-pensée était simplement : « Je ne veux pas penser comme ça. » Par exemple, Mark avait la fâcheuse habitude de parler la bouche pleine. Il l'avait toujours fait, mais ça rendait Elena folle ces derniers temps, pour des raisons qu'elle ne comprenait pas vraiment. Quand elle disait à Mark qu'il parlait la bouche pleine, il se mettait en colère et se défendait, alors elle savait qu'il était peu probable qu'il change sur ce point. Alors elle s'est dit : « C'est relativement banal, et je ne veux pas que mon agacement à ce sujet se transforme en un gros problème. Je vais choisir de ne plus m'en préoccuper, parce que c'est bien moins important que l'amélioration de l'ambiance familiale. » Ainsi, Elena a réussi à contourner un obstacle qu'elle avait créé dans sa tête — elle se disait qu'elle ne pourrait pas se détendre au dîner si

Mark parlait la bouche pleine –, mais elle a choisi d'emprunter une autre voie en déclarant qu'elle se concentrerait sur son objectif plus grand d'améliorer leur vie familiale. Elena s'est aussi détournée de son objectif d'imposer sa manière de faire (obtenir que Mark arrête de parler la bouche pleine) pour se concentrer sur l'accomplissement d'une tâche (être moins irritable et détendre la famille).

Toutes ces petites mesures ont aidé Elena à gagner en patience et en perspective, et à répondre à Mark plus en accord avec l'image positive qu'elle avait de lui, plutôt que selon l'image négative précédente. Elle était plus calme et plus détendue quand il rentrait à la maison et donc moins susceptible de vouloir l'attaquer s'il disait quelque chose de potentiellement provocant. Elle lui a créé un espace pour qu'il puisse se détendre en lui racontant sa journée, et a fait l'effort de se mettre à sa place et de communiquer son intérêt pour lui. Lorsque Mark agissait d'une manière objectivement déraisonnable envers les enfants, Elena prenait une grande respiration et essayait de comprendre ses préoccupations, puis de réorienter la conversation vers une résolution de problèmes plutôt que vers des accusations. Auparavant, si Mark criait sur l'un des enfants : « Tu es toujours irrespectueux envers ta mère ! » Elena aurait typiquement répliqué quelque chose comme : « Tu ne comprends rien aux ados ! Arrête de lui prendre la tête ! » Maintenant, Elena pourrait dire : « Je sais que ça te gêne beaucoup et tu as raison de dire qu'il est souvent irrespectueux. Je ne pense pas que crier sera utile. Trouvons quelque chose de concret pour lui faire comprendre qu'il doit cesser d'être impoli. » Marc se calmerait alors et serait plus disposé à se concentrer sur la résolution du problème que sur l'expression de sa colère.

Dans cet exemple, Elena a pratiqué ce que j'ai décrit plus haut comme un *comportement accommodant* — de petits actes de compréhension, de changement de point de vue et de pardon qui estompent le conflit au sein d'un couple. Au lieu d'alimenter la dispute en répondant aux remarques de Mark par ses propres commentaires hostiles, Elena a exprimé sa compréhension de ses préoccupations. Cela a mis fin à l'hostilité de Mark et a changé la dynamique du conflit. Ensuite, Elena a fait appel à sa force mentale en se concentrant sur un moyen d'atteindre leur objectif (amener leur fils à se comporter plus respectueusement) plutôt que de sortir gagnante de la dispute avec Mark.

Enfin, Elena s'est rendu compte que l'équilibre dans sa relation avec Mark avait pratiquement disparu. Six jours de la semaine sur sept étaient passés à courir et à faire les corvées, le septième jour où ils essayaient de faire rentrer tout leur temps en famille, et ils ne réservaient plus de temps juste pour être un couple. Même le samedi soir, ils s'effondraient, épuisés, sur le canapé et regardaient un film à la télévision. Elena a proposé qu'ils se gardent un soir par semaine, probablement le samedi, pour faire quelque chose en couple, loin des enfants et de la télévision. Mark a adoré qu'Elena prenne des mesures concrètes pour retrouver un peu de la joie et du plaisir qu'ils avaient connus au début de leur mariage. Il a remarqué qu'Elena devenait nettement moins grincheuse, ce qui l'a motivé à faire preuve d'un peu plus de patience et de compréhension dans ses interactions avec les enfants et avec elle.

Trop souvent, lorsque nous voulons changer nos relations, nous nous concentrons uniquement sur ce qui ne va pas dans ces relations, et en particulier sur ce qui ne va pas chez l'autre personne. Nous pensons qu'en nous plaignant de son comportement ou en le sanctionnant d'une manière ou d'une autre, nous allons y mettre fin. Mais, le plus souvent, nos plaintes et notre hostilité ne font que créer de la résistance et du ressentiment. Je crois que nous sommes beaucoup plus susceptibles de changer nos relations et de faire ressortir le meilleur chez nos partenaires si nous nous engageons à utiliser et à améliorer nos forces mentales, identitaires, émotionnelles et relationnelles pour changer notre propre comportement dans cette relation.

Elena a fait cela en se demandant d'abord où et quand Mark et elle avaient le plus de problèmes. Après avoir identifié les situations dans lesquelles les conflits survenaient le plus souvent, Elena a créé des images positives de ce à quoi elle aimerait que leurs interactions ressemblent et de ce qu'étaient les meilleures qualités de Mark. Puis elle a franchi de nombreuses petites étapes pour faire ressortir ce qu'il y avait de meilleur chez lui et pour concrétiser son image positive de soirées familiales détendues, où tout le monde se soutient. Elena a utilisé ses forces relationnelles d'écoute et de changement de point de vue pour mieux comprendre ce qui animait le comportement de Mark et pour reconnaître la manière dont ses propres comportements et pensées participaient à l'hostilité entre eux. Elle a choisi de mettre en pratique la patience et a pris des mesures pour améliorer sa capacité à être patiente et mieux gérer ses frustrations, en créant du temps entre le travail et la maison pour se livrer à des activités relaxantes, qui lui permettaient de décompresser.

Elena a contré les pensées négatives qu'elle avait au sujet de Mark en reconnaissant celles qui étaient déraisonnables ou en rejetant celles qui étaient mesquines et insignifiantes. Elle a également réorienté son énergie, choisissant d'oublier les habitudes énervantes de Mark qu'elle remarquait auparavant, et se concentrant sur l'amélioration de l'atmosphère familiale. Elena a trouvé des moyens de désamorcer l'escalade des conflits en accueillant les préoccupations de Mark et en concentrant l'attention du couple sur la résolution du problème plutôt que sur la dispute. Elle a également pris des mesures pour créer un meilleur équilibre entre le travail et les loisirs dans leur vie de couple.

Créer un équilibre sain entre le personnel et le relationnel

Créer un équilibre sain entre vos besoins et intérêts personnels et les besoins et intérêts de votre partenaire et de votre famille est l'un des soucis ou préoccupations les plus courants des femmes. Les femmes sacrifient très souvent trop leurs préoccupations personnelles au profit de préoccupations relationnelles. Elles peuvent faire des compromis sur leur emploi et leur carrière au profit de leur partenaire. Elles peuvent porter une trop grande partie du fardeau des tâches ménagères et des soins à porter aux enfants. Elles peuvent trop souvent céder aux désirs de leur partenaire et laisser ce dernier prendre toutes les décisions importantes au sein de la famille.

Nous le faisons toutes dans une certaine mesure, et sacrifier nos besoins personnels pour notre partenaire et notre famille est quelque chose que beaucoup de femmes choisissent de faire librement et volontairement. Mais certaines d'entre nous prennent l'habitude de toujours faire passer les autres d'abord, tout en développant de la rancœur et en se sentant lésées. Cela peut être toxique pour les femmes, car leur estime de soi et leurs sentiments envers leur partenaire et leur famille deviennent plus négatifs. Comme nous l'avons vu au chapitre 4, la recherche montre que les femmes qui sacrifient régulièrement leurs propres besoins pour maintenir la paix dans leurs relations sont plus susceptibles d'être déprimées et anxieuses, d'avoir moins d'estime de soi et de souffrir de problèmes de santé. Cela peut également être toxique pour les relations des femmes avec leur partenaire, car leur ressentiment déteint sur leurs interactions. Les relations ne durent pas aussi longtemps lorsque l'équilibre personnel-relationnel est perdu pour l'un ou les deux membres d'un couple.

Observons comment une femme a réussi à réunir plusieurs de ses forces mentales, identitaires, émotionnelles et relationnelles pour créer un meilleur équilibre entre sa vie personnelle et sa vie relationnelle. Marie, âgée de 32 ans, a rencontré Elias, ingénieur dans une usine de Phoenix, et ils se sont mariés au bout d'un an. Leur premier enfant, Raymond, est né le jour de leur deuxième anniversaire de mariage. Marie a quitté avec joie son emploi pour s'occuper de Raymond à temps plein. Au cours des cinq années suivantes, deux autres enfants sont nés, et Elias a été transféré du site de Phoenix à celui de Charlotte, en Caroline du Nord.

Marie était bien occupée avec leurs trois enfants, mais se sentait souvent perdue et seule dans leur maison de Charlotte. Les gens étaient sympathiques et elle avait une belle maison, mais sa famille et les amis avec qui elle avait grandi à Phoenix lui manquaient beaucoup.

Entre-temps, les exigences du travail d'Elias semblaient s'accroître de jour en jour. De temps en temps, elle se plaignait, mais la plupart du temps elle souffrait en silence, ressentant un mélange d'amertume contre Elias et de tristesse et de colère face à la déception des enfants. Elle se sentait aussi coupable d'être en colère contre Elias et se détestait à cause de ses propres insuffisances et faiblesses. Elle avait pris beaucoup de poids avec les grossesses et n'avait pas encore réussi à le perdre. Elle se sentait aussi stupide quand Elias évoquait ses réussites professionnelles et toutes les personnes intéressantes à qui il parlait chaque jour.

Alors que Marie et sa famille vivaient à Charlotte depuis deux ans, elle souffrait de dépression chronique, ne voulait plus se lever le matin, avait du mal à s'occuper de ses enfants et était de plus en plus irritable dans ses interactions avec sa famille. Parce qu'elle avait tellement ralenti son rythme de vie, elle avait pris encore plus de poids, ce qui réduisait encore un peu plus son estime de soi. Un jour, quand les enfants étaient à l'école, Marie zappait à la télévision lorsqu'elle est tombée sur une émission dans laquelle des femmes discutaient de dépression. Quand une femme a raconté son histoire, Marie a eu l'impression de s'entendre parler. Cette femme a dit qu'elle en avait voulu à son mari de ne pas faire attention à sa famille et qu'elle s'était sentie de moins en moins attirante et inutile. Elle ne se souciait plus de prendre soin d'elle-même ou de sa maison, et même jouer avec ses enfants ne la rendait pas heureuse. Alors que les larmes coulaient sur le visage de Marie, elle attendait que la femme lui donne les réponses à ses problèmes. Devrait-elle simplement essayer d'être une femme dévouée, comme sa mère n'arrêtait pas de le lui dire ? Devrait-elle prendre des cachets, comme tout le monde semblait le faire aujourd'hui ? Devrait-elle quitter Elias et rentrer vivre avec sa famille à Phoenix ? Mais elle ne pourrait jamais faire ça !

La réponse offerte par la femme à la télévision n'était pas celle à laquelle Marie s'attendait. Elle a dit : « J'ai réalisé que je devais devenir la femme que je voulais être, et non la femme que je devais être. » Le public a applaudi avec enthousiasme et la femme rayonnait.

Marie a éteint la télévision en pensant : « Eh bien, ça ne marcherait pas pour moi. J'ai déjà fini mes études à la fac. » Elle continuait d'entendre les paroles de la femme à la télévision : qu'est-ce que cela signifiait vraiment ? Qu'est-ce que cela signifierait pour elle ? N'était-elle pas exactement ce qu'elle était censée être : une mère et une femme au foyer à plein temps ? C'est ce que ses parents lui avaient toujours dit. Mais était-ce ce qu'elle voulait vraiment être ? La possibilité que la réponse à cette question soit « non » effrayait Marie.

Alors qu'elle était éveillée au fond de son lit cette nuit-là, attendant qu'Elias rentre à la maison, Marie se souvint de ses années à Phoenix, quand les enfants étaient plus petits. Elle avait été heureuse là-bas, occupée avec les enfants et les activités avec sa famille élargie, et quand elle était bénévole à la paroisse. Lorsque la famille a déménagé à Charlotte, Marie avait perdu une partie de son identité, cette partie d'elle-même qui était liée à ses parents, ses frères et sœurs et sa famille élargie.

Au début, cette prise de conscience a simplement fait pleurer Marie de tristesse et de désespoir. Elle ne voyait pas comment les choses pourraient changer — la carrière d'Elias était florissante ici à Charlotte, donc il y avait peu de chances qu'il accepte de ramener la famille à Phoenix, où la taille de l'usine avait été réduite. Mais encore une fois, les paroles de la femme à la télévision lui sont venues à l'esprit : « J'ai réalisé que je devais devenir la femme que je voulais être, et non la femme que je devais être. »

Marie a essayé de se créer une image de cette femme qu'elle voulait être. Au bout d'un moment, elle s'est vue interagir avec les autres, les aidant comme elle le faisait dans son ancienne paroisse. Elle souriait et se sentait bien dans sa peau parce qu'elle était utile. Ses enfants étaient là, la regardant être compétente et efficace, et elle était fière d'avoir montré qu'elle avait des talents en plus de la pâtisserie et de la cuisine. Elle se voyait aussi avec ses parents et ses frères et sœurs, et bien qu'elle ait accepté de ne plus vivre avec eux, elle savait qu'elle devait les voir plus souvent que leurs visites annuelles depuis leur arrivée à Charlotte.

Quand Marie a commencé à réfléchir à la façon dont elle pourrait concrétiser cette image, elle a d'abord ressenti un sentiment de défaite. Mais elle a repensé au visage de la femme qu'elle avait vue à la télévision et s'est dit : « Il faut que je trouve des solutions. Je peux trouver des moyens d'y arriver. Je ne peux pas, et ne veux pas rester comme ça. »

Lorsque Marie s'est demandé quels aspects d'elle-même avaient été laissés derrière elle à Phoenix, ses réponses étaient : ses *relations* et sa *compétence*. Elle avait perdu tout lien avec sa famille élargie, qui lui était chère et faisait partie intégrante de son identité. Elle avait également perdu le sentiment de compétence qu'elle avait acquis grâce à son travail auprès des personnes âgées dans le besoin au sein de la paroisse. Elle savait qu'elle devait trouver des moyens de retrouver son sens des relations et de sa compétence ici à Charlotte.

Le lendemain, Marie a appelé sa sœur Yvonne pour lui parler de sa nouvelle motivation à changer. Marie s'inquiétait de ne pas savoir par où commencer pour apporter des changements dans sa vie. Yvonne a décidé de saisir l'occasion de renforcer la motivation de sa sœur, et lui a rendu visite.

Marie a dit à Yvonne : « Aide-moi à trouver des moyens d'améliorer les choses ici à Charlotte. Je sais que je veux faire quelque chose qui me fasse me sentir bien dans ma peau, comme ce que je faisais pour la paroisse à Phoenix. Je dois aussi vous voir plus souvent, vous et le reste de la famille. »

Les deux sœurs ont commencé à réfléchir aux moyens pour que Marie se sente plus compétente et épanouie. Elles ont pensé que Marie pourrait travailler dans une paroisse ou un organisme bénévole, utilisant ses compétences administratives. Yvonne a aidé Marie à faire un CV pour résumer son expérience et ses qualifications. Ensuite, elles ont parcouru les pages jaunes et les sites Web de la ville pour identifier des cibles possibles pour Marie, afin qu'elle se renseigne sur les emplois disponibles.

Le jour d'après, les deux sœurs ont réfléchi à la façon dont Marie pourrait passer plus de temps avec sa famille. « Ça, c'est facile, dit Yvonne. Il était évident hier soir au dîner qu'Elias voulait que tu sois heureuse. Et vous gagnez assez d'argent pour acheter des billets d'avion. Il faut juste que tu dépasses ta peur de lui dire que tu veux aller à Phoenix plus souvent avec les enfants. »

Marie savait que sa sœur avait raison, mais elle était terrifiée à l'idée d'en parler à Elias. Elle l'imaginait se fâcher contre elle et lui dire qu'elle était égoïste de dépenser son argent durement gagné pour rendre visite à sa famille.

Marie n'avait pas l'habitude de demander ce qu'elle voulait et ce dont elle avait besoin, à tel point qu'elle ne savait pas par où commencer. Alors Yvonne a fait un jeu de rôle avec elle. Yvonne jouait Elias, et Marie s'entraînait à répéter ce qu'elle lui dirait : vouloir retourner à Phoenix plus souvent. Il a fallu une douzaine d'essais, mais Marie a fini par pouvoir dire : « Elias, je sais que tu te rends compte combien je suis proche de ma famille. Depuis que nous avons déménagé à Charlotte, ils me manquent terriblement et aux enfants aussi. J'aimerais que les enfants et moi prenions l'avion pour Phoenix plus d'une fois par an. »

Ce soir-là, alors qu'Yvonne attendait dans la chambre d'amis, Marie a tenté cette approche avec Elias. Il a dit simplement : « Bien sûr. Tu devrais peut-être faire venir tes parents ici de temps en temps. » Marie l'a embrassé.

Quelques mois plus tard, Marie avait accepté un poste bénévole dans une paroisse de Charlotte, aidant les paroissiens indigents et âgés à s'occuper de leurs courriers juridiques ou commerciaux. Elle a établi son propre emploi du temps pour pouvoir aller chercher les enfants à l'école tous les jours. Son estime de soi est remontée en flèche et elle se sentait beaucoup plus liée à cette paroisse que la précédente. Marie et les enfants se rendaient à Phoenix trois fois par an pendant les vacances scolaires, et ses parents venaient lui rendre visite à Charlotte pendant un mois chaque printemps.

Marie souffrait d'une grande faiblesse identitaire après son arrivée à Charlotte — son sens de soi n'avait pas été assez stable et flexible pour résister au déménagement, et elle avait laissé un gros morceau d'elle-même à Phoenix. Elle s'est servie de plusieurs de ses forces, aidée par sa sœur, pour rétablir ses sentiments de relation et de compétence. Marie a évalué ce qu'elle avait laissé à Phoenix, puis elle a trouvé des idées pour exprimer et satisfaire ses intérêts et ses besoins à Charlotte. Elle a franchi de petites étapes concrètes vers des solutions qu'elle a imaginées, ce qui l'a finalement menée à son nouveau poste bénévole au sein de la nouvelle paroisse. Lorsqu'elle s'est sentie pessimiste à l'idée d'améliorer sa vie, elle s'est mise à l'écoute de ses pensées et les a contrées pour persévérer et trouver des moyens de contourner les obstacles qu'elle voyait. Elle a demandé l'aide de sa sœur, qui l'a motivée et l'a poussée à exploiter toutes ses forces. Sa sœur l'a également aidée à trouver des moyens plus sûrs de communiquer ses besoins et ses désirs à Elias et aux autres.

Les femmes utilisent leurs forces mentales, identitaires, émotionnelles et relationnelles pour enrichir immensément leurs relations et les personnes qui les entourent. En retour, elles sont récompensées par de vastes réseaux de personnes qui les aiment, qui leur font confiance et qui iront jusqu'au bout du monde pour elles. La santé mentale et physique des femmes est grandement favorisée par ces relations, et leur qualité de vie s'en trouve considérablement améliorée. Les gens qui entretiennent des relations fortes avec les femmes profitent également à l'infini de l'expertise des femmes pour faire ressortir ce qu'il y a de meilleur en eux.

Chapitre 13
Vieillir

Il peut sembler ironique de suggérer que nous ferions tous bien de vieillir comme une femme. La culture populaire impose, après tout, que le vieillissement est l'ennemi absolu de la femme. Les femmes dépensent des milliards chaque année pour combattre le processus de vieillissement physique grâce au Botox, à la liposuccion, aux crèmes pour le visage, teintures capillaires et salles de sport. Freud et d'autres psychologues du début du XXe siècle estimaient qu'une femme qui ne pouvait plus se reproduire se laissait aller à la déprime, reconnaissant que son utilité dans la vie n'existait plus. On disait qu'une femme dont les enfants avaient grandi et quitté la maison souffrait du « syndrome du nid vide ». Il y avait même un diagnostic psychiatrique spécifique pour le genre de dépression que les femmes traversent prétendument après la ménopause : la mélancolie.

Heureusement, rien de tout cela n'est vrai, du moins pour la vaste majorité des femmes. Oui, beaucoup essaient de ralentir le processus de vieillissement par des crèmes onéreuses et des traitements anti-âge, mais en moyenne, l'image que les femmes ont de leur corps devient plus positive lorsqu'elles passent de la vingtaine et la trentaine à un âge plus mature. Comme le disait récemment mon amie Lori : « J'ai finalement cessé de me comparer aux mannequins et j'ai réalisé que j'avais un corps plutôt pas mal pour une femme de 50 ans. »

La santé mentale générale des femmes et leur satisfaction dans la vie s'améliorent également avec l'âge. Les taux de dépression, d'anxiété et de suicide chez les femmes diminuent à mesure qu'elles vieillissent. La satisfaction globale des femmes dans la vie augmente avec l'âge, et la satisfaction conjugale augmente considérablement lorsque les enfants quittent la maison. Les femmes se sentent moins seules en vieillissant, et plus affirmées et estimées dans leur mariage.

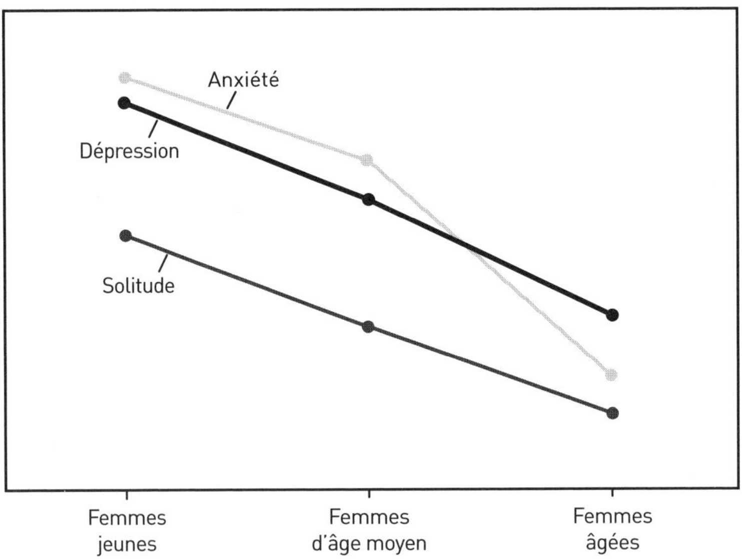

La vie des femmes s'améliore avec l'âge

Les taux de dépression, d'anxiété et de solitude chez les femmes diminuent avec l'âge. Données non publiées adaptées de S. Nolen-Hoeksema et C. Ahrens, « Différence d'âge et similarités dans les corrélations des symptômes dépressifs », *Psychology and Aging* 17 (2001) : 116-24.

Dans notre étude portant sur plus de 1 300 femmes et hommes de la région de la baie de San Francisco, nous avons remarqué de nombreux signes indiquant que la vie s'améliore avec l'âge. En particulier, les niveaux de symptômes dépressifs, d'anxiété et les sentiments de solitude étaient plus faibles chez les femmes d'âge moyen (45 à 55 ans) et plus âgées (65 à 75 ans) que chez les jeunes femmes (25 à 35 ans), comme le montre la figure ci-dessus.

La vie des femmes s'améliore au lieu de se dégrader à mesure qu'elles vieillissent, en raison de leurs immenses forces psychologiques. Les femmes utilisent leurs forces mentales pour faire face aux nouveaux problèmes qui surgissent au fil de leur vieillissement, comme devoir composer avec le système de soins de santé ou vivre avec un revenu moindre à la retraite. Elles puisent dans leurs forces identitaires pour gérer les nombreux changements qui accompagnent le vieillissement dans leurs rôles et leurs capacités, leur mode et conditions de vie. Grâce à leurs forces relationnelles, les femmes entrent dans la vieillesse avec un solide réseau de relations fortes, des personnes en qui elles ont confiance et qui veulent en retour faire preuve d'empathie, de patience, d'écoute et d'intérêt envers elles. Les femmes utilisent leurs forces émotionnelles pour faire face à la détresse, ce qui leur permet de surmonter les crises et les pertes qui surviennent plus souvent à mesure que nous vieillissons. L'ensemble des forces des femmes leur donne l'état d'esprit nécessaire pour célébrer la vieillesse comme un moment de joie, d'amour et d'épanouissement face à tout ce pour quoi elles ont travaillé et pour ce qu'elles sont devenues au fil de leur vie.

Les forces des femmes les aident non seulement à être plus heureuses à un âge avancé, mais aussi à vivre plus longtemps et en meilleure santé. La psychologue Carol Ryff, de l'université du Wisconsin, a découvert que les femmes âgées qui ont développé de nombreuses forces personnelles ont un meilleur système immunitaire, un cholestérol plus sain et une meilleure régulation des systèmes neuroendocriniens, qui jouent tous un rôle important dans la santé physique.

À mesure que les femmes ont eu plus de possibilités d'éducation et de travail à l'extérieur du foyer, leur sentiment de maîtrise et leur capacité à s'affirmer ont augmenté de façon significative. Par conséquent, les femmes mènent une vie dynamique et féconde jusqu'à un âge avancé. L'un de mes modèles en matière de vieillissement optimal, la psychologue de renom Eleanor MacCoby, illustre à merveille cette notion. Née en 1917 à Tacoma, dans l'État de Washington, MacCoby a obtenu sa maîtrise à l'université de Washington en 1939 et son doctorat à l'université du Michigan en 1950, à une époque où il était rare que les femmes poursuivent des études supérieures. Son intelligence vive et ses compétences avancées comme chercheuse lui ont valu un poste de chargé d'enseignement à Harvard. Pourtant, MacCoby a senti qu'il était peu probable que Harvard promeuve une femme à un poste de professeur. Elle croyait fermement à sa mission dans la vie — faire des recherches utiles sur le développement de l'enfant — et s'est résolue à poursuivre cette mission partout où elle le pouvait, en surmontant tous les obstacles qui se présenteraient. Quand on lui a offert un poste de professeur à l'université de Stanford, plus progressiste et encore relativement récente, en 1958, elle l'a accepté.

Au cours des trente années suivantes, MacCoby est devenue l'une des plus grandes spécialistes du développement de l'enfant dans le monde, écrivant des livres qui font autorité sur l'influence des parents sur leurs enfants et sur les différences de personnalité entre garçons et filles. Lorsqu'elle a pris sa retraite en 1987, elle aurait pu facilement se reposer sur l'héritage de ses contributions majeures dans le domaine de la psychologie du développement.

Au lieu de cela, MacCoby a décidé que la retraite lui donnait plus de temps pour faire les recherches qu'elle aimait, et elle a commencé ce que beaucoup considèrent comme son travail le plus important, sur les effets du divorce et des différents arrangements autour de la garde des enfants. Ce projet de recherche s'est transformé en deux livres, *Diving the Child* en 1992 et *Adolescents After Divorce* en 1996 (non traduits en français). Dans ces ouvrages primés, MacCoby réfute l'hypothèse selon laquelle la garde conjointe est habituellement préférable pour les enfants, montrant que lorsque les parents sont incapables de mettre de côté leurs conflits, il peut être préférable que les enfants soient sous la garde exclusive d'un parent. Sa thèse et sa manière de penser ont révolutionné la manière dont les tribunaux abordaient les différends relatifs à la garde des enfants entre parents divorcés. Toujours pas convaincue d'avoir terminé l'œuvre de sa vie, MacCoby a publié *The Two Sexes* en 1998 (non traduit en français), synthétisant cinquante années de recherche, par elle-même et ses collègues, sur les différences et les similitudes entre les filles et les garçons, les femmes et les hommes.

Eleanor MacCoby n'est pas seulement remarquable pour ses exploits intellectuels au fil des ans. En tant que pionnière dans le monde universitaire, elle a été une ardente partisane des politiques favorables à la famille et à l'égalité de traitement des femmes dans le corps professoral. Son enseignement et son mentorat auprès d'étudiants de premier cycle et de cycles supérieurs, même après sa retraite, lui ont valu des prix d'excellence en enseignement et des remerciements de nombreux étudiants qu'elle avait guidés, qui la citaient comme inspiration pour leur carrière. J'ai eu le privilège de faire partie du corps professoral de Stanford à ses côtés de 1986 à 1995, et j'ai appris à la connaître comme un mentor encourageant et motivant — et une amie encourageante et motivante. Elle et son mari, Nathan (que la plupart des gens appelaient Mac), organisaient souvent des dîners qui permettaient aux jeunes professeurs de faire connaissance dans une ambiance détendue, autour d'un bon repas et riche en humour. Eleanor et Mac nous ont également prêté, à mon mari et à moi, leur maison en bord de mer à Mendocino pour des week-ends. Grâce à sa capacité à se mettre à la place des autres, Eleanor s'était rendu compte qu'en tant que jeune professeure de Stanford, j'avais besoin de temps pour souffler face à l'intense pression professionnelle, mais n'avais pas les moyens de profiter de ce mode de vie californien qui s'étalait devant nous. Mac et elle ont donc renoncé à certaines de leurs propres ressources pour améliorer la vie des autres.

Lorsque Mac est décédé en 1992, Eleanor était dévastée, mais parce qu'elle avait tellement donné à tant d'autres personnes au cours de sa vie, elle s'était créé un vaste réseau de soutien d'amis. Elle a fini par aller de l'avant, publiant deux autres livres et une douzaine d'autres articles. Après son quatre-vingt-dixième anniversaire, Eleanor a ralenti physiquement, mais elle pouvait encore se battre contre n'importe quel adversaire intellectuel grâce à ses talents pour débattre et ses vastes connaissances en sciences sociales, un sourire timide toujours dessiné sur son beau visage.

Les gens vivent plus longtemps aujourd'hui qu'à aucune autre époque. Il est donc fort probable que nos vies, surtout dans nos dernières années, seront ponctuées de défis importants : un problème de santé grave et de longue durée, comme le cancer, ou la mort d'un être cher. À part ces tragédies, nous serons aussi confrontées à de nombreux changements dans notre rôle social et notre mode de vie, qu'il s'agisse de prendre notre retraite, de déménager dans une nouvelle ville ou de permettre à nos enfants adultes de reprendre une entreprise familiale. Les forces psychologiques des femmes sont parfaitement adaptées pour relever ces défis. Les femmes grandissent en tant qu'individus et développent leurs relations avec les autres, en réponse à ces expériences.

Dans ce chapitre, nous observerons comment les forces des femmes les aident à vieillir non seulement gracieusement, mais aussi triomphalement. Les forces des femmes les aident à surmonter les difficultés et les traumatismes qui deviennent de plus en plus fréquents à mesure que nous vieillissons et leur permettent de continuer à grandir tout en vieillissant, et d'atteindre leur plein potentiel en tant qu'êtres humains. Je discuterai des moyens pour améliorer nos forces afin de relever efficacement tous ces défis et d'envisager l'avenir non pas avec peur et crainte, mais avec courage et espoir.

Faire face à la perte ultime

Presque toutes les femmes traversent la mort de l'un de leurs parents ou des deux au cours de leur vie. Beaucoup perdront un frère ou une sœur à l'âge adulte et beaucoup finiront veuves. De plus en plus, le décès d'un être cher est précédé d'une maladie qui dure des mois, voire des années, au cours de laquelle les femmes prennent souvent soin des membres de la famille.

Bien que l'identité des femmes soit intimement liée à leurs relations aux autres et qu'elles aient des relations profondes avec de nombreuses personnes dans leur vie, les femmes s'en sortent mieux que les hommes après un décès. Par exemple, leur santé physique et mentale diminue moins après le décès de leur conjoint que celle des hommes. Parce que les femmes vivent plus longtemps que les hommes, elles s'attendent plus facilement à ce que leur conjoint meure avant elles, contrairement aux hommes. Ainsi, le décès d'un conjoint peut ne pas être un choc aussi important pour les femmes que pour les hommes, et les décès prévisibles ont tendance à être plus faciles à gérer que les décès inattendus.

Pourtant, je crois aussi que les forces des femmes les rendent exceptionnellement douées pour faire face aux pertes qui accompagnent le vieillissement, et de nombreuses preuves valident cette idée. Dans notre étude sur la région de la baie de San Francisco, nous avons demandé aux gens comment ils avaient tendance à composer avec le stress inévitable de la vie. Dans les trois groupes d'âge — les jeunes adultes, les adultes d'âge moyen et les adultes plus âgés — les femmes ont répondu qu'elles s'adaptaient en essayant d'examiner la situation sous un angle nouveau (c'est-à-dire en la réappréciant), en trouvant des solutions à leurs problèmes et en demandant de l'aide aux autres. Parmi les personnes âgées, qui faisaient face aux difficultés liées au vieillissement, les hommes étaient moins enclins que les femmes à utiliser ces importantes capacités d'adaptation. En d'autres termes, les femmes plus âgées étaient plus susceptibles que les hommes plus âgés d'exploiter leurs forces mentales, émotionnelles et relationnelles pour faire face à l'adversité, ce qui les rendait moins vulnérables face à la dépression et à l'anxiété lorsqu'elles étaient confrontées à des situations difficiles.

Dans mes études sur les femmes aidantes et les membres de leur famille en phase terminale, j'ai été continuellement surprise par la force et le courage dont les femmes ont fait preuve. Elles ont cherché sans relâche à s'assurer que leur proche conserve une qualité de vie satisfaisante jusqu'à la fin et se sont préparées à faire face à leur décès imminent. Les femmes ne se sont pas contentées de « traverser » ces événements, beaucoup d'entre elles ont eu le sentiment d'avoir grandi grâce à cette expérience.

Les femmes optimistes mobilisent leurs autres forces psychologiques de différentes manières pour faire face efficacement à une situation difficile. Elles font appel à leurs forces mentales pour redéfinir leurs priorités et trouver de nouveaux chemins pour atteindre ces objectifs. Elles utilisent leurs forces émotionnelles pour réapprécier leur perte et l'envisager comme une opportunité. En utilisant leurs forces mentales et relationnelles, elles sollicitent le soutien des autres, à la fois pour obtenir une aide pratique — par exemple, dans la gestion du patrimoine du défunt — mais surtout un soutien moral et émotionnel. Plutôt que de se noyer dans leur chagrin ou d'essayer de l'étouffer, elles expriment leurs sentiments de tristesse avec leurs amis et famille, qui à leur tour les font se sentir aimées et estimées, et les aident à reconstruire leur vie. Comme on peut s'y attendre, toutes ces forces aident les femmes à éviter une dépression prolongée après un décès, et à retrouver un sens à leur vie et un sentiment de bien-être.

Les femmes puisent également dans leurs forces identitaires pour gérer la période où elles sont aidantes ainsi que le décès.

En effet, de nombreuses femmes dans notre étude ont déclaré que leur force relationnelle de patience s'était améliorée grâce à leur expérience d'aidante, et grâce au deuil.

Les formidables forces relationnelles des femmes signifient qu'elles ont un réseau large et solide de relations fortes qui les aident à tenir et à traverser des crises telles que la maladie et le deuil. L'amour et l'intérêt que les femmes montrent aux autres, et que d'autres leur montrent, renforcent encore davantage ces relations, les amenant à s'épanouir et à grandir au cœur d'une tragédie.

Bien sûr, toutes les femmes n'ont pas aussi bien fait face au décès d'un être cher. Celles qui n'étaient pas capables de mobiliser leurs forces étaient plus à risque de se sentir très déprimées et de le rester pendant des mois et des années après le décès. L'une de ces femmes était Karyn, une femme de 55 ans qui a perdu sa sœur, 59 ans, à cause du cancer du côlon. Karyn et Mélanie ont été extrêmement proches tout au long de leur vie. Elles vivaient dans la même ville et se voyaient presque tous les jours depuis l'époque où elles s'étaient mariées, à la vingtaine. Elles pratiquaient les mêmes activités, joueuses de tennis passionnées ou grandes acheteuses de sacs à main. Elles pouvaient tout se dire, et chacune était pour l'autre sa plus grande source de soutien.

Lorsque Mélanie a reçu son diagnostic de cancer du côlon, Karyn a eu l'impression de recevoir une balle dans la poitrine. Quand elle imaginait perdre Mélanie, Karyn avait souvent l'impression de ne plus pouvoir respirer, comme si elle allait avoir une crise cardiaque. Karyn est allée avec Mélanie à ses rendez-vous chez le médecin, lui tenant la main et lui posant des questions sur les traitements. Finalement, les médecins ont dit qu'ils n'étaient pas en mesure d'arrêter la progression du cancer dans d'autres parties de son corps et qu'il ne lui restait que deux mois à vivre.

Karyn a pris soin de Mélanie pendant ces mois difficiles. Mélanie voulait souvent parler avec Karyn de sa mort — ce qu'elle croyait concernant la vie après la mort, ce dont elle était fière dans sa vie et ce qu'elle regrettait. Ces conversations étaient très difficiles pour Karyn, qui avait du mal à supporter ses sentiments bouleversants lorsque Mélanie insistait pour parler de tout cela.

Karyn ne prenait plus soin d'elle non plus. Elle buvait plus que d'habitude, ce qui faisait monter sa tension artérielle. Passer tant de temps avec Mélanie voulait dire moins avec sa famille. Sa famille a essayé de la soutenir et de la comprendre, mais lorsque Chris, le mari de Karyn, s'est dit préoccupé par le fait qu'elle ne s'éloignait pas de Mélanie pour prendre soin d'elle-même ou passer du temps avec lui ou leurs enfants, elle s'est mise en colère et l'a accusé de ne pas avoir de cœur.

Après la mort de Mélanie, Karyn s'est repliée sur elle-même. Elle passait des heures dans sa chambre, porte fermée, à pleurer. Elle avait l'impression qu'un trou noir dans son univers avait aspiré d'abord Mélanie et maintenant sa force vitale. Karyn était incapable d'imaginer ce qui pourrait la réconforter. Elle était affaiblie par sa tristesse.

Après quelques mois, Chris a compris que Karyn avait besoin d'une aide professionnelle pour affronter son deuil. Il a pris rendez-vous avec le Dr Laura Nelson, conseillère en deuil, et a insisté pour que Karyn y aille, la tirant presque hors du lit.

Nelson a immédiatement constaté que l'identité de Karyn avait été si étroitement liée à sa relation avec Mélanie qu'une grande partie de sa définition d'elle-même était morte en même temps qu'elle. Au lieu d'avoir un sens de soi stable qui pourrait la porter au-delà de la mort de Mélanie, Karyn n'arrivait pas à voir par-delà pour trouver comment reconstruire sa vie. Être heureuse signifiait être avec Mélanie, et Karyn ne pouvait pas puiser dans ses forces mentales pour trouver de nouvelles façons d'être heureuse.

D'après ce que Chris lui avait dit du comportement de Karyn avant la mort de Mélanie, le Dr Nelson soupçonnait également que Karyn n'avait pas développé ses forces dans d'autres domaines, même avant la mort de sa sœur. Karyn n'arrivait pas à supporter sa détresse quand Mélanie voulait parler de sa mort. Sans une base solide de compétences en régulation des sentiments, Karyn s'était tournée vers des moyens malsains pour étouffer ses émotions, comme l'alcool, après la mort de Mélanie. Karyn comprenait que sa dépression était due à son chagrin, mais elle n'était pas disposée à l'exprimer aux autres ou à accepter l'aide et le soutien que sa famille lui offrait.

Comme il est difficile d'aider une personne à se reconstruire si elle refuse de sortir du lit, le Dr Nelson s'est d'abord concentrée sur l'objectif de sortir Karyn de sa chambre et de la ramener à la vie. Elle a poussé Karyn à faire une liste de choses simples qu'elle faisait auparavant et qui l'aidaient à se sentir bien, des choses qu'elle ne faisait pas exclusivement avec Mélanie, comme faire de la pâtisserie pour sa famille ou du bénévolat à la soupe populaire locale. Puis le Dr Nelson a demandé à Karyn de conclure un contrat avec elle-même, s'engageant à faire chacune de ces choses au moins une fois dans la semaine précédant son prochain rendez-vous. Karyn a protesté, disant que ces activités n'avaient plus aucune chance de l'aider à se sentir mieux, mais le Dr Nelson a insisté pour qu'elle les fasse quand même. Elle a également dit à Karyn de mettre à l'écrit ses pensées et réactions à la fin de chacune de ses activités.

Avec beaucoup d'encouragement de la part de Chris, Karyn a fait des biscuits et a passé une soirée à aider à la soupe populaire. Lorsqu'elle a pris le temps de réfléchir à ses pensées et à ses sentiments après coup, Karyn a remarqué que les phrases : « Cela n'aidera pas » et « J'aimerais que Mélanie soit là » continuaient à lui passer par la tête avant chaque activité. Cependant, au fur et à mesure qu'elle s'impliquait dans la tâche, ces pensées s'estompaient, particulièrement à la soupe populaire, où les gens posaient souvent des questions et demandaient de l'aide. Elle a dû admettre qu'elle se sentait un peu mieux, même si elle doutait que ça dure, et qu'elle savait que ça ne suffirait jamais à compenser l'absence de Mélanie.

Lorsque Karyn a montré ses notes au Dr Nelson la semaine suivante, cette dernière a choisi certaines pensées et les a écrites sur une feuille de papier à part : « Ça n'aidera pas » ; « J'aimerais que Mélanie soit là » ; « Cette amélioration de mon humeur ne durera pas ». Le Dr Nelson a aidé Karyn à voir que ces pensées participaient à son humeur dépressive. Puis elle lui a demandé : « Dites-moi à quel point chacune de ces pensées est vraie. »

Karyn était un peu perplexe face à la demande — il s'agissait de ses pensées, quelle importance qu'elles soient vraies ? Elles lui semblaient vraies à elle. Le Dr Nelson a insisté, alors Karyn a répondu : « Eh bien, c'est tout à fait vrai que j'aimerais que Mélanie soit là, mais elle ne l'est pas. Je suppose que ce n'était qu'en partie vrai que faire des biscuits ou travailler à la soupe populaire n'aiderait pas mon humeur. Je me sentais un peu mieux pendant que je faisais ces choses. Mais l'amélioration de mon humeur n'a pas duré longtemps, au bout d'un moment, je me sentais de nouveau vraiment déprimée. »

« D'accord, a répondu le Dr Nelson, certaines de vos pensées sont donc absolument vraies, et certaines de vos pensées ne le sont qu'en partie. Qu'elles soient vraies ou non, elles vous tirent vers le bas. Pouvez-vous prendre du recul et imaginer qu'une de vos amies a ces pensées et que vous essayez de l'aider ? Fermez les yeux et visualisez comment vous pourriez l'aider à réagir à ces pensées. »

Karyn ferma les yeux et imagina que son amie Sharmin avait perdu un proche, entretenant des pensées comme les siennes. Ça lui a pris du temps, mais Karyn a finalement dit : « Eh bien, concernant le souhait que Mélanie soit là, je dirais probablement à Sharmin que c'est normal d'avoir envie de la voir, mais qu'elle ne voudrait pas que ta vie se termine parce qu'elle est partie. Je lui dirais d'apprécier ce qu'elle a partagé avec sa sœur, mais de se concentrer aujourd'hui sur ce qui pourrait l'aider à se sentir mieux. Quant aux pensées concernant les choses qui n'aideraient pas à se sentir mieux, j'aimerais souligner qu'elles l'ont aidée, et que ça fait du bien d'être un peu moins déprimée, même si c'est éphémère. Et je lui dirais que même si les meilleurs sentiments ne durent pas longtemps, faire plus de choses qui font du bien finira par faire disparaître les sentiments dépressifs. »

Le Dr Nelson a fait un grand sourire. « Ce sont de bons conseils. Pourquoi ne pas les écrire à côté de chacune de vos pensées ? » En amenant Karyn à prendre un peu de distance par rapport à ses propres pensées et sentiments à travers cet exercice de visualisation, le Dr Nelson l'a aidée à générer des contre-pensées à ses pensées déprimantes. Les contre-pensées que Karyn a trouvées l'ont incitée à accepter la mort de Mélanie et son propre chagrin, à choisir d'essayer de se sentir mieux, et à concentrer son temps et son attention sur des choses qui l'aidaient à se sentir mieux. Les contre-pensées de Karyn ont également remis en question ses prédictions pessimistes selon lesquelles faire des biscuits ou aider à la soupe populaire ne l'aiderait pas longtemps à se sentir mieux, et lui ont permis de se concentrer pour atteindre cet objectif.

Le Dr Nelson a ensuite demandé à Karyn d'emporter la feuille de papier avec ses pensées, et ses contre-pensées, et de faire deux autres activités au cours de la semaine suivante qui pourraient l'aider à se sentir un peu mieux. Quand elle s'entendait avoir des pensées négatives, elle devait lire cette feuille de papier. Si les pensées étaient semblables à celles du papier, elle devait lire les contre-pensées et les mettre en pratique. Si Karyn avait de nouvelles pensées négatives, elle devait les écrire, puis essayer de générer des contre-pensées correspondantes, peut-être en utilisant l'exercice de mise à distance que le Dr Nelson lui avait montré.

Au cours de la semaine suivante, Karyn a décidé d'aider à la soupe populaire parce que c'était la chose la plus gratifiante qu'elle avait faite la semaine précédente. Elle a également décidé de demander à son amie Sharmin de faire un match de tennis avec elle. C'était une étape particulièrement courageuse, car c'était avec Mélanie qu'elle avait l'habitude de jouer auparavant.

Mais dans son travail avec le Dr Nelson et ses conversations avec son mari, Karyn s'était engagée à revenir à la vie, et elle savait que si elle pouvait jouer au tennis sans craquer, ce serait un exploit pour elle. Elle savait aussi que Sharmin était une bonne amie digne de confiance qui pourrait l'aider si elle craquait.

L'expérience de la soupe populaire a été encore plus enrichissante cette semaine-là, car Karyn a fait beaucoup d'efforts pour se concentrer sur les gens qu'elle servait et les sentiments positifs que son action lui procurait. À la fin de son service, elle a mis à l'écrit toutes ses pensées et tous ses sentiments positifs pour les renforcer et les conserver sur papier.

L'expérience du tennis n'a pas été aussi réussie. Karyn a rejoint Sharmin sur le court de tennis et, dès son deuxième service, elle pleurait tellement qu'elle ne pouvait plus continuer. Elle et Sharmin se sont assises sur un banc à proximité, et Sharmin a laissé Karyn pleurer doucement sur son épaule. Au bout d'un moment, Karyn a dit : « Je suis désolée, ce n'est pas correct envers toi. Elle me manque tellement, et j'ai été stupide de penser que je pourrais jouer au tennis sans m'écrouler. »

Sharmin a ri un peu et répondu : « Eh bien, j'ai trouvé que tu étais assez dingue de tenter ça, moi aussi. Cela va prendre du temps et tu auras probablement besoin d'y aller petit à petit en marchant, sans courir. Mais je suis fière que tu aies voulu essayer. »

« Elle me manque tellement ! Et je me sens si vide sans elle. »

« Oui, elle était super et vous deux étiez super ensemble. Mais Karyn, tu es super toute seule aussi. Tu es une bonne amie et une mère merveilleuse. Ce que tu fais à la soupe populaire est génial. Tout ça est toujours vrai même si Mélanie n'est plus là ! »

Les paroles de Sharmin ont fait pleurer Karyn de nouveau, mais les larmes de chagrin se sont mêlées aux larmes de soulagement. Ce que Sharmin disait était vrai. Elle était une bonne mère et son travail à la soupe populaire était important.

Après avoir écouté Karyn raconter sa conversation avec Sharmin, le Dr Nelson a demandé à Karyn de lister ses intérêts, talents et activités avant la mort de Mélanie, et ce qui était important pour elle dans chacun de ces domaines. Ensuite, elles ont élaboré des plans pour que Karyn s'implique peu à peu dans celui qui comptait le plus pour elle. Sur sa liste du « plus important », Karyn a indiqué la soupe populaire. Elle a également noté à quel point ses enfants et son mari étaient importants pour elle. La semaine suivante, Karyn a appelé le directeur de la soupe populaire et s'est engagée à aider en cuisine et à assurer le service chaque mercredi soir.

Le Dr Nelson a ensuite posé une question beaucoup plus difficile à Karyn : ce qui lui manquait le plus dans sa relation avec Mélanie. Après beaucoup de larmes et pas mal de temps, Karyn a pu dire que c'était la proximité émotionnelle qui lui manquait, le sentiment que chacune pouvait lire dans les pensées de l'autre, le fait qu'elle se sentait si totalement aimée et acceptée par Mélanie. Le simple fait d'exprimer ces pensées et ces sentiments a été un énorme soulagement pour Karyn. Elle n'avait pas consciemment admis ces pertes à elle-même, et n'avait certainement pas eu le courage de les exprimer à qui que ce soit d'autre. En reconnaissant que ces pensées et sentiments existaient, et qu'ils étaient vrais, Karyn a pu commencer à les accepter. Karyn s'est également rendu compte qu'elle avait évalué toutes les relations qui lui restaient — avec Sharmin, avec ses autres amis et sa famille — par rapport à sa relation avec Mélanie. Avec l'encouragement du Dr Nelson, elle a écrit ces pensées et, à côté : « Je ne remplacerai jamais Mélanie. Mais je peux encore avoir de belles amitiés si je ne les juge pas d'après ma relation avec Mélanie. »

Après quelques semaines de suivi, le Dr Nelson a commencé à travailler avec Karyn pour développer ses forces émotionnelles. Karyn avait déjà parcouru un long chemin pour réussir à exprimer son chagrin. Elle évitait encore les endroits et les activités qui lui rappelaient Mélanie, et elle buvait encore de l'alcool quand elle se sentait mal. Nelson a montré à Karyn quelques exercices de relaxation à faire quand elle se sentait bouleversée, au lieu de boire. Elle a également aidé Karyn à identifier les situations qui la submergeaient le plus souvent et l'amenaient à boire. Parmi celles-ci, les soirées passées seules à la maison, lorsque Chris était en réunion ou travaillait tard. Karyn s'asseyait et pensait à Mélanie, se mettait à pleurer, puis prenait un verre pour noyer ses sentiments. Le Dr Nelson et Karyn ont trouvé des idées de solutions pour ces soirées, comme appeler une amie pour aller au cinéma quand Chris partait toute la soirée, ou se préparer un thé et écrire ses pensées au sujet de Mélanie dans un journal.

Karyn s'est aussi secouée quand elle faisait des choses qui lui rappelaient beaucoup Mélanie, comme du shopping chez Macy's ou jouer au tennis. Le Dr Nelson a parlé de l'importance pour Karyn de s'exposer peu à peu à ces rappels bouleversants et d'utiliser ses exercices de relaxation pour supporter ses sentiments affolés, à chaque étape. Elles ont réfléchi à un plan pour que Karyn commence par se rendre en voiture jusqu'au garage à côté de Macy's et s'y gare, mais sans y entrer. Elle devait utiliser ses exercices de relaxation si elle se sentait bouleversée, jusqu'à ce que le calme revienne et qu'elle puisse rester sur le parking du garage quelques minutes sans que les sentiments la submergent. L'étape suivante était d'entrer dans Macy's, mais sans s'aventurer loin dans le magasin, en utilisant de nouveau ses exercices de relaxation pour apaiser ses sentiments jusqu'à ce qu'elle soit calme et puisse supporter d'y être. Au bout du compte, Karyn est allée chez Macy's avec Sharmin et s'est promenée pendant un moment, puis, à l'étape suivante, elle est restée assez longtemps pour acheter un pull, puis elle est finalement entrée toute seule et a fait quelques courses.

Il lui a fallu environ six mois de travail avec le Dr Nelson pour développer ses forces, mais Karyn en est sortie non seulement débarrassée de la dépression qui l'avait dévastée, mais aussi avec le sentiment qu'elle entrait dans une nouvelle phase positive de sa vie. Elle pensait encore souvent à Mélanie et sa sœur lui manquait terriblement, mais ces sentiments ne l'empêchaient plus d'avancer.

Karyn a eu besoin de l'aide d'un professionnel parce que sa dépression liée au deuil était devenue si grave qu'elle n'était plus en mesure de faire des changements toute seule.

Heureusement, la plupart d'entre nous n'éprouvent pas ce niveau de dépression à la suite du décès d'un proche. Vous pouvez utiliser plusieurs des exercices décrits dans la première partie de ce livre pour développer vos forces afin de faire face au décès et à votre deuil.

Saisir les richesses de la retraite

Les femmes ont généralement plus de facilité que les hommes à composer avec les transitions dans les rôles qui apparaissent avec l'âge. L'écrivaine Gail Sheehy observe : « Quand les hommes atteignent la soixantaine et prennent leur retraite, ils s'effondrent. Les femmes continuent à cuisiner. »

L'identité des hommes est souvent si liée à leur travail que lorsqu'ils prennent leur retraite, surtout s'ils y sont contraints, ils perdent leur sens de soi. La transition entre les différents rôles est généralement plus facile pour les femmes en raison de leurs forces identitaires. Elles trouvent de nouveaux moyens d'exprimer qui elles sont, et d'exercer leurs talents et leurs intérêts au fur et à mesure que leurs conditions de vie évoluent avec l'âge. De plus, les hommes sont plus susceptibles que les femmes d'être découragés par les problèmes de santé ou la diminution de fonctions corporelles qui surviennent si souvent à un âge avancé. Encore une fois, être gravement malade ou frappé d'incapacité porte atteinte à l'idée qu'un homme a de soi, selon laquelle il est fort et compétent. C'est l'une des principales raisons pour lesquelles le taux de suicide augmente considérablement chez les hommes à mesure qu'ils vieillissent, mais pas du tout chez les femmes.

Les rôles multiples et les relations solides des femmes les accompagnent également avec grâce au-delà de la retraite. Des études sur les personnes âgées ont révélé que celles qui ont des rôles multiples se portent mieux, ont moins d'incapacités liées à la santé ou de maladies chroniques. Les rôles multiples des femmes à la retraite comprennent souvent des missions au sein de leur paroisse, une participation à une association locale, la garde des petits-enfants et des visites chez des amis. De plus, de nombreuses femmes qui partent à la retraite pratiquent ces activités bien avant la retraite, de sorte qu'elles ont des liens de longue date avec les organisations et leurs membres. En revanche, parce que les hommes sont beaucoup plus axés sur le milieu professionnel, bon nombre d'entre eux n'ont pas autant pris part à des associations ou aux activités familiales, et il se peut qu'ils aient à s'engager pour la première fois dans ces activités à la retraite.

L'existence d'un vaste réseau de relations fortes est l'une des meilleures protections contre le déclin du bien-être et de la santé des personnes âgées. Alors que les hommes ont beaucoup d'amitiés liées à leur travail, les femmes ont tendance à avoir des réseaux sociaux plus vastes et plus solides, ce qui est un atout énorme lorsqu'elles quittent le travail pour entrer dans une nouvelle phase de leur vie. De plus, les relations des hommes à l'extérieur de leur famille ont tendance à tourner autour d'activités comme les clubs de sport ou les associations politiques. Les relations des femmes sont plus intimes, axées sur les liens personnels qui les unissent à leurs amis et à leur famille plutôt que sur des activités communes. Il est donc plus facile pour les femmes de se tourner vers les autres pour obtenir un soutien affectif et d'admettre qu'elles ont besoin d'aide en période de stress.

Cependant, bien sûr, certaines femmes trouvent la retraite difficile et insatisfaisante.

Les multiples forces des femmes expliquent comment elles arrivent à traverser les nombreuses épreuves et tragédies que le vieillissement peut entraîner. Elles permettent non seulement de garder un sens de soi et de leur vie positif, mais aussi souvent de grandir et de s'épanouir grâce à cette expérience. Les femmes aident aussi à soutenir d'autres personnes — leur mari, leurs enfants, leurs amis — à travers ces épreuves et ces tragédies.

Par conséquent, les forces des femmes leur sont bénéfiques, ainsi qu'à tous ceux qui les entourent, alors qu'ils vieillissent ensemble.

Être reconnue à sa juste valeur plus tard dans la vie

Vieillir, ce n'est pas seulement survivre, mais aussi s'épanouir. Il est de plus en plus évident que la plupart des gens ressentent un plus grand sentiment d'épanouissement, de réalisation de soi, comme s'ils atteignaient leur apogée — ou peu importe comment vous voulez l'appeler — en vieillissant. Par exemple, la psychologue Abigail Stewart, de l'université du Michigan, a étudié des femmes qui ont obtenu leur baccalauréat ou un diplôme supérieur dans les années 1950 et 1960 et a constaté qu'en vieillissant, elles étaient plus sûres de leur identité (« J'ai le sentiment d'être moi-même », « J'ai l'impression que ma vie va dans le bon sens »), plus productives et créatrices (« Je sens que j'ai atteint un nouveau niveau de productivité ou d'efficacité » ou « J'ai de l'influence dans ma communauté ou mon domaine d'intérêt »), et avaient davantage confiance en leur pouvoir (« Je sens que j'ai le pouvoir de faire ce que je veux » ou « Je me sens en confiance »). Ces femmes ont dit qu'elles avaient atteint un niveau de maturité, de confiance et de compétence qui n'était pas seulement satisfaisant, mais exaltant.

DIMENSIONS ET DÉFINITIONS DU BIEN-ÊTRE PERSONNEL

Dimension	Qualités des personnes qui réussissent le mieux	Qualités des personnes qui réussissent le moins
Acceptation de soi	A une attitude positive à l'égard d'elle-même ; reconnaît et accepte les multiples facettes de son identité, y compris les qualités et défauts ; attitude positive à l'égard du passé.	Se sent insatisfaite d'elle-même ; est déçue de ce qui s'est passé dans le passé ; s'inquiète de certaines qualités personnelles ; désire être différente de ce qu'elle est.
Relations positives avec les autres	A des relations chaleureuses, satisfaisantes et de confiance avec les autres ; se préoccupe du bien-être des autres ; capable d'une grande empathie, d'affection et d'intimité ; comprend les concessions et les compromis des relations humaines.	A peu de relations intimes et de confiance avec les autres ; trouve difficile d'être chaleureuse, ouverte et de s'intéresser aux autres ; est isolée et frustrée dans ses relations interpersonnelles ; ne veut pas faire de compromis pour maintenir des liens importants avec les autres.
Épanouissement personnel	A un sentiment de développement perpétuel ; se considère comme un être qui grandit et s'épanouit ; est ouverte à de nouvelles expériences ; a le sentiment de réaliser son potentiel ; voit une amélioration d'elle-même et de son comportement au fil du temps ; évolue de façon à refléter une connaissance de soi et une efficacité accrues.	A un sentiment de stagnation personnelle ; n'a pas l'impression de s'améliorer ou de grandir au fil du temps ; s'ennuie et ne s'intéresse pas à la vie ; se sent incapable d'acquérir de nouvelles attitudes ou de nouveaux comportements.

→

Raison de vivre	A des buts dans la vie et sait dans quelle direction aller ; sent que le présent et le passé ont un sens ; a des croyances qui lui donnent une raison de vivre ; a des buts et des objectifs pour sa vie.	Ne donne pas de sens à sa vie ; a peu d'objectifs ou de buts ; ne sait pas dans quelle direction aller ; ne voit pas le sens de la vie passée ; n'a pas de perspectives ou de croyances qui donnent un sens à la vie présente.
Maîtrise environne-mentale	A un sentiment de maîtrise et de compétence dans la gestion de son environnement ; contrôle un éventail complexe d'activités extérieures ; utilise efficacement les possibilités environnantes ; est capable de choisir ou de créer des contextes adaptés aux besoins et aux valeurs personnels.	A du mal à gérer ses affaires quotidiennes ; se sent incapable de changer ou d'améliorer le contexte environnant ; n'est pas au courant des possibilités environnantes ; manque de contrôle sur le monde extérieur.
Autonomie	Contrôle sa propre vie et est indépendante ; capable de résister aux pressions sociales qui l'incitent à penser et à agir d'une certaine façon ; régule son comportement de l'intérieur ; s'évalue selon ses propres normes personnelles.	Se préoccupe des attentes et des jugements des autres ; se fie au jugement des autres pour prendre des décisions importantes ; se conforme aux pressions sociales pour penser et agir d'une certaine façon.

Adapté de C.D. Ryff et B. H. Singer, « Know Thyself and Become What You Are : A Eudaimonic Approach to Psychological Well-Being » (Connais-toi toi-même et deviens ce que tu es. Une approche eudémonique du bien-être psychologique), *Journal of Happiness Studies* (2008) : 25-26.

De même, Carol Ryff et Burton Singer, chercheur à Princeton, ont étudié ce qu'ils appellent le « bien-être personnel » des personnes à mesure qu'elles vieillissent. Ils définissent le bien-être personnel non seulement comme un sentiment vague de contentement et de bonheur, mais aussi comme l'utilisation de six dimensions critiques : l'acceptation de soi — une conscience de ses propres forces et faiblesses et l'acceptation des deux comme faisant partie de soi-même ; des relations positives avec les autres ; un sentiment d'épanouissement personnel ; une raison d'être ; la maîtrise environnementale — le sentiment que vous pouvez créer votre environnement selon vos besoins et capacités ; et l'autonomie — un sentiment d'indépendance et d'autodétermination.

Le bien-être personnel des femmes augmente quand elles passent de la quarantaine à la cinquantaine, puis à la soixantaine et même au-delà. Les femmes sont particulièrement susceptibles d'améliorer leur maîtrise environnementale, leur autonomie, leurs relations personnelles et leur acceptation de soi. De plus, les femmes plus âgées qui affichent des niveaux plus élevés de bien-être personnel, tels que définis par Ryff et Singer, sont en meilleure santé mentale et physique à bien des égards. Leur corps combat mieux la maladie. Elles dorment mieux. Elles déclarent être plus heureuses, et leur cerveau montre plus d'activité dans les zones associées au bonheur.

Les femmes mobilisent leurs nombreuses forces pour s'épanouir à un âge plus avancé. La force mentale de l'optimisme des femmes les motive à rejeter ou à ignorer les messages culturels selon lesquels leur avenir est sombre, en faveur de la construction d'un avenir agréable et enrichissant. Elles savent que des difficultés les attendent peut-être, mais aussi qu'elles ont les moyens d'y faire face, de faire ce qui doit être fait pour prendre soin d'elles-mêmes et de leurs proches, et qu'il existe un potentiel d'épanouissement même dans les situations difficiles.

La force mentale des femmes qui consiste à voir de nombreux chemins menant à leurs objectifs leur apporte un sentiment croissant de compétence et de confiance en soi à mesure qu'elles vieillissent. Arrivées à la moitié de leur vie, ou plus tard, elles ont accumulé beaucoup d'expérience pour surmonter les obstacles et le manque de ressources, et réussir à atteindre leurs objectifs et subvenir à leurs besoins et à ceux de leur famille. Au fur et à mesure que leurs ressources et leurs capacités se réduisent, elles savent adapter leur mode de vie et leurs objectifs pour elles-mêmes afin de se sentir satisfaites et comblées.

Parce qu'elles ne se préoccupent pas d'imposer leur manière de faire, la perte de statut social ou de pouvoir qui accompagne parfois le départ du travail, et plus généralement le vieillissement, n'est pas aussi difficile à vivre pour les femmes que pour les hommes. La capacité des femmes à solliciter les autres leur permet d'obtenir l'aide dont elles ont besoin — médicale, financière, pratique de la part de leurs enfants ou d'autres personnes — pour relever efficacement des défis comme la maladie ou les difficultés financières. Puisque les femmes n'ont pas peur de demander de l'aide, elles l'obtiennent quand elles en ont besoin, ce qui améliore grandement leur qualité de vie à un âge avancé.

Plusieurs études prouvent que les forces identitaires des femmes continuent de se développer jusqu'à un âge avancé. Les femmes ont appris à conserver un sens stable d'elles-mêmes au fil des nombreuses phases de la vie et à entrer dans la vieillesse en s'acceptant et en se respectant complètement, et sont ainsi capables de faire face dans leurs rôles aux bouleversements successifs associés au vieillissement. Pour réussir à composer avec la vieillesse, il faut que les gens reconnaissent que certaines de leurs capacités peuvent diminuer, mais qu'ils seront en mesure de trouver des moyens de continuer à poursuivre leurs intérêts dans le cadre de leurs nouvelles contraintes. Par exemple, vous avez peut-être entretenu un immense jardin d'un demi-hectare lorsque vous étiez plus jeune, ou d'âge moyen, mais à mesure que vous vieillissez, le travail physique d'entretien de ce jardin peut devenir pénible, alors vous réduisez votre parcelle à un petit bout de terrain derrière la maison. Une fois que vous avez atteint 70 ans, le terrain rapetisse encore, et à votre quatre-vingtième anniversaire, votre jardin est devenu une jardinière sur le rebord de la fenêtre. Pourtant, vous avez toujours jardiné, malgré tous ces changements. L'estime de soi stable mais flexible des femmes les aide à passer de la parcelle d'un demi-hectare à une jardinière, en conservant le sentiment de joie et de satisfaction qu'elles retirent du jardinage, tout en faisant face aux réalités de leur capacité physique déclinante.

Les rôles multiples des femmes sont essentiels à leur bien-être personnel à mesure qu'elles vieillissent. Les femmes qui ont des rôles multiples ont un plus grand sentiment de satisfaction dans la vie, moins d'émotions négatives, et un plus grand sentiment d'acceptation de soi, d'épanouissement personnel et de raison d'être. Avoir une place active dans la vie de vos enfants, faire du bénévolat et, souvent, occuper encore un emploi rémunéré permettent aux femmes d'être dynamiques sur le plan intellectuel, d'entretenir des liens sociaux, de bouger physiquement et de continuer à avancer personnellement. La force des femmes à se voir en relation avec les autres signifie qu'elles ont construit de riches réseaux sociaux qui perdurent jusqu'à un âge avancé, donnant aux femmes des rôles dans la vie de nombreuses personnes, et permettant aussi à de nombreuses personnes de jouer un rôle important dans leur vie à elles, au fur et à mesure qu'elles vieillissent.

Au fil de la vieillesse, les forces émotionnelles et relationnelles des femmes se développent également de façon intéressante. Bien que les femmes soient généralement douées pour réguler leurs émotions quand elles sont jeunes, elles le sont encore plus en vieillissant. Lorsqu'elles vivent un événement négatif, les femmes âgées le perçoivent comme moins stressant et ont moins de réactions émotionnelles que les femmes plus jeunes. Par exemple, une étude portant sur des personnes dont les maisons ont été gravement endommagées ou complètement détruites par une inondation a révélé que les femmes âgées étaient moins perturbées que les jeunes femmes.

Laura Carstensen, de l'université Stanford, soutient qu'en vieillissant, nous accordons plus d'importance au maintien d'un équilibre émotionnel positif. Nous savons que la vie est de plus en plus courte, et nous sommes motivées pour vivre plus de moments heureux et réduire autant que possible les moments malheureux. Pour cela, nous employons de nombreuses stratégies. Nous évitons les gens qui nous rendent malheureux et passons plus de temps avec ceux qui nous rendent heureux. Des amis proches et des membres de la famille de confiance nous feront rire, comprendront nos besoins, nous soutiendront lorsque nous sommes stressées et confirmeront notre valeur dans leur vie. En vieillissant, nous passons plus de temps avec ce genre de personnes et moins de temps à essayer de nous faire de nouveaux amis, qui peuvent ou non être bons pour notre bien-être. La compréhension qu'ont les femmes de leurs émotions et leur capacité à savoir si d'autres personnes vont savoir les apaiser ou les soutenir les aident à mieux choisir avec qui elles veulent être, optimisant ainsi leur humeur. De plus, parce que les femmes ont de vastes réseaux d'amis dont elles sont émotionnellement proches, elles sont particulièrement susceptibles d'avoir le genre d'amis qui soutient leurs émotions au lieu de les tirer vers le bas.

Lorsqu'elles interagissent avec les autres, les femmes âgées utilisent leur patience et leur capacité à se mettre à la place des autres pour éviter de se fâcher et de finir contrariées lorsque les autres agissent de façon inappropriée. Avec l'âge, nous sommes moins susceptibles d'avoir des disputes ou des conflits interpersonnels avec autrui — cela n'en vaut tout simplement pas la peine. Lorsque nous sommes en conflit, nous nous mettons moins en colère qu'à un plus jeune âge et avons tendance à ressentir plus de compassion envers la personne avec qui nous avons été en conflit. Nous laissons aussi les disputes interpersonnelles nous passer au-dessus plus facilement. Dans une étude, un groupe d'adultes entre 65 et 85 ans et un groupe d'adultes de moins de 40 ans ont tous deux écouté des enregistrements de personnes faisant apparemment des remarques désobligeantes à leur sujet. Par exemple, dans un des enregistrements, deux membres de la famille de la personne discutaient dans une autre pièce du caractère ennuyeux de sa conversation. Par rapport aux plus jeunes, les personnes plus âgées ont ressenti moins de colère et étaient généralement moins émotives au sujet des remarques désobligeantes qu'elles ont entendues. Les personnes âgées ont également fait moins de remarques négatives au sujet des personnes enregistrées que les personnes plus jeunes. Les personnes âgées avaient tendance à dire : « On ne peut pas plaire tout le temps à tout le monde », tandis que les jeunes adultes avaient tendance à dire : « Comment osent-ils dire ça de moi ! Ils n'ont aucun droit ! » Les forces qui consistent à se mettre à la place des autres, à être patientes et à pardonner sont pour les femmes des outils puissants pour maintenir un équilibre émotionnel positif dans leurs relations et dans leur vie en général.

Je terminerai par une dernière histoire, celle d'une femme qui s'est servie de ses forces pour surmonter les changements qui accompagnent le vieillissement et pour s'épanouir à un âge plus avancé. Avec son mari, Murray, Helen tenait une petite épicerie dans un quartier animé d'Atlanta, en Géorgie. C'était une institution dans le quartier, et ils contribuaient fréquemment aux banques alimentaires et à d'autres associations caritatives locales. Bien que le magasin les ait tenus très occupés, ils ont élevé deux enfants, Sam et Delia, sponsorisant leurs équipes de baseball, assistant à tous les récitals d'orchestre et leur offrant beaucoup d'affection et de sages conseils.

Dans les années 1980, des grandes surfaces se sont installées à proximité du magasin d'Helen et Murray, provoquant une baisse importante de leur activité. Ils ne pouvaient tout simplement pas rivaliser avec les prix que les grandes surfaces proposaient. Murray passait des heures chaque jour à râler et à fulminer au sujet de l'effondrement du quartier et de la société en général. Helen, elle, savait qu'ils devaient réorienter leur activité dans le quartier, sans quoi ils feraient faillite ou, du moins, n'auraient pas assez d'argent pour permettre aux enfants de poursuivre leurs études et envisager pour eux une retraite confortable. Grâce à ses forces mentales, elle a cherché de nouvelles manières de prospérer et a lu tout ce qu'elle a pu trouver sur les tendances du marketing dans l'industrie agroalimentaire, demandant l'aide d'experts pour mieux positionner leur entreprise. L'engouement pour les produits biologiques semblait fort sur la côte ouest du pays. Les jeunes gagnaient beaucoup d'argent dans l'industrie informatique naissante et le dépensaient en produits alimentaires haut de gamme. Les mêmes tendances se produiraient-elles à Atlanta ? À un kilomètre au nord de leur épicerie, un nouveau complexe de bureaux était en construction, et la ville voulait y attirer des entreprises technologiques grâce à des franchises fiscales.

Il a fallu à Helen tout son pouvoir de persuasion et presque deux mois de discussions animées avec Murray pour réussir à le convaincre de commencer à relooker leur magasin et de se concentrer davantage sur les produits biologiques. Murray voulait croire que leur manière de faire dans l'épicerie était toujours la bonne, mais Helen était convaincue qu'ils devaient trouver de nouvelles voies pour continuer à prospérer. Elle a écouté patiemment Murray quand il insistait pour dire que sa façon de faire était la bonne, mais elle lui a ensuite montré les informations qu'elle avait recueillies et les budgets qu'elle avait établis pour convertir leur activité. Murray a fini par céder.

Dès l'ouverture du complexe de bureaux, de jeunes familles ont commencé à s'installer dans les lotissements résidentiels avoisinants, et la nouvelle de l'ouverture de l'épicerie « haut de gamme » d'Helen et Murray s'est répandue. En 1990, le magasin était de nouveau florissant. Sam et Delia avaient terminé leurs études, et étaient pressés de jouer un rôle dans la nouvelle entreprise dynamique de leurs parents. Helen et Murray étaient prêts à prendre leur retraite, fatigués du travail quotidien de l'entreprise.

Néanmoins, Helen était catégorique : elle voulait rester active mentalement et physiquement. Elle a trouvé comment continuer à être la femme d'affaires et la mère qu'elle avait toujours été, mais autrement maintenant qu'elle était à la retraite. Elle a passé un marché avec Sam et Delia : Murray et elle allaient voyager en Europe et en profiteraient pour dénicher de nouveaux produits pour le magasin.

L'arthrite a fini par mettre un terme aux voyages d'Helen. Elle trouvait trop difficile de s'asseoir dans les avions pour des vols transatlantiques, et les hôtels en Europe étaient trop inconfortables. Helen ne voulait pas laisser ce changement de circonstances la déprimer. Elle refusait de se concentrer sur ce qu'elle ne pouvait pas faire, ou à quel point il était injuste qu'elle ne puisse pas voyager même si elle avait l'argent. Au lieu de cela, elle a trouvé d'autres moyens de continuer à aider Sam et Delia au magasin. Helen a suivi une formation pour apprendre à utiliser Internet, et elle était toujours très douée pour trouver des produits uniques à bon prix, mais cette fois en ligne.

Elle est devenue secrétaire de l'association locale des commerçants et bénévole dans une banque alimentaire pour aider à améliorer les pratiques d'entreposage afin que les aliments restent salubres et utilisables pendant de longues périodes. Chaque fois qu'elle en avait assez de naviguer sur Internet, de penser aux produits, ou d'écouter Murray se plaindre, elle allait faire quelque chose en rapport avec ses autres rôles. Elle avait le sentiment de faire partie d'un vaste réseau de personnes, de maîtriser et de posséder les compétences nécessaires pour conseiller l'association caritative, et de donner aux autres dans tout ce qu'elle faisait. Helen s'endormait souvent la nuit en souriant.

Rester à la maison a également permis à Helen de passer plus de temps avec ses petits-enfants. Sam, Delia et leurs conjoints respectifs étaient extrêmement occupés avec l'entreprise. Les enfants n'ont jamais dit franchement qu'ils étaient mécontents de ne pas voir assez leurs parents, mais Helen a écouté « entre les lignes » ce que les enfants disaient, s'est mise à leur place et a supposé qu'ils étaient insatisfaits. Elle comprenait les pressions que Sam et Delia subissaient dans l'entreprise, mais elle savait aussi que l'attention qu'ils portaient à leurs propres enfants était plus importante que la marge bénéficiaire du magasin. D'une manière aimante et non conflictuelle, elle a exprimé ses préoccupations à Sam et Delia, et ils ont admis qu'ils devaient faire plus d'efforts pour trouver un meilleur équilibre entre vie professionnelle et vie familiale.

Les forces émotionnelles d'Helen ont été mises à rude épreuve lorsque Murray a eu une crise cardiaque en 2004. Bien qu'elle et Murray aient connu des disputes, ils s'aimaient profondément, et Helen détestait le voir souffrir. Elle s'est forcée à rester optimiste et à réprimer ses pensées inquiètes par des contre-pensées positives, comme quoi Murray recevait de bons soins. Quand Murray est rentré à la maison, les médecins ont dit qu'il allait bien physiquement, mais Helen savait qu'il n'allait pas bien psychologiquement. C'était comme si son élan vital l'avait quitté. Il semblait avoir peur de bouger et restait assis toute la journée devant la télévision au lieu de faire les exercices que le médecin lui avait prescrits. Helen pouvait lire Murray comme un livre ouvert et savait qu'il était déprimé. Les médecins ont écarté cette idée, mais Helen a insisté jusqu'à ce qu'ils lui prescrivent un antidépresseur. Murray est redevenu lui-même en quelques semaines.

Les changements qu'Helen a rencontrés en vieillissant n'ont pas été particulièrement remarquables. Son environnement a évolué, l'obligeant à adapter son entreprise. La retraite et les problèmes de santé ont entraîné des changements dans son mode de vie. Sa relation avec ses propres enfants a évolué au fur et à mesure qu'elle vieillissait et qu'ils grandissaient. Non, les circonstances auxquelles Helen a dû faire face n'avaient rien de remarquable, mais les forces d'Helen pour y faire face avec succès étaient, elles, remarquables. Lorsqu'elle a dû faire face aux bouleversements imposés à son entreprise, puis aux évolutions dans ses rôles à la retraite, Helen a utilisé ses forces mentales pour se concentrer sur l'objectif à atteindre en contournant avec flexibilité les obstacles qui se sont présentés. De même, Helen a trouvé un moyen de contourner les limites imposées par son arthrite pour continuer à participer à l'entreprise et rester active mentalement. L'identité d'Helen en tant que femme d'affaires et mère est restée forte et stable au fil de tous ces changements. Helen n'avait pas peur de demander de l'aide pour déterminer quelle était la meilleure voie à prendre pour atteindre ses objectifs. Et elle est toujours restée optimiste en pensant qu'elle trouverait des moyens de contourner les difficultés qui ont tant ralenti Murray.

Tout au long de sa vie, Helen a mobilisé ses forces relationnelles pour créer un réseau de clients et de commerçants qui lui étaient loyaux et qui la respectaient. Elle avait aussi clairement le respect et l'amour de ses enfants, qui pouvaient lui faire confiance pour qu'elle leur dise avec amour des vérités difficiles quand ils avaient besoin de les entendre. Helen a travaillé dur pour développer de multiples rôles tout au long de sa vie, et ces rôles lui ont apporté soutien, satisfaction et soulagement bien avant sa soi-disant retraite. Enfin, les forces émotionnelles d'Helen l'ont aidée à surmonter les changements dans ses rôles et sa situation, ses propres problèmes de santé, ainsi que la crise cardiaque et la dépression de Murray afin de continuer à gérer les choses efficacement et à grandir en tant que personne.

J'ai commencé ce livre en annonçant la nouvelle révolution dans la définition de la condition féminine, une définition qui met en lumière les forces des femmes plutôt que leurs faiblesses. Les prouesses mentales, une identité forte mais flexible, une perspicacité émotionnelle extraordinaire et une expertise relationnelle ont été les outils des femmes pour survivre et prospérer pendant des millénaires. Ce qui est nouveau, c'est que le monde est enfin capable et disposé à reconnaître les forces des femmes. En effet, le monde se rend compte qu'il doit absolument miser sur les forces des femmes pour relever les défis extraordinaires auxquels nous sommes tous confrontés, que ce soit à la maison, au bureau, dans nos collectivités et dans les hautes sphères du pouvoir.

Les femmes sont à la hauteur du défi.

Remerciements

Écrire ce livre était un pur bonheur pour moi. Au cœur de cet effort joyeux, j'ai reçu un soutien intellectuel, pratique et émotionnel de la part de nombreuses personnes. Tout d'abord, j'aimerais exprimer ma grande reconnaissance à deux femmes qui ont été les principales sources d'inspiration de ce livre, ma défunte mère, Catherine Sims Nolen, et ma belle-mère, Marjorie Coombs Hoeksema. Ma mère était une de ces femmes dont la force était calme et réservée mais absolument imperturbable, surtout quand il s'agissait de s'occuper de ses enfants. Elle m'a appris que l'on peut avoir une influence immense sur le monde en s'en tenant à ses valeurs fondamentales quoi qu'il arrive, en montrant aux autres qu'on croit en eux, et en croyant en soi. Ma belle-mère, Marjorie, m'a appris que tout dans la vie est une aventure — et que vous n'êtes pas obligée de simplement suivre le mouvement. Votre mission consiste à trouver comment vous pouvez contribuer à cette aventure. Je tiens également à remercier le reste de ma famille, mon mari, Richard, et mon fils, Michael, mon père, John Nolen, et mon beau-père, Renze Hoeksema, pour leur soutien indéfectible alors que je consacrais de longues heures à ce livre. Un merci particulier à ma belle-sœur, Terri Lawyer Nolen, pour m'avoir laissée raconter son histoire de force.

Quand j'ai parlé pour la première fois de ce livre à mon agent littéraire, Todd Shuster, il était aussi enthousiaste que moi, ce qui est toujours bon signe. Todd s'est occupé avec talent de la proposition du livre, puis m'a confiée à Robin Dennis, mon éditeur pour ce livre. L'expérience, l'intelligence et la bonne humeur de Robin sont largement responsables du plaisir pris à écrire cet ouvrage, et de sa qualité finale.

De nombreux collègues du milieu universitaire ont contribué aux apports scientifiques au sujet des forces des femmes que je cite, et beaucoup ont servi de mentors et d'amis, notamment Joan Girgus, Judi Larson, Abby Stewart, Janet Malley, Laura Carstensen, Ellen Markman, Eleanor Maccoby, Marcia Johnson, Teresa Treat, Barbara Fredrickson, Margaret Stroebe, Margaret Clark, Wookyoung Ahn, etc. Je tiens également à remercier les étudiantes qui m'ont montré l'avenir des forces des femmes. Au fil des ans, j'ai connu beaucoup d'autres femmes fortes, dont certaines apparaissent dans ce livre, que ce soit à visage découvert ou masquées. Je remercie sincèrement celles qui m'ont permis de raconter leur histoire.

J'espère que chaque lecteur en apprendra autant en lisant ce livre sur les incroyables forces des femmes et sur leurs propres forces que j'en ai appris en l'écrivant.

Le monde n'en sera alors que meilleur.

Références

Introduction : La révolution du développement personnel

Center for Women's Business Research, « Key Facts About Women-Owned Businesses », 2009, www.nfwbo.org/facts/index.php

Centre pour les femmes américaines et la politique, « Women in Elective Office 2008 », 2008, www.cawp.rutgers.edu

A. J. Stewart, J. M. Ostrove et R. Helson, « Middle Aging in Women: Patterns of Personality Change from the 30s to the 50s », *Journal of Adult Development* 8 (2001): 23-37. C. D. Ryff et B. H. Singer, « Know Thyself and Become What You Are: A Eudaimonic Approach to Psychological Well-Being », *Journal of Happiness Studies* 9 (2008): 13-39.

W. Wood et A. Eagly, « A Cross-Cultural Analysis of the Behavior of Women and Men: Implications for the Origins of Sex Differences », *Psychological Bulletin* 128 (2002): 699-727.

J. M. Twenge, « Changes in Women's Assertiveness in Response to Status and Roles: A Cross-Temporal Meta-Analysis, 1931-1993 », *Journal of Personality and Social Psychology* 81 (2001): 133-45.

« Moving Beyond Rhetoric », *Women: Looking Beyond 2000* (New York: United Nations, 1995), 121, cité par Estelle B. Freedman, *No Turning Back: A History of Feminism and the Future of Women* (New York: Ballantine Books, 2002), 346-47.

Audre Lorde, *The Cancer Journals* (San Francisco, Calif.: Aunt Lute Books, 1980), p. 15.

1. Le génie redéfini

Estelle B. Freedman, *No Turning Back: A History of Feminism and the Future of Women* (New York: Ballantine Books 2003).

Women for Women International, www.womenforwomen.org

Deborah Sontag, « Israel Honors Mothers of Lebanon Withdrawal », *New York Times*, 3 juin 2000.

C. M. Musell, « Harvard Isn't Enouge », *Ms. Magazine,* printemps 2007.

Centre pour les femmes américaines et la politique, « Women in Elective Office, 2009 », www.cawp.rutgers.edu/fast_facts/index.php, consulté le 5 mai 2009.

R. J. Sternberg, « The Theory of Successful Intelligence », *Review of General Psychology* 3 (1999): 292-316.

Caliper Corporation, « The Qualifies that Distinguish Women Leaders », 2005, www.caliperonline.com/womenstudy/WomenLeaderWhitePaper.pdf

A. H. Eagly et L. L. Carli, « The Female Leadership Advantage: An Evaluation of the Evidence », *Leadership Quarterly* 14 (2003): 807-34.

B. M. Bass, *Transformational Leadership: Industry, Military, and Educational Impact* (Mahwah, N.J.: Erlbaum Publishers, 1998).

L. D. Steinberg, « Transformations in Family Relations at Puberty », *Developmental Psychology* 17 (1981): 833-40.

Hugh Allen, « CARE International's Village Savings Programmes in Africa », 2002, www.msu.edu/unit/phl/devconference/CAREVillSavLoanAfr.pdf

Womensphere, « The formation of village savings and loan associations has reduced cases of domestic violence in Uganda », 2008, womensphere.wordpress.com/2008/08/10/

E. Anyango, E. Esipisu, L Opoku, S. Johnson, M. Malkamaki et C. Musoke, « Village Savings and Loan Associations: Experience from Zanzibar », MicroSave, 2009, www .microsave.org

Jean M. Twenge, *Generation Me* (New York: Free Press, 2006).

Susan Nolen-Hoeksema et Judith Larson, *Coping with Loss* (Mahwah, N.J.: Erlbaum Publishers, 1999), 78.

Caliper Corporation, « Qualifies that Distinguish Women Leaders ».

C. S. Carver et M. F. Scheier, « Optimism », *Handbook of Positive Psychology*, éd. C. R. Snyder et S. L. Lopez (New York Oxford University Press, 2002), 231-43.

V. Helgeson, « Unmitigated Communion and Adjustment to Breast Cancer: Associations and Explanations », *Journal of Applied Social Psychology* 33 (2003): 1643-61.

Vital Voices, « The Troubles: Inez McCormack Remembers over 24 Years of Conflict in Northern Ireland », www.vitalvoices.org/desktopdefault.aspx?page_id=676

Vital Voices, www.vitalvoices.orgP. Williams et R. Williams, *How to Be Like Women of Influence: Life Lessons from 20 of the Greatest* (Deerfield Beach, Fla.: Health Communications, 2003), 179.

2. Des êtres résilients

Association américaine des femmes diplômées des universités, *Shorthchanging Girls, Shortchanging America* (Washington, D.C.: American Association of University Women, 1991).

Carol Gilligan, *In a Different Voice: Psychological Theory and Women's Development* (Cambridge, Mass.: Harvard University Press, 1982) ; Mary Pipher, *Reviving Ophelia: Saving the Selves of Adolescent Girls* (New York: Putnam, 1994).

U.S. Girl Scouts, « Uniquely Me!: The Girl Scout/Dove Self-Esteem Program », www.girlscouts.org/program/program_opportunities/leadership/uniquelyme.asp

J. M. Twenge et W. K. Campbell, « Age and Birth Cohort Differences in Self-Esteem: A Cross-Temporal Meta-Analysis », *Personality and Social Psychology Review* 5 (2001): 321-44.

Josephson Institute Center for Youth Ethics, « Character Counts », http://charactercounts, org/pdf/reportcard/2008/data-tables_gender-demographic-breakdowns.pdf

S. Harter, P. L. Waters et N. R. Whitesell, « Lack of Voice as a Manifestation of False Self Behavior Among Adolescents: The School Setting as a Stage Upon which the Drama of Authenticity Is Enacted », *Educational Psychologist* 32 (1997): 135-73: S. Harter, P. L. Waters, N. R. Witesell et D. Kastelic, « Level of Voice Among Female and Male High School Students: Relational Context, Support, and Gender Orientiation », *Developmental Psychology* 54 (1998): 892-901.

J. M. Twenge, « Changes in Masculine and Feminine Traits Over Time: A Meta-analysis », *Sex Roles* 36 (1997): 305-25.

A. Feingold, « Gender Differences in Personality: A Meta-Analysis », *Psychological Bulletin* 116 (1994): 429-55.

A. H. Eagly et S. J. Karau, « Role Congruity Theory of Prejudice Toward Female Leaders », *Psychological Review* 109 (2002): 573-98.

P. Sellers, « Power: Do Women Really Want It? », *Fortune* 148 (October 13, 2003): 80-111.

K. Pickert, « Lilly Ledbetter », *Time*, 29 janvier 2009 http://www.time.com/time/ printout/0,8816,1874954,00.html. Citation de Ledbetter initialement rapportée par l'Agence France-Presse, 7 juin 2007.

Anita Doberman, « Interview: Michelle Obama », Babble.com, 25 août 2008, www.babble.com/Michelle-Obama-on-the-campaign-her-career-and-raising-kids-in-the-public-eye/index.aspx

Binyamin Appelbaum, « FDIC Conductor Wields a Steady Hand », Washington Post, 2 octobre 2008, http://www.washingtonpost.com/wp-dyn/content/story/2008/10/01/ST2008100103624.html

Charles Duhigg, « Fighting Foreclosures, F.D.I.C. Chief Draws Fire », *New York Times*, 10 décembre 2008, http://www.nytimes.com/2008/12/11/business/11bair.html

Neil A. Lewis, « A Friendship in Tatters Over Policy », *New York Times*, 13 septembre 1996, http://www.nytimes.com/1996/09/13/us/a<->friendship-in-tatters-over-policy.html

http://womenshistory.about.com/od/quotes/a/marian_edelman.htm

S. E. Cross et L. Madson, « Models of the Self: Self-Construals and Gender », *Psychological Bulletin* 122 (1997): 5-37.

R. Goode, « A Theory of Role Strain », *American Sociological Review* 25 (1960): 483-96.

H. T. J. Bainbridge, C. Cregan et C. T. Kulik, « The Effect of Multiple Roles on Care-giver Stress Outcomes », *Journal of Applied Psychology* 91 (2006): 490-97.

R. C. Barnett et G. K. Baruch, « Women's Involvement in Multiple Roles and Psycho-logical Distress », *Journal of Personality and Social Psychology* 49 (1985): 135-45.

E. A. Vandewater, J. M. Ostrove et A. J. Stewart, « Predicting Women's Well-being in Midlife: The Importance of Personality Development and Social Role Involvements », *Journal of Personality and Social Psychology* 72 (1997): 1147-60.

0. Sullivan et S. Coltrane, « Men's Changing Contribution to Housework and Childcare », document de travail distribué par le Council on Contemporary Families, 2008, www.contemporaryfamilies.org/subtemplate.php?t=briefingPapers&ext =menshousework

M. A. P. Stephens, M. M. Franks, L. M. Martire, T. R. Norton et A. A. Atienza, « Women at Midlife: Stress and Rewards of Balancing Parent Care with Employment and Other Family Roles », *How Caregiving Affects Development: Psychological Implications for Child, Adolescent, and Adult Caregivers*, éd. K. Shifren (Washington, D.C.: American Psychological Association, 2009), 147-67.

3. Les émotions comme outils

P. Salovey et J. D. Mayer, « Emotional Intelligence », *Imagination, Cognition, and Personality* 9 (1990): 185-211.

J. Mayer, P. Salovey et D. Caruso, « The Mayer, Salovey, Caruso Emotional Intelligence Test », http://www.emotionaliq.org/MSCEIT-Sample.htm

M. A. Brackett, S. E. Rivers, S. Shiffman, *et al.*, « Relating Emotional Abilities to Social Functioning: A Comparison of Self-Report and Performance Measures of Emotional Intelligence », *Journal of Personality and Social Psychology* 91 (2006): 780-95.

M. A. Brackett, J. D. Mayer et R. M. Warner, « Emotional Intelligence and the Prediction of Behavior », Personality and Individual Differences 36 (2004): 1387-402 ; C. M. Martin, « A Meta-Analytic Investigation of the Relationship Between Emotional Intelligence and Leadership Effectiveness », Ph.D. diss., East Carolina University, Greenville, N.C., 2008 ; J. D. Mayer, D. Perkins, D. R. Caruso et P. Salovey, « Emotional Intelligence and Giftedness », *Roeper Review* 23 (2001): 131-37; D. Rosete et J. Ciarrochi, « Emotional Intelligence and Its Relationship to Workplace Performance of Leadership Effectiveness », *Leadership & Organization Development Journal* 26 (2005): 388-99; M. M. Rubin, « Emotional Intelligence and Its Role in Mitigating Aggression: A Correlational Study of the Relationship between Emotional Intelligence and Aggression in Urban Adolescents », Ph.D. diss., Immaculata College, Immaculata, Penn., 1999.

J. A. Hall, « Gender Effects in Decoding Nonverbal Cues », *Psychological Bulletin* 85 (1978): 845-57, et *Nonverbal Sex Differences: Communication Accuracy and Expressive Style* (Baltimore: Johns Hopkins University Press, 1984).

E. B. McClure, « A Meta-Analytic Review of Sex Differences in Facial Expression Processing and Their Development in Infants, Children, and Adolescents », *Psychological Bulletin* 126 (2000): 424-53.

J. Dunn, I. Bretherton et P. Mann, « Conversations about Feeling States Between Mothers and Their Young Children », *Developmental Psychology* 23 (1987): 132-39; R. Fivush, « Exploring Sex Differences in the Emotional Content of

Mother-Child Conversations About the Put », *Sex Roles* 20 (1989): 675-91 ; R. Fivush, « Gender and Emotion in Mother-Child Conversations About the Past », *Journal of Narrative and Life History* 4 (1991): 325-41.

American Psychiatric Association, *The Diagnostic and Statistical Manual of the American Psychiatric Association*, vol. 4, rev. (Washington, D.C.: American Psychiatric Association, 2000).

Temple Grandin, *Thinking in Pictures: And Other Reports from My Life with Autism* (New York: Vintage Books, 1995), 132.

Paul Ekman, *Emotions Revealed: Recognizing Faces and Feelings to Improve Communication and Emotional Life* (New York, Times Books, 2003).

K. Byron, « Male and Female Managers' Ability to "Read" Emotions: Relationships with Supervisors' Performance Ratings and Subordinates' Satisfaction Ratings », *Journal of Occupational and Organizational Psychology* 80 (2007): 713-33.

J. Bajgar, J. Ciarrochi, R. Lane et F. P. Deane, « Development of the Levels of Emotional Awareness Scale for Children (LEAS-C) », *British Journal of Developmental Psychology* 23 (2005): 569-86.

K. McLaughlin, « A Public Health Approach to the Study and Prevention of Adolescent Depression and Anxiety », Ph.D. diss., Yale University, 2006.

S. Nolen-Hoeksema et C. Rusting, « Gender Differences in Well-Being », *Foundations of Hedonic Psychology: Scientific Perspectives on Enjoyment and Suffering*, éd. D. Kahneman, E. Diener et N. Schwarz (New York: Russell Sage Foundation, 1999), 330-52.

J. M. Gottman et R. W. Levenson, « How Stable Is Marital Interaction Over Time? », *Family Processes* 38 (1999): 159-65.

A. L. Stanton, S. Danoff-Burg, C. L. Cameron, *et al.*, « Emotionally Expressive Coping Predicts Psychological and Physical Adjustrnent to Breast Cancer », *Journal of Consulting and Clinical Psychology* 68 (2000): 875-82.

I. J. Gross, « Antecedent- and Response-Focused Emotion Regulation: Divergent Consequences for Experience, Expression, and Physiology », *Journal of Personality and Social Psychology* 74 (1998): 224-37.

A. L. Stanton, S. Danoff-Burg, C. L. Cameron et A. R Ellis, « Coping Through Emotional Approach: Problems of Conceptualization and Confounding », *Journal of Personality and Social Psychology* 66 (1994): 350-62.

K. G. Niederhoffer et J. W. Pennebaker, « Sharing One's Story: On the Benefits of Writing or Talking about Emotional Experience », *Handbook of Positive Psychology*, éd. C. R. Snyder et S. J. Lopez (New York, Oxford University Press, 2002), 573-83.

J. C. Barefoot, W. G. Dahlstrom et R. B. Williams, « Hostility, CHD Incidence, and Total Mortality: A 25-Year Follow-up Study of 255 Physicians », *Psychosomatic Medicine* 45 (1983): 59-63.

Carol Tavris, *Anger: The Misunderstood Emotion* (New York, Touchstone Books, 1989).

Ces femmes qui pensent trop (Éditions Leduc.s, 2019) et *Women Conquering Depression* (New York, Henry Holt, 2010).

E Fujita, E. Diener et E. Sandvik, « Gender Differences in Negative Affect and Well-Being: The Case for Emotional Intensity », *Journal of Personality and Social Psychology* 41 (1991): 427-34.

B. L. Fredrickson, « Positive Emotions », *Handbook of Positive Psychology*, éd. C. R. Snyder et S. J. Lopez (New York, Oxford University Press, 2002), 120-34.

A. H. Eagly et S. J. Karau, « Role Congruity Theory of Prejudice Toward Female Leaders », *Psychological Review* 109 (2002): 573-98.

A. A. Grandey, « Emotion Regulation in the Workplace: A New Way to Conceptualize Emotional Labor », *Journal of Occupational Health Psychology* 5 (2000): 95-110.

P. Totterdell et D. Holman, « Emotion Regulation in Customer Service Roles: Testing a Model of Emotional Labor », *Journal of Occupational Health Psychology* 8 (2003): 55-72.

4. Des liens précieux

A. H. Eagly et W. Wood, « The Origin of Sex Differences in Human Behavior: Evolved Dispositions versus Social Roles », *American Psychologist* 54 (1999): 408-23.

T. Charman et W. Clements, « Is There a Gender Difference in False Belief Development? », *Social Development* 11 (2002): 1-10.

S. L. Bosacki, « Theory of Mind and Self-concepts in Preadolescents: Links with Gender and Language », *Journal of Educational Psychology* 92 (2000): 709-17.

D. L. Ames, A. C. Jenkins, M. R. Banaji et J. P. Mitchell, « Taking Another's Perspective Increases Self-referential Neural Processing », *Psychological Science* 19 (2008): 642-44.

L. J. Lundell, J. E. Grusec, K. E. McShane et M. Davidov, « Mother-Adolescent Conflict: Adolescent Goals, Maternal Perspective-Taking and Conflict Intensity », *Journal of Research on Adolescence* 18 (2008): 555-71.

A. Galinsky, W. W. Maddux, D. Gilin et J. B. White, « Why It Pays to Get Inside the Head of Your Opponent: The Differential Effects of Perspective-Taking and Empathy in Negotiations », *Psychological Science* 19 (2008): 378-84.

Chief Executive.net, « Chief Executive of the Year: 2008 », Chief Executive, publié le 3 juin 2008, http://www.chiefexecutive.net/ME2

Adam Bryant, « Corner Office: The Keeper of That Tapping Pen », New York Times, 21 mars 2009 ; www.nytimes.com/2009/03/22/business/22corner.html?page wanted=2&_r=1

T. Fassaert, S. van Dulman, F. Schellevis et J. Bensing, Active Listening in Medical Consultations: Development of the Active Listening Observation Scale (ALOS-Global) », *Patient Education and Counseling* 68 (2007): 258-64.

C. Rusting et S. Nolen-Hoeksema, « Regulating Responses to Anger: Effects of Rumination and Distraction on Angry Mood », *Journal of Personality and Social Psychology* 74 (1998): 790-803.

J. Orathinkal, A. Vansteenwegen et R. Burggraeve, « Are Demographics Important for Forgiveness? », *Family Journal: Counseling and Therapy for Couples and Families* 16 (2008): 20-27.

M. E. McCullough et C. V. O. Witvliet, « The Psychology of Forgiveness », *in Handbook of Positive Psychology*, éd. C. R. Snyder et S. J. Lopez (New York: Oxford University Press, 2002), 446-58.

C. V. O. Witvliet, T. Ludwig et K. Vander Laan, « Granting Forgiveness or Harboring Grudges: Implications for Emotion, Physiology, and Health », *Psychological Science* 121 (2002): 117-23

M. E. McCullough, P. Orsulak, A. Brandon et L. Akers, « Rumination, Fear, and Cortisol: An In Vivo Study of Interpersonal Transgression », *Health Psychology* 26 (2007): 126-32.

M. E. McCullough, G. Bono et L. M. Root, « Rumination, Emotion and Forgiveness: Three Longitudinal Studies », *Journal of Personality and Social Psychology* 92 (2007): 490-505.

S. Walker, « Gender Differences in the Relationship Between Young Children's Peer-Related Competence and Individual Differences in Theory of Mind », *Journal of Genetic Psychology* 166 (2005): 297-312.

R. J. Sternberg, « A Balance Theory of Wisdom », *Review of General Psychology* 2 (1998): 347-65.

6. Cultiver le génie

V. E. Frankl, *Man's Search for Meaning* (New York: Washington Square Press, 1963), 104.

7. Multiplier l'adaptabilité

G. Downey, A. L. Freitas, B. Michaelis et H. Khouri, « The Self-fulfilling Prophecy in Close Relatfonship: Rejection Sensitivity and Rejection by Romantic Partners », *Journal of Personality and Social Psychology* 75 (1998): 545-60 ; H. L. Fritz et V. S. Helgeson, « Distinctions of Unmitigated Communion from Communion: Self-Neglect and Overinvolvement with Others », *Journal of Personality and Social Psychology* 75 (1998): 121-40 ; V. S. Helgeson, « Relation of Agency and Communion to Well-Being: Evidence and Potential Explanations », *Psychological Bulletin* 116 (1994): 412-28.

S. Nolen-Hoeksema et B. Jackson, « Mediators of the Gender Difference in Rumination », *Psychology of Women Quarterly* 25 (2001): 37-47.

T. Joiner et J. C. Coyne, *The Interactional Nature of Depression: Advances in Interpersonal Approaches* (Washington, D.C.: American Psychological Association, 1999).

K. A. Reynolds, H. Seltman, V. S. Helgson, *et al.*, « Impact of Inter-personal Conflict on Individuals High in Unmitigated Communion », *Journal of Applied Social Psychology* 36 (2006): 1595-1616.

V. Helgeson, « Unmitigated Communion and Adjustment to Breast Cancer: Associations and Explanations », *Journal of Applied Social Psychology* 33 (2003): 1643-61

8. Affûter la syntonie émotionnelle

Robert Sapolsky, *Why Zebras Don't Get Ulcers* (New York: Henry Holt, 2004).

Exercies adaptés de D. C. Rimm et J. C. Masters, *Behavior Therapy: Techniques and Empirical Findings* (New York, Academic Press, 1979) ; W. Schafer, Stress Management for Wellness (Fort Worth, Tex.: Holt, Rinehart & Winston, 1992).

E. Kross et O. Ayduk, « Facilitating Adaptive Emotional Analysis », *Personality and Social Psychology Bulletin* 34 (2008) 924-38.

S. D. Hollon, K. L Haman et L. L. Brown, « Cognitive-Behavioral Treatment of Depression », *Handbook of Depression*, éd. I. H. Gotlib et C. L. Hammen (New York Guilford Press, 2002).

10. Diriger

B. M. Bass, *Transformational Leadership: Industry, Military, and Educational Impact* (Mahwah, N.J.: Erlbaum, 1998).

B. J. Avolio, B. M. Bass et D. I. Jung, « Re-examining the Components of Transformational and Transactional Leadership Using the Multifactor Leadership Questionnaire », *Journal of Occupational and Organizational Psychology* 72 (1999): 441-62.

K. B. Lowe, K. G. Kroeck et N. Sivasubramaniam, « Effectiveness Correlates of Transformational and Transactional Leadership: A Meta-Analytic Review of the MLQ Literature », Leadership Quarterly 7 (1996): 385-425 ; T. DeGroot, S. D. Kiker, and T. C. Cross, « A Meta-Analysis to Review Organizational Outcomes Related to Charismatic Leadership », *Canadian Journal of Administrative Sciences* 17 (2000): 356-71.

A. H. Eagly, M. C. Johannesen-Schmidt et M. L. van Engen, « Transformational, Transactional, and Laissez-faire Leadership Styles: A Meta-Analysis Comparing Women and Men », *Psychological Bulletin* 129 (2005): 569-91.

Caliper Corporation, « The Qualifies that Distinguish Women Leaders, 2005, www.raliperonline.com/womenstudy/WomenLeaderWhitePaper.pdf.

National Public Radio, « Parks Recalls Bus Boycott: Excerpt from a 1992 Interview with Lynn Neary », 25 octobre 2005, http://www.npr.org/templates/story/story.php?storyld =4973548

www.rosaparks.org

P. Williams, R. Williams et M. Mink, *How to Be Like Women of Influence: Life Lessons from 20 of the Greatest* (Deerfield Beach, Fla.: Health Communications, 2003), 335-36.

C. M. Martin, « A Meta-Analytic Investigation of the Relationship between Emotional Intelligence and Leadership Effectiveness », Ph.D. diss., East Carolina University, Greenville, N.C., 2008.

Caliper, « Qualifies That Distinguish Women Leaders ».

Centre pour les femmes américaines et la politique, « Women in Elective Office 2009 », www.cawp.rutgers.edu

K. Holtfreter, « Is Occupational Fraud 'Typical' White-Collar Crime?: A Comparison of Individual and Organizational Characteristics », *Journal of Criminal Justice* 33 (2005): 353-65.

Center for Women's Business Research, http://www.nfwbo.org/facts/index.php

Parent Teacher Association, http://www.pta.org

V. Ruiz, *From Out of the Shadows: Mexican Women in Twentieth-Century America*

(New York: Oxford University Press, 1998), 143.

11. Élever des enfants

N. Hasan et T. G. Power, « Optimism and Pessimism in Children: A Study of Parenting Correlates », *International Journal of Behavioral Development* 26 (2002): 185-91.

C. S. Dweck, « The Development of Early Self-Conceptions: Their Relevance for Moti-vational Processes », *Motivation and Self-Regulation Across the Life Span*, éd. J. Heck-hausen and C: S. Dweck (New York: Cambridge University Press, 1998), 257-80.

J. G. Bachman, K. N. Wadsworth, P. M. O'Malley, *et al.*, « Marriage, Divorce and Parent-hood During the Transition to Young Adulthood: Impacts on Drug Use and Abuse », *Health Risks and Developmental Transitions During Adolescence*, éd. J. Schulenberg, J. L. Maggs et K. Hurrelmann (New York: Cambridge University Press, 1999), 246-79.

N. Eisenberg, Q. Zhou, S. H. Losoya, *et al.*, « The Relations of Parenting, Effortful Control, and Ego Control to Children's Emotional Expressivity », *Child Development* 74 (2003): 875-95.

L. Steinberg, R. Dahl, D. Keating, D. J. Kupfer, *et al.*, « The Study of Developmental Psychopathology in Adolescence: Integrating Affective Neuroscience with the Study of Context », *Developmental Psychopathology*, vol. 2, éd. D. Cicchetti et D. Cohen (New York: Wiley, 2006), 710-41.

J. P. Allen, S. T. Hauser, C. Eickholt, *et al.*, « Autonomy and Relatedness in Family Interactions as Predictors of Expressions of Adolescent Affect », *Journal of Research in Adolescence* 4 (1994): 535-52.

M. D. Wood, J. P. Read, R. E. Mitchell et N. H. Brand, « Do Parents Still Matter? Parent and Peer Influences on Alcohol Involvement Among Recent High School Graduates », *Psychology of Addictive Behaviors*, 18 (2004): 19-30.

12. Aimer

Susan Nolen-Hoeksema et Judith Larson, *Coping with Loss* (Mahwah, N.J.: Erlbaum Publishers, 1999).

H. T. Reis, W. A. Collins et E. Berscheid, « The Relationship Context of Human Behavior and Development », *Psychological Bulletin* 126 (2000): 844-72.

J. K. Monin, M. S. Clark et E. P. Lemay, « Communal Responsiveness in Relationships with Female versus Male Family Members », *Sex Roles* 59 (2008), 176-88.

T. F. Robles et J. K Kiecolt-Glaser, « The Physiology of Marriage: Path-ways to Health », *Physiology and Behavior* 79 (2003): 409-16.

J. C. Coyne, M. J. Rohrbaugh, V. Shoham, *et al.*, « Prognostic Importance of Marital Quality for Survival of Congestive Heart Failure », *American Journal of Cardiology* 88 (2001): 526-29.

A. L. Geers, S. P. Reilley et W. N. Dember, « Optimism, Pessimism, and Friendship », *Current Psychology: Developmental Learning, Personality, Social* 17 (1998): 3-19.

C. S. Carver, L. A. Kus et M. E Scheler, « Effects of Good versus Bad Mood and Optimistic versus Pessimistic Outlook on Social Acceptance versus Rejection », *Journal of Social and Clinical Psychology* 13 (1994): 138-51.

E D. Fincham, « Optimism and the Family », *The Science of Optimism and Hope*, éd. J. E. Gillham (Radnor, Penn.: Templeton Foundation Press, 2000), 271-98.

S. Srivastava, K. M. McGonigal, J. M. Richards, *et al.*, « Optimism in Close Relationships: How Seeing Things in a Positive Light Makes Them So », *Journal of Personality and Social Psychology* 91 (2006): 143-53.

D. Belle, « Gender Differences in the Social Moderators of Stress », *Gender and Stress*, éd. R. C. Barnett, L. Biener et G. K. Baruch (New York: Free Press, 1987), 257-77; H. T. Reis, M. Senchak, et B. Solomon, « Sex Differences in Intimacy of Social Interaction: Further Examination of Potential Explanations », *Journal of Personality and Social Psychology* 48 (1985): 1204-17.

J. K. Monin, M. S. Clark et E. P. Lemay, « Communal Responsiveness Relationships with Female versus Male Family Members ».

M. Kumashiro, C. E. Rusbult et E. J. Finkel, « Navigating Personal and Relational Concerns: The Quest for Equilibrim », *Journal of Personality and Social Psychology* 95 (2008): 94-110.

S. M. Graham, J. Y. Huang, M. S. Clark et V. S. Helgeson, « The Positives of Negative Emotions: Willingness to Express Negative Emotions Promotes Relationships », *Personality and Social Psychology Bulletin* 34 (2008): 394-406.

N. L. Collins et L. C. Miller, « Self-Disclosure and Liking: A Meta-Analytic Review », *Psychological Bulletin* 11 (1994): 457-75.

K. Dindia et M. Allen, « Sex Differences in Self-Disclosure: A Meta-Analysis », *Psychological Bulletin* 112 (1992): 106-24.

S. L. Gable, H. T. Reis, E. A. Impett et E. R. Asher, « What Do You Do When Things Go Right? The Intrapersonal and Interpersonal Benefits of Sharing Positive Events », *Journal of Personality and Social Psychology* 87 (2004): 228-45.

S. M. Graham, J. Y. Huang, M. S. Clark et V. S. Helgeson, « The Positives of Negative Emotions: Willingness to Express Negative Emotions Promotes Relationships », *Personality and Social Psychology Bulletin* 34 (2008): 394-406.

J. C. Coyne, « Depression and the Responses of Others », *Journal of Abnormal Psychology* 85 (1976): 186-93.

J. Gottman, « Psychology and the Study of Marital Processes », *Annual Review of Psychology* 49 (1998): 169-97.

C. E. Rusbult, J. Verette, G. A. Whitney, *et al.*, « Accommodation Processes in Close Relationships: Theory and Preliminary Empirical Evidence », *Journal of Personality and Social Psychology* 60 (1991): 53-78.

X. Arriaga et C. E. Rusbult, « Standing in My Partner's Shoes: Partner Perspective Taking and Reactions to Accommodative Dilemmas », *Personality and Social Psychology Bulletin* 24 (1998): 927.

W. Ickes, P. R. Gesn et T. Graham, « Gender Differences in Empathic Accuracy: Dif-ferential Ability or Differential Motivation? », *Personal Relationships* 7 (2000): 95-109.

S. D. Kilpatrick, V. L. Bissonnette et C. E. Rusbult, « Empathie Accuracy and Accom-modative Behavior Among Newly Married Couples », *Personal Relationships* 9 (2002): 369-93.

W. B. Stiles, L. M. Lyall, D. P. Knight, *et al.*, « Sex Differences in Verbal Presumptuousness and Attentiveness », *Personality and Social Psychology Bulletin* 23 (1997): 759.

A. E. Fruzzetti et N. S. Jacobson, « Toward a Behavioral Conceptualization of Adult Intimacy: Implications for Marital Therapy », *In Emotions and the Family: For Better or Worse*, éd. E. A. Blechman (Hillsdale, N.J.: Erlbaum Publishers, 1990), 117-35.

J.-A. Tsang, M. E. McCullough, et F. D. Fincham, « The Longitudinal Association Be-tween Forgiveness and Relationship Closeness and Commitment », *Journal of Social and Clinicat Psychology* 25 (2006): 448-72.

F. D. Fincham, S. R. H. Beach, et J. Davila, « Longitudinal Relations Between Forgiveness and Conflict Resolution in Marriage », *Journal of Family Psychology* 21 (2007): 542-45.

S. M. Drigotas, C. E. Rusbult, J. Wieselquist, et S. W. Whitton, « Close Partners as Sculptor of the Ideal Self: Behavioral Affirmation and the Michelangelo Phenomenon », *Journal of Personality and Social Psychology* 77 (1999): 293-393.

13. Vieillir

J. C. Chrisler, « Body Image Issues of Women over 50 », *Women over 50: Psychological Perspectives*, éd. V. Muhlbauer et J. C. Chrisler (New York, printemps 2007), 6-25.

A. Fiske, J. L. Wetherell et M. Gatz, « Depression in Older Adults », *Annual Review of Clinical Psychology* 5 (2009): 363-89.

M. Argyle, « Causes and Correlates of Happiness », *in Well-Being: The Foundations of Hedonic Psychology*, éd. D. Kahneman, E. Diener et N. Schwarz (New York: Russell Sage Foundation, 1999), 353-73.

M. S. Stroebe et W Stroebe, « Who Suffers More? Sex Differences in Health Risks of the Widowed », *Psychological Bulletin 93* (1983): 279-301.

Susan Nolen-Hoeksema et Judith Larson, *Coping with Loss* (Mahwah, N.J.: Erlbaum Publishers, 1999).

C. J. C. Ahrens et C. D. Ryff, « Multiple Roles and Well-Being: Sociodemographic and Psychological Moderators », *Sex Roles* 55 (2006): 801-15 ; P. K. Adelmann, « Multiple Roles and Physical Health Among Older Adults », *Research on Aging* 16 (1994): 142-67.

H. T. Reis, W A. Collins et E. Berscheid, « The Relationship Content of Human Behavior and Development », *Psychological Bulletin* 126 (2000): 844-72.

A. J. Stewart, J. M. Ostrove et R. Helson, « Middle Aging in Women: Patterns of Personality Change from the 30s to the 50s », *Journal of Adult Development* 8 (2001), 23-37.

C. D. Ryff et B. H. Singer, « Know Thyself and Become What You Are: A Eudaimonic Approach to Psychological Well-Being », *Journal of Happiness Studies* 9 (2008): 13-39.

C. D. Ryff, B. H. Singer et G. D. Love, « Positive Health: Connecting Well-Being with Biology », *Philosophical Transactions of the Royal Society of London* B359 (2004): 138394.

Ahrens et Ryff, « Multiple Roles and Well-Being ».

S. T. Charles et L. L. Carstensen, « Emotion Regulation and Aging », *in Handbook of Emotion Regulation*, éd. J. J. Gross (New York: Guilford Press, 2007), 307-27.

I. F. Phifer, « Psychological Distress and Somatic Symptoms After Natural Disaster: Differential Vulnerability Among Older Adults », *Psychology and Aging* 5 (1990): 412-20.

D. M. Almeida, « Resilience and Vulnerability to Daily Stressors Assessed via Diary Methods », Current Directions in Psychological Science 14 (2005): 64-68 ; D. M. Almeida et M. C. Horn, « Is Daily Life More Stressful During Middle Adulthood? » in How Healthy Are We? A National Study of Well-Being at Midlife, éd. O. G. Brim, C. D. Ryff, et R. C. Kessler (Chicago: University of Chicago Press, 2004): 425-51.

K. S. Birditt et K. L Fingerman, « Do We Get Better at Picking Our Baffles? Age Group Differences in Descriptions of Behavioral Reactions to Interpersonal Tensions », *Journal of Gerontology: Psychological Sciences* 60B (2005): P121-28.

S. T. Charles et L. L. Carstensen, « Unpleasant Situations Elicit Different Emotional Responses in Older and Younger Adults », *Psychology and Aging* 23 (2008): 495-504.

Table des matières

INTRODUCTION
La révolution du développement personnel : ce que les femmes font bien 9

Transformer le monde 11

Transformer l'adversité 14

Revendiquer leurs forces 17

L'évolution d'une révolution 19

Être aussi puissante que possible 23

PARTIE I
LES FORCES UNIQUES DES FEMMES 27

Chapitre 1
Le génie redéfini : comprendre les forces mentales des femmes 29

Force mentale vs statut social 33

Le nouveau sens de l'intelligence 37

Gymnastique de résolution des problèmes 41

Faire en sorte que ce soit fait, et pas juste faire les choses à ma façon 44

À beaucoup d'ouvriers, la tâche est aisée 50

L'optimisme plus fort que les obstacles 53

Chapitre 2
Des êtres résilients : comprendre les forces identitaires des femmes 63

La véritable image de soi des femmes 65

Inverser l'image 69

Rebondir (et aller de l'avant) — mais toujours centrée 70

Qui êtes-vous? 77
Quand l'équilibre n'est pas un jeu 81

Chapitre 3
Les émotions comme outils :
comprendre les forces émotionnelles des femmes 91
Lectrices d'émotions 96
Qu'est-ce que je ressens ? 105
Je te dirai ce que je ressens 107
Tenir bon 114
Régulatrices d'émotions 119

Chapitre 4
Des liens précieux :
comprendre les forces relationnelles des femmes 129
Se mettre à la place des autres 133
L'écoute active 140
Les fruits de la patience 145
Faire passer les autres d'abord — raisonnablement 150

PARTIE II
DÉCOUVREZ ET DÉVELOPPER VOS FORCES 155

Chapitre 5
Mettre en place votre programme de remise
en forme personnel 157
« Où et quand ai-je des problèmes? » 158
« Quelle est mon image positive du changement? » 161
« Quelles petites étapes puis-je franchir en vue de ce changement? » 167

Chapitre 6
Cultiver le génie : développez vos forces mentales 169
Apprenez à voir les différents chemins qui mènent à votre objectif 170
Apprenez à vous concentrer sur l'accomplissement de la tâche 177

Apprenez à demander de l'aide en cas de besoin 186
Apprenez à être optimiste 192

Chapitre 7
Multiplier l'adaptabilité :
développez vos forces identitaires 201
Apprenez à développer un sens de soi adaptable, mais stable 202
Apprenez à vous voir en lien avec les autres 207
Apprenez à développer plusieurs rôles dans votre vie 214

Chapitre 8
Affûter la syntonie émotionnelle :
développez vos forces émotionnelles 223
Apprenez à percevoir les sentiments des autres 224
Apprenez à comprendre vos propres émotions 229
Apprenez à exprimer vos émotions 232
Apprenez à supporter la détresse 238
Apprenez à réguler vos sentiments 245

Chapitre 9
Mieux se lier aux autres :
développez vos forces relationnelles 257
Apprenez à être empathique 258
Apprenez à écouter les autres 265
Apprenez à être patiente 268
Apprenez à faire passer les autres d'abord — raisonnablement 272

PARTIE III
LIBÉREZ VOTRE POUVOIR 281

Chapitre 10
Diriger 283
Tout mettre sur la table 284
Les fruits des forces des femmes en tant que leaders 291
Des problèmes de leader 294

Vous considérer vous-même comme une leader 297

Les émotions comme outils pour diriger 303

La leader relationnelle 306

Chapitre 11
Élever des enfants 311

Le parent compréhensif 313

Gérer les crises inévitables avec les enfants 318

Changer vous-même pour aider vos enfants à changer 324

Utiliser les forces pour aider nos filles 334

Chapitre 12
Aimer 341

Être généreuse en amour 343

Créer des liens plus forts 346

Faire ressortir le meilleur ou le pire chez les autres 353

Créer un équilibre sain entre le personnel et le relationnel 363

Chapitre 13
Vieillir 371

Faire face à la perte ultime 377

Saisir les richesses de la retraite 389

Être reconnue à sa juste valeur plus tard dans la vie 392

Remerciements 407

Références 409